Service and development of university library
information in Internet environment

网络环境下高校图书情报服务与发展研究

王黎萍　李　征◎著

光明社科文库 GUANG MING
SHE KE WEN KU

光明日报出版社

图书在版编目（CIP）数据

网络环境下高校图书情报服务与发展研究 / 王黎萍，李征著 . -- 北京：光明日报出版社，2018.6（2022.9重印）

ISBN 978 - 7 - 5194 - 4267 - 5

Ⅰ . ①网… Ⅱ . ①王… ②李… Ⅲ . ①互联网络—应用—院校图书馆—图书情报工作—研究 Ⅳ . ①G258.6-39

中国版本图书馆 CIP 数据核字（2018）第 125777 号

网络环境下高校图书情报服务与发展研究
WANGLUO HUANJING XIA GAOXIAO TUSHU QINGBAO FUWU
YU FAZHAN YANJIU

著　　者：王黎萍 李　征

责任编辑：杨　茹　　　　特约编辑：万　胜
责任校对：赵鸣鸣　　　　封面设计：中联学林
责任印制：曹　诤

出版发行：光明日报出版社
地　　址：北京市西城区永安路 106 号，100050
电　　话：010 - 67078251（咨询），63131930（邮购）
传　　真：010 - 67078227，67078255
网　　址：http://book.gmw.cn
E - mail：gmrbcbs@gmw.cn
法律顾问：北京市兰台律师事务所龚柳方律师

印　　刷：三河市华东印刷有限公司
装　　订：三河市华东印刷有限公司
本书如有破损、缺页、装订错误，请与本社联系调换，电话：010-67019571

开　　本：170mm×240mm
字　　数：230 千字　　　　印　　张：15
版　　次：2018 年 6 月第 1 版　　印　　次：2022 年 9 月第 2 次印刷
书　　号：ISBN 978 - 7 - 5194 - 4267 - 5
定　　价：75.00 元

前　言

21 世纪,以网络为中心的计算机技术、通信技术、数字信息化技术的突破,给图书馆带来了一个全新的网络环境,正在把传统的图书馆推向全球一体化、网络化的新境地。

在网络时代,处于信息社会中的图书馆,其用户的知识消费观和获取知识的习惯发生了变化。随着 3G 时代的到来,互联网呈现出爆发式的增长方式。数字资源及其数字图书馆的建设正在加强,馆藏结构调整更新的云服务,丰富了资源的内容,增加了资源的层次,顺应了用户新时代的需要。由电子报刊、电子图书等数字资源构成的虚拟馆藏与纸本物理馆藏,共同成为高校图书馆提供信息服务的基础。

高校图书馆作为网络信息资源的提供者之一,引进和生产了大量的优质网络信息源,包括书目信息、各种文献资源数据库以及自建特色信息数据库,同时,对包括网络在内的相关信息进行有序加工整理,提供有效的资源服务。

以纸本为主的资源形式被电子与纸本共存的方式所替代,数字资源所占的比例在逐步增大,同时发挥着越来越重要的作用。数字图书馆的建设发展,使高校图书馆拥有越来越多的数字资源,并利用信息技术,对各种资源进行知识组织和揭示,提高了资源的利用率。

图书馆的功能发生了深刻变化,图书馆的内涵在从具体的形象中被抽象化。图书馆不单与一座大楼及其资源、馆员直接联系,而更多地与它发展的新功能联系在一起。从图书馆管理走向知识管理到知识整合、从传播知识走向全方位知识服务、从开发信息资源走向开发知识资源、从关注实体图书馆走向建设虚拟图书馆,并为最终促进知识交流、实现知识增值而努力。

做好图书管理是图书馆工作的基本条件;做好读者服务是图书馆工作的根本任务。对于大学生的阅读推广,高校图书馆要根据时代的发展和读者的需求不断创新,科学引导大学生读者养成正确的阅读动机和习惯,利用现代技术,服务体系不断优化,有效做好阅读导航、参考咨询等工作。在此项工作过程中,大学图书情报信息工作者任重而道远。

作者多年来从事图书情报服务工作,本书结合当前的研究成果,以工作实践为基础,对于网络环境下高校图书馆的服务理论和实践经验,做了较全面的论述。写作中,作者对图书馆的服务模型、服务方法进行了探索,将理论与实际工作紧密地结合起来,以达到学术价值和应用价值相统一的目的。

本书可供图书管理员、软件项目技术人员、软件开发人员阅读,也可作为大学计算机系、信息管理系课程教材,或数字图书馆管理人员的培训教材。

本书共十二章,其中:第一章、第二章、第三章、第四章、第五章、第六章、第七章和第十二章的第一节,为李征执笔;第八章、第九章、第十章、第十一章和第十二章的第二节至第三节,为王黎萍执笔。王黎萍负责总统稿和审稿。

本书的出版,得到了中联华文(北京)图书有限公司的高校图书馆教师学术文库项目资助,在此表示衷心感谢。

作者

2018 年 3 月

目 录
CONTENTS

第七章　网络环境中高校图书馆及其读者的变化
Chapter 7   Evolution of university libraries and readers in internet

第九章　高校图书馆社会化智能化与大学生信息素质教育
Chapter 9　Socialization and intelligentialization in university libraries and information quality education in university students

第一节　高校图书馆的社会化服务

当前，人类文明已进入一个重要历史时期，突出的标志是以电子计算机为先导的新技术革命在全世界迅速发展。网络技术带来了信息革命，产生了多样化的知识，更快更多成为电子文献信息传播与交流的本质特征。

图书馆是一个知识资源中心，同时属于信息产业，特别是图书情报的产业，也是社会的中介，它把社会创造的文献信息经过川流不息的采集、加工、存储、传播，有效地开发利用，不断地服务并促进社会文化科学技术的教育、生产及发展。网络技术环境下，将图书馆建立在科学技术发展的基础上，加强图书馆情报系统的现代化，充分发挥图书情报的服务职能，以此深入进行图书馆服务效用模型研究，图书馆人责无旁贷。

At present, human civilization is entering into an important historical era, characterized by the rapid development of computer – led new technology revolution worldwide. Internet techniques bring about information revolution, generate versatile knowledges, and transmit electronic information fast and massively.

The library is a knowledge resource center. It belongs to information industries, in particular to library information science. It is also the social agency, where literature information created by the society is continuously collected, processed, stored, transmitted, and explored effectively. It continuously serves the society and promotes the education, production, and development of social and technical sciences. In internet technical environment, the library is built on the foundation of science and technology development, is modernized in the library information system, and is fully functioning as information sources. Research on library service modes is an important responsibility for the library.

第一章

网络环境中的图书情报实践与学科建设

随着计算机、网络、信息处理、多媒体等技术的发展,在国内,1998 年已经有 300 万页全文资料及 500 万条数目数据,在此基础上,1999 年 3 月成立"国家图书馆数字化中心",年生产规模已达到 5000 万－6000 万页全文影像数据。2001 年 9 月,在中国数字图书馆工程建设联席会议批准了中国数字图书馆工程建设一期规划实施方案,这标志着中国数字图书馆建设进入了可操作阶段。未来的中国数字图书馆将面向社会公众提供全方位的知识服务,任何人都可以享受到世界上最大的中文知识与信息库的服务。近年来,我国高校数字图书馆建设也取得了飞速发展。如果把"中国数字图书馆工程"分为全国中心、地区分中心、资源中心、用户群四级管理渠道的话,那么,高校数字图书馆建设方向应该定位在资源中心这个层次上。高校数字图书馆不可能拥有全国中心或分中心的海量信息与硬件支持,但它可以依托国家骨干通信网,建立起一个跨学科、跨专业的、较完整的数字信息资源网络,较全面地收集有关学科、专业的信息资源,开发并为用户提供自己的数字化信息资源,针对不同需求的用户,提供全面、灵活的网络连接方式,智能化的中文用户界面和网上资源库的快速查询与检索机制。[①]

---

① 邢宇皓:《中国数字图书馆工程实施在即》,载《中国现代教育装备》,2001 年第 12 期,第 26 页。

第一节 新时代的图书馆

一、信息情报新时代

信息技术革命的到来和信息产业的迅猛发展,导致了人类社会信息总量的急剧增长,使浩瀚如烟的信息资源日益成为社会财富的主要来源,加速了产业经济的结构调整和发展,产生了明显的经济效益和社会效益。

1. 信息情报发展

1976 年帕克(Parker)宣布,世界正处在一个新的社会革命——情报革命的边缘,这个革命与工业革命具有同等重要意义。"情报革命"一词意味着从工业社会向情报社会过渡。在情报社会中,信息处理将控制工业生产。从长远来看,政府从增加信息处理的投资中得到的收益将要比从增加工业生产的投资中所得到的收益更多。大多数的服务性职业是情报服务。

在各种不同的范畴中,有某些分类项。例如国际商用机器公司(IBM)与搞静电复制的施乐公司(Xerox)是知识部门的主要贡献者。

"服务型经济"(Service economy)一词是指从事服务工作的人越来越多的现象。

除了对电子技术越来越多地依赖之外,还有一些职能是服务行业的工作人员与自动化生产工业中的技术人员所共同具有的:这两组人员都主要从事信息处理。现在,我们正处于情报时代,技术的发展尤为引人注目。

阿尔文·托夫勒(Alvin Toffper)在 1980 年也提到社会变革的三个高潮。第一个是农业革命,这个革命延续了数千年。第二个是工业革命,它仅延续了三百年。而我们目前正在经历的第三个信息革命,在几十年的时间里已发生了惊人的变化。

巴恩斯(Barnes)1978 年预计,在教育中,教学将不再围绕书本进行,而将使用"无限多的学习资源"。

电子技术能够充分利用有高级技能的优秀教师。例如,全息机照相能使一个教员同时在相隔数万里的许多不同的教室中同时出现。

电子信息新时代,整个教育的手段与内容发生了重大改变,用文字记录下来的字句已不再是人类通信的主要工具。

在整个社会的所有部门中,情报的获取与处理都变得越发重要。需要熟悉情报的人去提供和利用新技术,把这些技术用在人类事业的各个方面。

由于情报的收集、加工和传播已经成为我们生活中一个重要方面,所以,作为一个熟练的情报提供者的图书馆员,就可能有机会去提高他们的社会价值和引起社会的重视。

信息产业是20世纪50年代在一些科学技术先进的国家逐渐形成,并得到迅速发展,是信息技术革命的产物,它以计算机和通讯为主,是一种知识和智力密集型产业,虽然起步较晚,但发展速度快,而且前景广阔。

2. 电子信息技术能力与前景

中世纪印刷机的发明,使知识的传播方式发生了革命,它大大简化了书记的复制、保存与获取的过程。电子计算机再一次使知识的获取与利用发生了革命,它使知识的存储规模与检索速度又大大地向前推进了,不再是仅仅存放在专家的脑子里或者存放在难于检索的专门图书馆中。现在,知识信息不仅可以为知道它的人所利用,而且也能为知道如何取得它的人所利用。见表1-1。

表1-1　现代微处理机与第一台电子计算机 ENIAC 的比较

比较项目	微处理机比 ENIAC
体积	减少了30万倍
能量需求	减少了5.6万倍
储存容量(RAM)	提高了8倍
速度	加快了20倍
有源元件数(电子管或晶体管)	大致相同
有源元件数(电阻与电容器)	减少8万
加法时间	大致相同
失效比率	减少了1万倍
重量	小于500克,30吨

电信技术正在缩小世界。世界上任何两地之间都能在不到两秒钟的时间内发生通信联系。这些通信网络将向综合"智能"方面发展,把计算机的语言翻译成为自己的内部编码,并将内部编码再翻译成为接收终端的或计算机的语言。

二、图书馆与电子科学技术

在社会结构之中,情报主要以一种循环的方式进行传输。所有的人都是情报用户,其中某些人同时也是情报的创造者。

包括图书馆在内的情报中心,在情报传输的循环过程中起着重要的作用。它们通过自己的收集与存储,为读者提供专业的永久性档案以及并保证对这些记录存取的可靠来源。此外,通过编目、分类以及索引工作来组织与管理这些文献。在情报组织与管理方面,索引与文摘服务以及全国性的文献目录出版社都起着重要的作用。

在交流循环中,图书馆起着介绍与传播的作用。这就构成了出版物及有关出版物的情报的二次传播。情报中心的作用包括情报资料的流通,各种近期资料的报道,以及各种咨询与文献查找服务。[①]

交流循环的最后阶段是情报的吸收。见图 1-1,情报交流的循环过程图。

把正式交流过程当作一个循环过程,这是因为它们是连续的、更新的。通过对情报的吸收,读者可以得到情报,并把这些情报用于自己的研究与开发工作之中。然后,这些工作又产生新的写作活动与出版物,如此不断地循环下去。

在这个交流循环中,作者、出版者、图书馆员、情报科学家等许多人都有着重要的作用。任何一个环节的错漏都会引起严重的后果。这是因为科学成果如果得不到报道、传播、吸收与利用的话,科学的发展就会停滞。

---

① (美)F. W. 兰斯特:《电子时代的图书馆和图书馆员》,科学技术文献出版社 1985 年版,第 90-91 页。

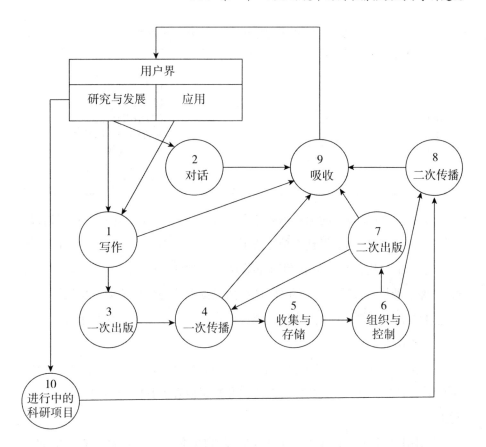

图 1-1 情报交流的循环过程图

图书馆在正式通信过程中起着非常重要的作用。它们的主要责任是收集、组织与管理情报源,并且利用这些情报源提供各种不同形式的服务。这些服务在情报传输循环中起着二次传播的作用。

现代图书馆不再是纯粹的档案管理。图书馆员正在努力消除图书管理是他们的主要责任的观念,强调其作用是各种定向服务。今天,大多数图书馆更多地关注于情报服务,而不是自己收藏的实际的人工制品。

在一些情况下(如国家图书馆),图书馆服务对象是无限的。另外,情报源也是无止境的,这是因为现代化的图书馆将能利用与获得除自己所有之外的一切情报来源。图书馆可以看成是在特定的个人(或单位)与可以利用的情报源之间的一个接口,见表 1-2。

表1－2　图书馆起到接口作用的一般模式

文献资源选购	组织与管理	客户界服务
1. 纸质 2. 电子 3. 其他	1. 存储 2. 分类 3. 排架 4. 编目 5. 作索引 6. 作文摘	1. 根据要求的服务 （1）文件传送 （2）情报检索 ● 提问——回答式咨询 ● 文献查找 2. 主动提供的服务 （通知单服务）

随着情报资源发表的形式不断地增加,在采购过程中,选择资料与最合理地使用经费的问题则变得越来越复杂了。图书馆员不再只把注意力局限于纸印刷品上,而且还必须收集和利用缩微复制品、唱片、盒式磁带、电影胶片、幻灯、录像磁带与录像磁盘等。此外,还包括机读形式的情报资源。机读资源可以通过图书馆中的计算机终端来存取,尽管它们实际上是储存在千百里之外的装置之中。

如表1－2所示,在选购之后,下一步主要的工作就是资料的组织与管理。一个图书馆必须使所收集的资源在实物和知识内容上都能为用户查询、检索、利用。

图书馆的组织与管理活动确实是很重要的,但它们仅仅是达到目的的手段。图书馆的目的是向用户界提供各种形式的服务。

第二节　高校图书馆数字化建设成绩及展望

1996年初,国家图书馆在文化部申请立项"数字式图书馆试验项目"。1996年5月,国家图书馆提出了中国试验型数字式图书馆项目,经文化部组织与协调,上报国家计委,于1997年批准立项,成为国家重点科技项目。"中国数字图书馆工程"被列为国民经济和社会发展第十个五年计划（2001—2005年)的重点建设项目。一系列国家级的项目、计划的实施,无疑为我国图书馆的数字化发展奠定了坚实的基础。在这样的大环境下,高校图书馆作为我国图书馆的重要组成部分,也随之拉开了数字化发展的序幕。图书馆的服务从单一的服务向知识的二次开发或知识重组的方向转变,并通过知识导航,更加方便读者获取相关的知识资源。初步形成了图书馆在资源数字化、服务网络化、检索智能化、需求个性化、选择多样化的环境下,图书馆知识服务的方式,为今后高校图书馆知识创新服务体系的形成进行了有效的探索。

一、近年来高校图书馆数字化建设成绩

校内实现以校园网为基础,图书馆为核心的文献信息的自动化、网络化、数字化的管理中心,并根据校内各专业引进和建立各类文献资源的中央数据库。实现网上检索、续借、预借、预阅等,并实现校内院、系所资料室、分校图书馆的文献信息管理模式。校内实现统一采购、统一编目、分散流通、检索等管理模式,并实现 CALIS 联机编目和上、下载成员馆的数据,数据的加工从题录、文摘、原文等各种载体的文献资源,形成了以图书馆为中心的文献资源中心和校内资源共享的管理体制,满足校内及现代社会环境下资源共建、共享的管理方式。实现了资源的合理的配置和应用,从而使校内文献资源的管理科学化、规范化、标准化,提高了校内资源有效的应用。

各高校在广泛调查和试用的基础上,根据学校学科及发展情况,有计划、有目标、可持续发展的引入数字化资源(各种数据库)及数据库公司的联网数据库,形成了校内的数字文献中心。数字化资源在满足学校学科发展需求的同时,建立工科、文科、专题等文献资源保障中心的目标发展,建立各种数据库使用指南的课件,供读者下载使用;利用 e‐shot 软件实现校园网跨网段检索及对各数据库进行分类、标引、管理,使各类数字化资源管理科学化、规范化、标准化,提高了各类资源在管理、使用方面更加便捷。引入"网格"技术的清华知识资源共享统一平台,开发实现馆内各种数据库的统一检索,一次可选 8 个数据库进行统一检索,满足了用户的一站式检索的需求,方便、简捷了用户检索,实现一次检索多个数据库检索的要求。通过 OpenURL 协议,实现异构数据库的互联,实现图书馆纸质图书、期刊 OPAC 检索系统和电子图书和电子期刊检索系统的互联。采用先进的 Browser/Server/Database 三层结构的信息管理系统,开发、建立 Unix 数据库和基于 Oracle8i 的多媒体数据库,进一步激活馆藏资源,实现网上视频、音频资料的查询和播放及网上报告厅的开放(校内音视频点播）。加大读者对各种数据库使用的培训力度，张贴各种宣传品，开展各种讲座、培训班及主动针对各院系师生编写信息资源查找和利用的讲座，从而加大读者使用资源、利用资源的力度，为读者更有效的利用资源打下了坚实的基础。

建立起数字化加工中心，在硬件上引入服务器和高速扫描仪，软件上引入北京大学方正电子有限公司的方正德赛（DESi）、书同文数字化技术公司的数字化加工系统，解决各式各样的文献资源数字化，该类软件符合电子资源国际标准格式，对数字资源进行深度数据加工，并加密处理后在网络上安全发布，可供指定范围内的读者使用，同时符合 CALIS 特色资源建设标准，形成了本馆的数字化加工中心，实现网上提交（读者可直接提交论文）和发布，开发本馆特色资源如博士论文、硕士论文、会议文献、教师论著、校学报等等。它将为国内外读者提供高校自主知识产权的特色数据库。可对社会服务，是图书馆走向社会、创造效益的新的一种途径。为资源的共享、共建做出了贡献。

引入了各种架构存储系统（NAS、SAN 等），建立起引进数据库的本地镜像存储源，为今后大型数据库的本地镜像和代理打下坚实的基础，向区域建立海量存储的本地的实现及校内的资源的共知、共享、共建和各种资源中心目标的实现迈出可喜的一步。

读者对资源的需求往往是千差万别的。单个图书馆收藏的文献资源往往不能满足读者的个别需求。在读者提出要求后，在没有馆藏的情况下，如何为读者提供文献资源的线索或找到它，是衡量图书馆及图书馆员知识服务的一个重要标志。因此，与国家、省（部）信息中心文献建立资源共享机制，对图书馆来说显得非常重要。所以，各高校馆和国家图书馆、联机计算机图书馆中心（OCLC：Online Computer Library Center, Inc.）、中国高等教育文献保障系统（CALIS：China Academic Library & Information System）、国家科技图书文献中心（NSTL：National Science and Technology Library）、上海图书馆、维普咨询、Pro-Quest 公司、中国科学院系统及数据库公司等机构建立文献传递共享机制，解决高校馆文献资源收藏不足的问题，做到读者需要什么，就能提供什么，最大限度地满足读者需求。

高校图书馆在网络建设上纳入学校校园网络建设之中，使图书馆自动化网络系统、多媒体电子阅览室和学校的校园网络有效连接,实现图书馆资源在校内的有效利用和共享,从而保证了图书馆与校内用户在硬件上的连接。建立以图书馆为核心的无线网络,形成以图书馆为中心的三维立体网络中心及校园信息资源服务中心,保证了信息资源在校内的有效检索和传递,使传统服务走向自动化、网络化、数字化成为现实。高校图书馆通过这些年的建设,数字化资源每日 24 小时提供服务,每周 72 - 84 小时提供服务,从而保证了资源的高使用率,为今后高校图书馆知识创新服务体系的形成进行了有效的探索。

为了加强数字化信息资源对读者的有效利用,向读者提供检索的信息窗口,图书馆加大网页建设,实现数字化参考咨询服务。网页建设的内容包括:本馆简介、科技查新、数字学堂、网络导航、读者之窗、最新动态、读者指南、读者服务、书目检索、学科导航、电子资源、数字图书馆、我的图书馆、搜索引擎等,读者通过图书馆网页的可视化窗口,访问图书馆,了解图书馆,检索数字化馆藏和虚拟信息,读者也可通过电话、E - mail、BBS、QQ、FTP、虚拟咨询台、网络传递对图书馆提出意见,同时把图书馆的信息服务向网上服务发布,在保持传统服务的同时,探索、创新了新的服务方式:以馆藏信息资源为基础,以学科馆员为中心,利用现代化技术和设备,把单纯借、还、检索服务向在线、深层次、网络化的知识服务转化;以开展课题查新、课题跟踪、定题服务等形式,使知识的再次开发,服务的方式、方法都发生了巨大的变化,图书馆不仅是信息资源的收藏源,又是知识服务的信息源和知识再次开发的创新源。

信息咨询手段的智能化集中体现在信息检索上。在信息环境中,信息检索发展到超信息检索的智能化文本检索、多媒体检索,由相关性检索发展到直接检索,使检索结果更贴近用户的需求。从检索途径来看,网上数据库和其他大量的电子信息资源大多能提供灵活多样的检索途径,如全文数据库除了具备关键词、分类、作者、机构等传统的检索入口外,还能提供整刊、篇名、摘要、基金、蕴含、关联、全文、引文等检索功能,十分方便用户使用。从检索方式来看,信息检索能实现单一途径检索和多途径复合检索,既可进行精确检索,控制检索率,也能进行模糊检索,保证检准率。信息环境下的信息检索是一种智能化、多途径、多功能、全方位的信息检索。

问题解答的智能化咨询,可以通过信息网络以电子邮件远程提交,不管问题来自何方,提问者是谁。信息检索主要以计算机检索、联机检索或网络检索的方式进行。系统全面,准确高效,不但可提供检索线索,还能提供全文。咨询解答结果又可通过网络传递给远方用户。简单的咨询问题,通过图书馆主页中的知识性介绍可直接获得解答。咨询馆员还可利用参加咨询讨论小组将咨询过程中遇到的疑难问题张贴到 BBS 上进行咨询,还可将网络电话、远程视频会议、虚拟实在等技术应用到图书馆信息咨询中。

在提供个性化服务方面,图书馆有多种用户群,同一用户群往往有相似的需求。实际上,即使是属于同一用户群,其个体需求往往也相差很大。在网络环境下,也要实现个性化服务或定制服务。按照 Ken Winter 的观点,我的图书馆将能够做到:图书馆(计算机)认识每一位用户,能够在表示欢迎时叫出用户的名字,在瞬间回忆起该用户最喜欢的期刊数据库、联机目录、联机参考源和书签。同一台计算机还能存储以前的查询记录,允许用户放置自己的东西,显示逾期通知单,显示可以求助的学科馆员,或馆藏中新增加的数据库(或新书),提供最新的信息。只有图书馆员和用户才能对用户的计算机上显示的信息进行控制。用户可以在任何地方访问自己的网址,选择他们最想看和最相关的信息。新的图书馆服务可以传递给最需要的人,而不会打搅那些对此没有什么兴趣的人。个性化服务适应了人们的个性需要,最大限度地满足了人们对特定文献和信息需求的目的。①

开发网上信息资源,根据图书馆的主要用户群,利用各种搜索引擎,搜集相关网址和数据库信息加以筛选和整序,在图书馆主页上按学科做相关资源的链接,针对用户需要,对网上某一专业或某一主题的有关信息进行筛选、提炼,组成专业信息资源库,放在网上供专业用户使用;搜集相关专业的网页,获得相关学科的新信息,在馆藏相关文献目录中标明其网址,为用户提供一个新的检索途经。

二、功能向快捷有效性发展

从文献信息资源的服务,向着文献信息的保障和素质教育双重功能转变,

---

① 柳群英:《高校图书馆网络信息智能化服务》,载《现代情报》,2004 年 6 月第 6 期。

服务不再是单纯的文献服务,而是向着文献的知识服务的需求方向发展。同时,肩负着用户在网络环境下,如何快速、及时、准确得到所需文献信息资源的教育和指导工作,文献的服务不再是单纯的服务,而是向着多功能方向发展,向着学校文献信息保障服务中心和素质教育重要场所的方向发展。在满足校内教学、科研服务的同时,向社会的服务方向发展。从单纯的服务性,向知识型、效益型的方向转变。

读者需求文献的方式,从实体图书馆向着数字图书馆、虚拟图书馆、网络图书馆的方向发展,需求的方式通过电话、e‑mail、bbs、qq、虚拟咨询台、网络传递等形式获取。从传统手工方式向自动化、网络化、数字化、智能化方向发展;从手工闭架借阅方式,向全面开架的自动化、网络化的方向转变。

从传统的手工检索向计算机检索和智能化检索方向变化,逐步向实现统一检索各类数据库智能检索方向转变;从对文献信息资源的服务,向人性化、个性化的知识服务方向发展。

20 世纪 40 年代后,传统图书馆开始了其自动化的漫长历程,首先出现了手工穿卡片、光电穿孔卡片和缩微胶片等装置和系统,用来自动处理图书馆业务操作流程。1954 年,美国海军兵器中心在 IBM701 机器上进行了单元词匹配检索。1958 年,IBM 公司研究员卢恩进行了著名的自动抽词试验,开创了自动分类、自动标引信息检索等多个与图书馆学情报学密切相关的研究领域之先河。

图书馆自动化系统的真正发展,是在 1964 年美国国会图书馆发起研制机读目录(Machine Readable Catalog,MARC)之后,这成为后来发展图书馆多种功能自动化的基本部分。20 世纪 70 年代,以编目系统为基础的各种自动化系统已经成形,同时还出现了以编目系统为纽带的联机编目协作网。1969 年,美国国会图书馆开发成功并正式发行机读目录,为图书馆自动化网络奠定了数据基础。1970 年,美国教育部和美国图书馆协会在弗吉尼亚州的沃伦顿召开了"馆际通信和情报网络"会议,提出建立全国图书馆网络。1971 年,俄亥俄州学院图书馆中心(OCLC 的前身)开始提供书目数据库的联机查询服务,使它成为世界上第一个提供联机服务的图书馆自动化网络。1973 年,加拿大多伦多大学图书馆自动化系统(UTLAS)开始提供联机书目服务,到 80 年代已发展成为仅次于 OCLC 的图书馆自动化网络。1977 年美国西部图书馆网络(WLN)开始提供联机服务。1978 年,美国又建立了研究图书馆情报网络(RLIN)。上述 4 个图书馆自动化网络称为北美四大书目公共事业公司。此外,美国、加拿大还有数十个这样的网络。70 年代和 80 年代,世界其他国家,如英国、澳大利亚、日本等,也相继建立了图书馆自动化网络。

从 20 世纪 70 年代末 80 年代初起,图书馆自动化系统由单一功能性系统转向图书馆集成管理系统,处理图书馆的业务及提供的相应服务。诸如:图书采访、编目、期刊管理、流通管理、书目检索及行政管理等,典型代表是西北大学的 NOTIS 系统。这期间还出现了专门为图书馆研制计算机管理系统的公司,其中 Innovative Interface 公司成立于 1978 年,Sirsi 公司成立于 1979 年,Dynix(epixtech)公司成立于 1983 年,Notis 公司成立于 1983 年,Exlibris 公司成立于 1980 年。商品化的图书馆自动化系统的出现,本身就是社会分工的体现,使得图书馆更进一步地专注于资源建设和服务质量的提高。

20 世纪 90 年代中后期,是国外图书馆自动化系统研发蓬勃发展的历史时期。这一期间,随着 Internet 的发展,Windows 图形用户界面的广泛应用,以及一系列诸如 Web 技术、数据库技术、Java 技术的出现和成功应用,许多图书馆自动化系统厂商感觉到需要"重新设计"其产品,以采用更加先进的技术来支撑图书馆自动化系统。于是,包括 Epixtech(1996 年)、Innovative(1996 年)、VTLS(1996 年)、Sirsi(1996 年)、Exlibris(1997 年)等在内的图书馆自动化系统厂商都在这一时期重新设计了其产品。目前,国外在用的许多图书馆自动化系统的主体构架,都来源于当时的"重新设计"。

图书馆是较早引入计算机、条形码和无线射频设备(Radio Frequency Identification Device,RFID)等自动识别技术的应用领域,自动识别技术在图书馆的应用是图书馆自动化发展的必然。20 世纪 70 年代,国际标准化组织批准国际标准书号(International Standard BookNumber,ISBN)和国际标准连续出版物号(International Standard Serial Number,ISSN)在世界范围内使用,并经条形码技术编码后直接印刷在图书和期刊上,从而在订购和书目控制中可以直接获取图书的出版信息。在图书馆的流通环节中,读者借书证和图书上都贴上了条码,条码存储了读者身份和单本图书的唯一标识号,借书时只需扫描借书证的条码,再扫描图书的条码,相关的信息就被记录到数据库中,还书时只要扫描图书的条码,系统就会根据原先的记录进行核对。与传统方式相比,大大简化了借还书的流程。

进入21世纪,RFID技术在图书馆的应用,极大地提高了采集数据的速度。RFID的最大特点,是识别不需要"看见"目标,只要在读写器的作用范围内就可以被读取,无须人工干预,适于实现自动化且不易损坏,可识别高速运动物体并可同时识别多个RFID标签,操作快捷。这些特性决定了RFID将成为取代条形码的新的自动识别技术在图书馆领域得到广泛应用。①

三、图书馆在科学数据管理中的角色②

图书馆长期以来就被看成是信息的创建、组织和传播机构,在元数据、知识管理和数字知识库方面积累了丰富的研究成果、实践经验。2012年2月,同行评议的开放存取期刊"Journal of eScience Libraryship"创刊,宣告E-Science环境下的图书馆事业进入到一个新的发展时期。霍普金斯大学图书馆馆长文斯顿·塔布(Winston tabb)用"分布式网络的一部分;数据成为馆藏;提供数据服务;图书馆员是数据科学家;数据中心是新的馆书库"形象地描述了未来图书馆的趋势。中国图书馆学会数字图书馆专业委员会副主任张晓林也指出,科学数据管理是颠覆数字图书馆的破坏性技术之一,将成为未来研究图书馆实现嵌入式协同科研支撑服务和可持续发展的关键要素。

图书馆长期以来就被看成是信息的创建、组织和传播机构。在印刷型文献时代,从提供馆藏发现工具、编制分类目录到开发数据库索引体系,图书馆在开发、传输和使用信息的系统、过程和方法中都是一个先行者,在元数据标准、分类法和数据编目、搜索技术和存储平台开发方面拥有丰富的技术和经验。在E-Science环境中和科学数据管理中,越来越多的专业组织、科学家和信息专家认为研究型图书馆应该成为迎接这种挑战的一员。

在数据管理和提供数据服务方面,美国、英国等研究型大学的图书馆已经

---

① 崔宇红、韩露、吕娜:《现代数字图书馆》,中国科学技术出版社2014年版,第4－5页。
② 崔宇红、韩露、吕娜:《现代数字图书馆》,中国科学技术出版社2014年版,第300－301页。

面向不同学科领域开展了大量的实践工作。例如,美国密西根大学构建的政治和社会研究校际联盟(ICPSR:Inter-University Consortium on Political and Social Research),主要目标是为多元化并不断扩展的社会科学研究提供数据访问,在数字管理和分析方法方面提供领导和培训。麻省理工学院图书馆提供社会科学数据、地理 GIS 数据以及生命科学数据的机构数据保存和咨询服务。在美国加州大学和康奈尔大学中,图书馆员都参与到国家科学基金项目中,从事科学数据创建和数据咨询服务。

2006 年 10 月,在美国国家自然科学基金委和研究图书馆协会联合召开的研讨会,指出图书馆的数据管理角色从建设数据知识库向建设网络基础设施和 E-Science 演变,即图书馆的角色从数据生命周期的下游(出版后)向上游(出版前)拓展和延伸。具体来说,在下游的研究周期内,图书馆的作用在于选择、采集和授权数据和数据集,创建发现和描述数据集的元数据(或元数据标准),创建或组织与数据相关的文档及提供数字数据保存服务。而在上游的研究周期内,图书馆的关键在于定位其与研究团体的合作关系。从研究初始阶段,就与研究人员密切合作,图书馆可以在数据管理原型和架构、标准规范甚至政策的制定中发挥作用。

这方面的典型案例是美国约翰霍普金斯大学 Data Conservancy 的项目。Data Conser-vancy 项目由 NSF 资助,研究开发面向跨学科观测数据的数据策划基础架构,主要面向天文学、地球科学、生物学和人文社会科学领域。设计的原型系统基于 OAIS 参考模型,数据模型则来自 PLANETS 项目,数据对象采用 XML 和 JSON 描述。Data Conservancy 构建多个 WEB API,实现与外部系统的集成,如可以在 Sakai 共享学习环境检索 Data Conservancy 数据,与 NSIDC 照片馆藏服务的互操作以及与 IVOA 科学研究框架的整合。

四、今后努力方向

高校图书馆通过这些年的建设,逐步向数字图书馆迈进发展,资源也基本上能覆盖本校的所有学科,服务向网络化的服务方向发展,但在真正意义上的数字图书馆来说,只是初步搭建了数字图书馆的雏形,明确了数字图书馆建设中四个层次的问题,即:(1)馆藏建设中传统媒体与数字化媒体的关系问题(走向电子图书馆);(2)传统图书馆业务与服务的网络化问题(走向网上图书馆);(3)广域网环境下的多馆资源共知共建共享问题(走向虚拟图书馆);(4)特色馆藏资源的数字化及网上提供(联邦检索)问题(走向数字图书馆)和今后建设的方向。

从现有的图书馆基础上去建设数字图书馆,要看到它们内在的联系,不能把数字图书馆和现有图书馆或传统图书馆分割开来。数字图书馆应看作图书馆总体的一个部分,它不会替代现有的图书馆或传统的图书馆,而是两者共存互补。

从数字化馆藏资源、上网、共享、网上信息服务等方面来进行数字图书馆的基础建设,不能满足于计算机在图书馆的运用,认为利用了计算机或具备了电子资料就已达到数字图书馆的要求,是不正确的。

要充分认识数字图书馆的实质,认真探索数字图书馆与现有图书馆或传统图书馆的异同点。不比较这两者的联系和区别,就无法从一个数字化信息系统的角度去建设数字图书馆或现代图书馆。

因此,对高校图书馆来说:

(1)保证传统资源和数字资源可持续发展的过程中,要注意两者在资源、平台、服务之间的协调、互补,在此基础上进一步加大数字统一平台的智能化建设研究、开发,引进成熟资源整合平台、在线虚拟参考咨询平台、资源共享平台,利于校内资源的整合和及时的在线服务,使服务的结果更全、更准,质量更高、更加个性化和人性化。

(2)加大本校特色资源的开发力度,把学校历史沉淀的资源如成果、课件、教材、试卷、论著等技术资料收集、整理、加工成数字化信息,便于保存、利用和共享。

(3)开展实时交互虚拟参考咨询服务,在图书馆的主页上设置实时虚拟咨询服务的链接,图书馆的用户可以通过这个链接进入用户的界面,向咨询馆员提问,开展实时虚拟交互。在网络环境下,参考咨询服务最显著的特点:用户的提问和咨询员的回答,是基于 Internet 的各种电子方式进行,包括各种交互式网络工具的使用,如:电子邮件(E-mail)、电子公告板(BBS)论坛、网络寻呼机(ICQ)、网络聊天室(IRC)、桌面视频会议(DVC)等。从而,使图书馆从信息源的采集到服务范围的延伸,从服务时间的无限制到服务模式的改变,从服务要求的提高到服务质量的飞跃,数字化参考咨询服务均超越了传统参考咨询服务,是对传统参考咨询服务的深化和发展。

(4)图书馆可以利用自己在学校的便利,与院校系、所的学科专家建立联系,商讨合作,建立咨询专家系统,这样可以及时高质量地完成咨询工作,也可以给参考咨询部带来良好的社会效益和经济效益。因为,网络环境下咨询工作的多元化,用户有时咨询的问题非常专业,图书馆虽然有高级咨询人员,但咨询的问题往往不能完全使用户满意,这就需要咨询人员咨询专家或请专家来给用户解答。因此,咨询专家系统的建立是今后提高咨询水平和服务质量的重要途径。[①]

(5)充分利用高校馆自身的人员、资源、设备、技术等优势,在满足校内教学、科研服务的同时,向社会用户服务的方向发展。从单纯的服务性,向知识型、效益型的方向转变。把服务向校外延伸,为社会服务,使资源产生社会效益和经济效益,使图书馆向深层次的数字化、智能化的图书馆发展,跟上信息社会用户对信息的需求,为图书馆事业的全面和可持续发展做出应有的贡献。

第三节　图书馆服务方式在传统向数字化 过渡中发生变化

随着计算机技术、通信技术和网络技术的迅猛发展,信息高速公路的建设与利用,为大规模的信息系统、图书馆系统的发展提供了新的环境和条件。图书馆的服务由传统手工服务向自动化、网络化、数字化的服务方式转变,在这种变化形式下,图书馆原有的服务方式已不能适应这种变化,因而,在现代网络环境下,如何做好读者服务工作,就是人们值得思考的一个问题。

---

① 　张旭、程文娟:《虚拟参考咨询服务现状与发展趋势》,载《情报杂志》,2004年第5期。

一、图书馆人由单一向复合型发展

加大各种现代化设备在图书馆的引入和应用,使图书馆在为读者服务的方式上有硬件保障。在现代技术条件下,图书馆人员的知识结构发生重大变化,由单一的图书馆学、情报学向复合型的人才发展,他们将是有较高的外语知识、懂专业、熟悉计算机操作和网络基础知识及具备熟练检索信息技巧等知识多专人才担任网络参考咨询服务。网络参考咨询服务是从传统参考咨询发展而来,它继承了传统参考咨询从图书文献资料中获取信息的服务方式,与新兴的先进的信息存取技术相结合,创造一种新型获取信息的服务方式。

熟悉和掌握先进的网络知识和使用技巧是开展参考咨询的前提,也是对读者进行宣传教育的基本内容。

首先,要在人员结构上,引进图书情报、信息管理、外语、计算机等方面的高学位人才。

其二,对现有人员进行培训,使他们充当网络参考咨询人员,从而加强读者服务工作。

其三,全面提高人员综合素质,树立读者至上、服务第一意识,急读者之急、想读者之想,提供全方位服务。

其四,图书馆中各种现代技术的充分使用,读者在这个过程中需要掌握使用和查询图书馆的各方面知识。因而,图书馆必须强化读者相关培训,举办从图书馆获取信息、计算机知识、信息技术、网络技术、网上数据库检索技巧的讲座,使读者尽快学会使用图书馆和利用图书馆,有助于进一步发挥图书馆的教育职能。[1]

总之,网络参考咨询人员要探索和积累经验,寻找最便捷的获取信息的方式,捕捉最新和最有价值的信息,有了这样的信息,专家就可以将传统的参考咨询服务项目,如专题检索、科技成果查新、课题跟踪服务等,在网上开展起来,并借助网络工具传给用户,使服务向网络参考咨询方向发展。

---

[1]　王靖:《论图书馆网络参考咨询服务》,载《沈阳教育学院学报》,2001 年第 3 期,第 81 - 84 页。

二、高校图书馆服务显现出多层次多元化

高校图书馆一般都有丰富的馆藏资源,不同院校具有不同学科的馆藏优势,但由于各种原因,馆藏利用率低。为此,高校图书馆应采取一定的技术手段,深度开发现有馆藏资源,定期将各种信息分门别类地编制成题录、资料汇编、专题文摘、快讯等各种信息产品提供给读者,或根据本校特色专业、课题、项目建立特色数据库为读者服务。要根据学校的专业和科研方向,有策重的引入各种数据库并联网、建立各种数据库的在线服务和镜像服务,通过网络的方式,为本地区、校内专业、专题的读者提供信息传递,使服务向网上发展,从而为他们节省上网时间和费用。

高校图书馆的信息服务对象,从单一的师生不断向社会化方向转变,服务范围日益广泛,显现出多层次、多元化的趋势。因此,图书馆的信息服务形式也要多样化、自动化、网络化、数字化。如图书馆工作人员积极深入到科研人员的科研项目中,为科研项目开展定题跟踪服务;通过现代化网络设备,联网检索各种数据库资源,为读者开展专利信息、科技项目查新服务;为学生的课题设计、毕业设计开展资料检索服务;为企事业提供决策、生产经营和各种技术、标准、专利信息;把校内的科研成果介绍到企事业;深入企事业了解他们所搞的项目,课题及要解决的技术问题等情况,提供给校内科研人员,再将有关这方面的文献信息提供科研人员;通过市场了解对企事业提供的需求及企事业将要做的工作,提供有关决策、经营、研制等方面的文献信息,进行超前服务;充分利用现代网络技术和通信技术为企事业单位建立馆藏信息资源的网上查询及远程终端服务;利用自身已掌握的技术和信息为企事业单位服务;为领导、决策机构提供策划咨询服务;通过自动化、网络化、数字化的服务方式为读者提供多样化、多元化的服务来满足不同用户的特定需求。[①]

由于图书馆经费有限,不可能保证有很多副本量供读者借阅,因此在管理上,图书馆应加强各种学科、专业阅览室的建设,既向藏、阅、借一体化开放性布局的服务方式转变,同时变传统的手工查阅卡片目录、手工填写借书证为电

---

① 吴宝华:《知识经济与高校图书馆发展》,载《天津农学院学报》,2001 年第 3 期,第 57 – 60 页。

脑查询目录,采用激光条码技术、防盗监测技术,使读者查询、借阅快速完成,使用一卡(IP卡)走遍图书馆,让读者感到方便、快捷。在环境布置上,力求简洁明快,充分体现现代文化氛围。

　　总之,随着计算机技术、通信技术和网络技术在图书馆的不断引入,图书馆由传统手工服务向自动化、网络化、数字化的服务方式转变,在这种变化形式下,高校图书馆要做好文献开发和服务工作,首要的问题是转变思想观念,使之适应知识经济的发展要求。为此,必须从自身狭小的范围走出来,排除"重藏轻用"的传统观念,树立"重藏重用"的观念,以用户为中心,以发展数字式馆藏为中心,以生产增值的多媒体资源为中心,以为全球用户服务为中心。当前,高校图书馆服务方式主要是"等客上门",而不是积极主动地"上门服务",服务方式封闭、被动,馆藏资源的利用率低下。因而,必须改变封闭、僵化的管理体制,转变旧的服务方式和方法,为新的服务方式和方法,主动深入到专业和企业单位去了解读者(用户)需求,树立主动服务的新观念,培养和掌握善于从一般事物中捕捉信息的能力,以自动化、网络化、数字化的服务方式搞好读者对信息多样化、多元化需求的服务工作。

第二章

图书馆智能化网络服务模式构建

我国数字图书馆建设已取得一定成效,以技术为主导的建设理念正向以服务为导向的理念转变,信息服务功能进一步扩大。3G 网络的正式大规模建设和无线互联网络的飞速发展,为数字图书馆带来了新的发展契机。图书馆可以以手机为载体,利用 3G 为读者提供各种不受时空限制的无线信息服务。

第一节　3G 技术与图书馆信息服务

随着网络技术的发展,很多公共图书馆与高校、科研单位图书馆开展了针对图书馆特定用户群体的移动通信服务,如短信提醒、无线检索等服务项目。而 3G 技术提供的不受时间、空间限制的大带宽、多媒体服务使得移动图书馆能够涵盖传统图书馆的大部分服务项目,并且能够拓展和创新传统图书馆无法开展的新服务(如视频咨询服务等),给数字图书馆移动服务带来新的发展机遇和空间。

一、3G 技术给图书馆行业带来机遇

3G(3rd Generation 的缩写)是相对第一代模拟制式手机(1G)和第二代 GSM、TDMA 等数字手机(2G)的第三代移动通信技术。能提供多种类型,高质量的多媒体业务,实现全球无缝覆盖,具有全球漫游能力,与固定网络相兼容,并以小型便携式终端在任何时候、任何地点进行任何种类通信的通信系统。

它能够处理图像、音乐、视频流等多种媒体形式,提供包括高速上网、下载、搜索、网页浏览、音视频电话、电子商务、视频社区、监测、定位、控制功能等多种信息服务。

21 世纪初,国际 3G 市场日趋成熟,用户数量大幅攀升,3G 业务不断壮大。已有英国、美国、韩国、日本等国家颁发了 3G 牌照。作为世界上拥有手机数量最多的国家,我国 3G 形成了从系统设备到芯片、终端以及测试仪器仪表的完整产业链。国内有 4 个系统厂家、4 个终端芯片厂家。16 款终端获得了 TD – SCDMA 规模网络应用技术实验网试用批文,并在 10 个城市进行试验,部署基站 15000 多个,现所有测试验证内容已全部完成,进入友好用户发放阶段。至 2009 年 4 月底,有 3.9 万个基站,覆盖内地 38 个城市,而到 2009 年底达到 8.5 万个基站及覆盖 238 个城市。TD 设备的价格已与 2G 设备的价格相近,部分更低于 2G 设备的价格。同时,TD – SCDMA 增强型技术 TD – HSDPA 商用网络产品开发也取得成果,采用单载波数据下载速率可达 2.8Mbps,多载波达 8.4Mbps。图书馆内部无线局域网技术的广泛应用,也为 Laptop、PDA、手机等移动终端用户利用图书馆信息服务铺平了道路。

我国是全球最大的手机生产和消费市场,根据工信部 2009 年 9 月 3 日发布的 7 月通信业运行状况和主要指标完成情况,我国移动电话用户突破 7 亿户。随着我国用户对移动通信的有效需求持续加大,加上手机对固定电话替代性竞争加剧,3G 时代,发展移动图书馆会具有坚实的客户群体基础,手机上网用户增量也必然会有惊人的发展。如此规模的用户群体,如此快速的膨胀速率,是图书馆行业必须高度重视并加以充分利用的巨大资源。

从信息公平、享受权利的角度来看,随着手机用户群体不断增加、3G 技术的不断成熟和手机上网的便利,图书馆面临服务对象和服务范围的创新,图书馆的服务不再局限在某个地域或某类用户,用户对信息的需求也不再局限在某个地域、某几个图书馆。用户在需求信息时,在手机上通过各种搜索引擎查询需求信息或通过文献的传递得到需求信息,若需收费,通过手机直接支付。从而使传统模式下,将读者划分层次的服务门槛变得毫无意义。图书馆面对的是持有手机的庞大用户群体,用户的年龄、身份、职称、地位等变得不那么重要。图书馆将会把注意力从读者身上转移至信息内容及服务的层面上,重视读者对信息的需求,建立适合各类人群信息需求库及推荐系统等。由于对手机媒体传播的可达性,手机图书馆可以满足大众信息需求,并引领大众的阅读趋势,促进信息获取渠道的公平,获得充分享受信息的权利,进而提高大众文化素养和全民族思想素质,以加快和推进图书馆虚拟化进程来改变传统的阵地服务模式,并以新媒体的面孔出现在大众眼前,催化出更多出人意料的创新服务品种。

二、3G 技术在图书馆的应用与建议

1. 3G 技术在图书馆的应用

(1)实现适时订购、查重、查错、清点图书

基于 3G 的智能手机具有强大的终端数据处理能力,利用配备有条码扫描功能的智能手机,通过移动网络连接图书馆的服务器,对图书的 ISBN 号进行查找,实现现场适时查重,适时查看读者的荐书信息,适时发送订单。在智能手机获取图书条码信息时,对重复的条码或错误的 MARC 数据,可在智能手机显示屏上给予提示,编目人员可以随身携带智能手机在书库里进行现场查找、分析重复原因、对错误的 MARC 数据及时修改,统一规范同书异号、异书同号、错误 MARC 信息,对个别需要补打书标或条码的图书集中处理,免去了编目人员为了查找一本有错误的书目信息,而频繁奔波于书库与计算机之间的辛苦。清点图书,首先是书库管理人员手机获取图书的条码号,并传入图书管理系统的服务器;其次是图书管理系统服务器对扫入的条码号进行标识;最后通过统计功能等,标识过的图书即在库图书,未标识的图书即不在库图书。在未标识的图书中,除去借出的图书,余下的图书即可视为丢失的图书,可进行遗失处理。①

(2)新增移动定位服务

利用 3G 先进的移动定位技术,根据移动用户所处的地理位置,临近图书馆为用户提供与位置相关的各类信息服务,如馆藏资源检索、域名查询以及生活信息咨询等。此业务还可以扩展到 OPAC 检索定位。在清华大学图书馆使

---

① 师晓青、艾雾:《手机图书馆信息服务现状分析及基 TD - SCDMA 的展望》,载《图书馆学研究》,2009 年第 2 期,第 69 - 76 页。

用的 Innovation Interfaves 公司的 OPAC 显示馆藏地点平面图的基础上,山东大学威海分校图书馆,已经提出图形化显示馆藏位置的 OPAC 改进方法,结合 TD – HSDPA 的移动定位,可以确定每一本书的具体架位,并可以在手机终端显示图形化路线图,帮助不熟悉排架方法的读者快速准确索取文献。①

(3)建立互动咨询平台

图书馆 3G 技术的应用,可通过移动网络,向读者提供手机、PDA 等便携式终端的阅读服务。由于移动网络中的手机卡号码具有唯一性和固定性,一个手机号码一般只被一个用户使用。因此,当通过移动网络向读者提供阅读服务时,在互联网中 IP 控制难题,就迎刃而解,读者则可以利用手机随时、随地进行快捷、方便地阅读、学习、娱乐,并期望享受全天候服务。3G 手机的普及、轻巧贴身、及时等特点,迎合了现代图书馆参考咨询及时信息传输手段的需要,读者和馆员能方便快捷地通过图书馆建立的学科馆员、专家和读者适时互动平台,进行适时交流。除了文字交流,还可进行语音、视频交流,并访问音视频资源。可开展音、视频资源的下载、课程点播及读者培训,读者可享受到视频会议、视频博客、互动视频社区等多种功能,使读者不仅得到想得到的信息,还能看到、听到并和咨询馆员或某个虚拟群体讨论问题,相互交流心得,对咨询问题发表的意见适时解答。这有利于定题跟踪服务的开展,并提高检索信息的时效性;有利于移动交流者从情感上融入交流活动中,使移动咨询更加个性化、人性化。②

此外,还可以利用 3G 实现虚拟付费服务,让读者在 3G 环境下利用手机内含的数字证书远程连接自己的网上银行,通过手机账户的预存款进行扣除罚款、赔书、机时费、查新费、复印费、打印费、刻录费和租借费等。图书馆远程教育也可以利用 3G 技术,为学员提供无线互动式视频多媒体教学,创造一个随时、随地的个性化、动态互动的学习空间,拓展远程教育形式。

---

① 师晓青、谢军红:《基于 3G 的智能手机移动图书馆创新研究》,载《图书馆建设》,2009 年第 6 期,第 52 – 54 页。

② 师晓青、谢军红:《基于 3G 的智能手机移动图书馆创新研究》,载《图书馆建设》,2009 年第 6 期,第 52 – 54 页。

2. 图书馆利用 3G 技术的建议

(1)考虑 3G 用户群体、阅读习惯、资源利用的变化

中国互联网络信息中心(CNNIC)发布的《第 23 次中国互联网络发展状况统计报告》统计数据表明,截至 2008 年底,我国网民数达到 2.98 亿人,手机网民数达 1.137 亿人,每天多次使用手机上网的用户近 4000 万人,其中八成用户为学生和民工。他们无法腾出整块时间来阅读和娱乐,他们希望不受时间、地域和阅读物理介质的任何限制,随时随地,打开手机就能轻松享受阅读和娱乐。而 3G 本身就是无线通信与国际互联网等多媒体通信相结合的新技术,重点就在于多媒体技术的应用。用户对多媒体资源的需求,3G 技术对多媒体技术支持,就是图书馆转换资源结构的根据。依靠多媒体资源自身的优势,建立系列视频课堂,提供多媒体数据库服务,开发加工声、色俱全的多媒体电子书籍,吸引更多的用户,成为我们的读者。①

(2)加强数字图书馆门户网站的建设

为支持 3G 用户方便有效搜集、发现和选择利用各种信息资源,数字图书馆应进一步优化自己的门户网站。门户网站的好坏将直接关系到数字图书馆的亲和力,影响它们的使用效果和频率。图书馆需要对信息资源进行深度加工,建立标准化的数据库,提供权威可靠的学科信息导航服务,提供统一的检索平台及交互式智能化数字参考咨询服务体制,创建丰富实用、独具特色的主页。同时,要考虑到 3G 用户大部分是使用小屏幕的手机上网,门户网站应该与台式机访问有所区别。如简约的构图、明晰的结构、合理的分类,乃至适中的字体,将更加适合于为 3G 用户服务的网站。

(3)促进图书馆 2.0 与 3G 相互融合

3G 时代,对用户来说,最具吸引力的无疑是能够享受更个性、更便捷的移动信息服务。因此,如何把握用户差异化的需求,是图书馆实现新型移动信息服务的关键所在。这与图书馆 2.0 以用户为中心,把 Web 作为平台,强调与用户互动、注重用户体验等理念不谋而合。Lib2.0 与 3G 的融合,不仅包括 BSS/ATOM、Blog、Instant Message(如 MSN、QQ、Skype 等)、Ajax/Fles/Atlas、Open-

---

① 林艺山:《浅论 3G 时代的手机图书馆服务》,载《情报探索》,2009 年第 7 期,第 8 - 9 页。

Source 等常用技术的互通融合,还包括 Lib2.0 服务,向手机移植改造再生产成新的信息服务,如移动博客、读者社区等。基于 3G 技术服务的应用,将引领通信服务功能从桌面向掌上过渡,实现信息的高度随身性。但是,电信网是一个层级管理网,在它的建设之初就附载了管理体系、计费系统、身份识别和认证。手机屏幕很小,输入输出非常不方便,完全实现互联网的业务是不可能的。但从目前来看,全球互联网发展的趋势正在从 PC – 1nternet 向 Mobile – Internet 转变,手机从某种意义上将主导互联网的发展,这为移动互联网和数字图书馆带来新的发展空间。①

(4)加强数据库的安全性

3G 时代的图书馆信息服务,需进一步优化数据库结构,以方便服务器对数据库资源的快速检索。数据库建设要保证较强的安全性,特别是在增值目的前提下,安全性便上升到新的高度。防范黑客及手机病毒的破坏,在保证数据库性能的前提下,要防范病毒对数据库、WAP 服务器、手机的攻击,可以择优选择相关技术的应用,如数据库加密、防病毒等技术,保证服务器功能和服务的正常进行。

(5)提高图书馆员自身素质

随着 3G 通信技术在图书馆领域引进与应用,对图书馆员提出了进一步的要求。图书馆员必须学习与掌握新技术,加强对 3G 技术的学习和掌握,努力提高 3G 新技术环境下的业务素质,使自己尽快适应新的环境变化。

第二节　856 字段对馆藏纸本资源与电子资源双向有效

随着图书馆资源建设的不断发展,各种载体馆藏书目数据库建设的逐步完成及中外文大型数据库的大量购入,馆藏结构向纸质文献与数字信息共存的形态转变。但我们看到,大量的传统馆藏资源和购入的数据库之间毫无关联,给读者使用资源带来不便。读者需要的是通过一个统一的界面,一次性检

---

① 龙朝阳、王灵:《基于 3G 的图书馆信息服务模式初探》,载《图书馆论坛》,2008 年第 6 期,第 8 – 10 页。

索便可获得多种类型文献数据而不遗漏任何载体的馆藏信息。而对于读者来说,OPAC(Online Public Access Catalogue,联机公共目录查询系统)应当是反映图书馆全部馆藏、包容各种载体文献的重要窗口。将数字化馆藏资源纳入目录控制通过 OPCA 揭示,就必须对馆藏数字化资源进行编目,将其 MARC(MAchine – Readable Cataloging,机读编目格式)记录加入中央馆藏中,并改变数据库中电子文献游离于馆藏目录控制之外的状况,使其与印刷型馆藏融为一体,而 856 字段,是对图书馆馆藏文献进行数字化有效揭示的最好方法。

有些数据库提供商(如 EBSCO)向订户提供所购数据库收录的电子期刊 MARC 记录,并在其 MARC 记录中加入 856 字段以实现馆藏书目数据库与所购数据库的链接,这可以使图书馆以批处理方式直接将现成的 MARC 记录装入本馆的中央书目库中,通过 856 字段的指引,在 OPAC 中直接点击访问具体网络文献。该技术是通过 Z39.50 等协议作为后台支持的,因此,这种链接的实现没有技术上的障碍。①

国内外多数图书馆使用的自动化系统(如 ILAS、汇文图书馆集成管理系统、IN N O PA C、H orizon、SIRSI 等)均支持 Z39.50 协议,以实现图书馆馆藏书目数据库与近年来购入的国内外各种电子图书、电子期刊等数据库的链接;对本馆纸本馆藏中没有的图书、期刊直接链接电子资源;对纸本馆藏中有的图书、期刊显示纸本收藏情况、纸本在馆情况及链接电子资源。对于多数图书馆来说,是馆藏纸本资源全部揭示为数字化资源的一种捷径,是在纸本资源全部借出时,补充读者需求的最好方式,是满足读者不同阅读需求、提高资源有效利用率的最好方法,是中小型图书馆在当前没有能力完成本馆纸本资源全面数字化的情况下,全面揭示馆藏数字化的一种探索,也是各图书馆对书目数据库的一种开发和利用。

一、856 字段的定义

20 世纪 90 年代中期,美国国会图书馆为了在机读目录中揭示各类数字化资源,在 USMARC(United States MAchine – Readable Cataloging,美国机读目录

---

① 何小清:《数字化馆藏资源的多层次揭示》,载《图书馆杂志》,2003 年第 7 期,第 26 – 28 页。

格式)中增加了一系列新的字段或为有些字段扩充了新的定义,如 130、256、307、516、538、856 字段。我国西文编目基本采用 USMARC,而 CALIS(China Academic Library & Information System ,中国高等教育文献保障系统)联机合作编目项目已在中文 CNMARC(China M A chine – Readable Catalogue,中国机读目录)格式中正式采用了以上字段。其中 856 字段被定义为:电子资源地址与检索,可重复,有主机名称、路径、文档名称等 26 个子字段。其指示符 1 为电子资源的检索方法(包括:#无信息提供,0 电子邮件,1 文件传输协议,2 远程登录,3 拨号入网,4 超文本传输协议,7 检索方法,＄2 中说明)。指示符 2 表示 856 字段的电子资源与编目文献之间的关系(包括:#未定义,0 电子文献,1 有电子版,2 相关资源有电子版,8 不生成附注导语)。①

856 字段在实际应用中,主要使用子字段@u 和@z。@u 来标注与电子资源的 U RL(U niform Resource Locator,统一资源定位符或称网页地址)链接,@z 用于电子资源地址相关的附注说明。如@z 为"点击查看电子资源",则读者在检索界面可以看到"点击查看电子资源"的超级链接,点击便可以直接打开@u 所指向的具体的电子资源的地址,从而实现书目记录与电子资源的无缝链接。而这些就是我们图书馆人需要做的工作。在开展这项工作时,应该先易后难(中文资源较西文资源易于实现),先小后大(数据库资源量相对较小的易实现),逐步实现本馆馆藏书目数据库与购入的电子资源数据库的链接,进而发展到网络虚拟资源与馆藏书目数据库的链接,实现馆藏资源数字化的有效揭示。作者结合自己所工作的兰州理工大学图书馆,对于 856 字段的使用,做具体介绍。

二、856 字段在电子图书中的使用

图书馆大多购入的电子图书有书生之家电子图书、方正 A pabi 教学参考书、超星电子图书、读秀知识库、K novel 电子书。从建立 856 字段的原则分析来看,电子图书中的方正 A pabi 教学参考书是中文资源,其数据量相对较小而使用率较高,是图书馆馆进行 856 字段著录的首选。图 2 – 1 为馆藏书目数据

---

① 谢琴芳:《CA LIS 联机合作编目手册:下》,北京大学出版社 2000 年版。

MARC 记录中加入 856 字段的实例。

```
856 4 @uHTTP://202.201.33.254/dlib/product.asp?BookID=ISBN7%2D5623%2D0440%2D8
      @z点击此处查看方正Apabi电子书
```

图 2 - 1　馆藏书目数据 MARC 记录中加入字段的书目著录格式

　　当在 OPAC 检索某本书时,若馆藏中没有此书,可在 OPAC 上点击"点击此处查看方正 A pabi 电子书",链接到 A pabi 数字资源平台,从而查看电子图书。若馆藏中有此书,也可在 OPAC 上查看纸本图书的在馆情况,当该书全部借出时,点击"点击此处查看方正 A pabi 电子书"即可查看电子图书。同时,也实现了方正 A pabi 数字资源平台电子图书向馆藏书目数据库链接。如在方正 A pabi 数字资源平台查找某本电子图书时,若想了解该书的在馆情况,通过方正 A pabi 数字资源平台中"点击查看纸本图书",就可链接到馆藏 OPAC 书目记录中该图书的在馆状况。此外,兰州理工大学图书馆开发了本科教学参考书系统。该系统建立了全校所有课程的教学参考书的书目数据库,并且将该数据库记录和馆藏书目数据库建立了链接。这样,在学生选课后,若想了解课程需要的教学参考,就可链接到本馆的馆藏书目数据库中,了解馆藏收藏和在馆状况,从馆藏书目数据库又可链接方正 A pabi 数字资源平台的电子图书。从使用效果来看,非常受学生欢迎。该项工作主要是和北京方正 A pabi 技术有限公司合作完成,兰州理工大学图书馆确定镜像服务器地址,该公司完成方正 A pabi 数字资源平台系统安装和方正 A pabi 数字资源平台的书目数据向馆藏 OPAC 书目记录的链接,并负责导出我馆购置的电子图书的 MARC 数据记录及在 MARC 数据记录中加好 856 字段的内容。兰州理工大学图书馆在 ILAS 系统中,设立要接入的电子图书 MARC 数据记录的书目控制号区段,通过 ILAS 系统数据接口,把电子图书 MARC 数据记录接入到 ILAS 系统中的中央书目库中(Biblios),实现馆藏纸本图书书目和电子图书的链接。该馆和超星读秀公司合作,向超星读秀公司提供纸本馆藏 MARC 数据,由超星读秀公司建立《读秀学术搜索》平台向本馆馆藏书目库的链接。同时要求超星读秀公司为我馆提供购入的超星电子图书 MARC 数据,以实现本馆纸本图书向超星电子图书的链接,进而扩大纸本资源的数字化的有效揭示,为读者带来方便、快捷、满意的个性化服务。从 856 字段的建立来看,指示符 1 的内容为 4 表示超文本传输协议(HTTP);@u 字段内容为电子资源的地址(URL),ID 是 ISBN 号;@z 字段内容为 856 字段标识的电子资源地址相关的附注,该附注用于公共显示。

三、856 字段在电子期刊中的使用

兰州理工大学图书馆购入的电子期刊数据库有维普、CNKI、万方、人大报刊复印资料、Springer LINK 等。其中,维普电子期刊数据库自 1989 年以来,收录有中文期刊 12000 种、中文报纸 1000 种、外文期刊 4000 种,有文摘型电子期刊数据库,其资源拥有量几乎能完全覆盖图书馆所订购的纸本期刊。若能在本馆纸本期刊的书目数据 MARC 中建立 856 字段,与维普电子期刊数据库链接,那么,纸本期刊几乎完全能被揭示为电子期刊。另外,维普的《中文科技期刊数据库(全文版)》具有符合国际技术标准 OpenURL 协议的开放链接功能,可让用户从其他检索平台检索出文献篇名或期刊名后,直接链接到维普数据库的全文数据,只要用户的 IP 地址在被授权的范围之内,就可以直接下载阅读相应的原文文献。下面是维普公司提供的 OpenURL 协议的连接规则和参数介绍:

1. 连接规则协议

http://IP/cstj/sear. dll? SearchU RL? sid = ＊＊＊ & genre = ＊＊＊ & issn = ＊＊＊ & year = ＊＊＊ & volum e = ＊＊＊ & issue = ＊＊＊ & spage = ＊＊＊& title = ＊＊＊ & pid = ＊＊＊＊(标准的 OpenURL 协议规则)

其中 IP 为维普《中文科技期刊数据库(全文版)》安装所在的服务器 IP 地址或网址。

各参数意义分别为 sid——数据库提供商;genre——数据类型;issn——国际刊号;year——年份;volum e——卷;issue——期;spage——开始页;title——题名;pid——刊名。

其中 sid 和 genre 的参数值固定不变,也可以为空;pid 需要进行 URL Encode 的编码,用 UTF－8 字符集。而使用 UTF－8 编码的好处是国外的用户如果使用 Windows XP 英文版浏览 UTF－8 编码的任何网页,无论是中文还是日文、韩文、阿拉伯文,都可以正常显示,UTF－8 是世界通用的语言编码。

2. 工作过程

目的:用 issn 或 pid 来定位一种期刊,用 year、volum e、issue 来定位一本期刊,用 title 来定位一条记录。

如果 issn 有值,则不需要 pid 值(pid 可以为空值);反之,需要将刊名 pid 的值解码。如果 title 有值,则定位到一条记录的全文;反之,在 issn(或 pid)有值,其他值都为空的条件下,返回整刊的题录数据。

利用这种参数规则,就可以与 OPAC 系统实现对接,为 OPAC 系统提供刊内检索和全文服务。

3. OPAC 系统连接专用接口

上面介绍了通过标准的 OpenURL 协议规则实现与 OPAC 系统的链接。为了方便用户使用,维普的《中文科技期刊数据库(全文版)》还提供一种更加简洁的、专为 OPAC 系统提供链接的接口(我馆选用了该接口)。接口规则为:
http://?? /cstj/sear. dll? OPAC? ISSN = * * * * &KM = * * * *

其中,ISSN 为国际标准刊号,KM 为刊名。由于只有两个参数,方便简单。建议 OPAC 系统使用此接口与维普数据库实现链接。

原理:以 issn 号来定位一本期刊,当 issn 有正确的值时就可以返回结果,km 的值可以为空;当 issn 值为空时,需要 km 有正确的值才能返回结果。

四、856 字段的建立

1. 在期刊书目 MARC 记录中逐条加入 856 字段

调出期刊书目 MARC 记录,逐条建立 856 字段,见图 2 - 2。

```
856 4 @uhttp://202.201.33.131:8080/cstj/sear.dll?OPAC?ISSN=1002-8528&KM
       =建筑科学@z点击查看维普电子期刊
```

图 2 - 2　期刊书目 MARC 记录逐条建立的 856 字段

其中,指示符 1 的内容为 4 表示超文本传输协议(HTTP),http://202.201.33.131:8080 是镜像服务器地址,ISSN 是该刊的 ISSN 号,KM 是该刊刊名,@z 是公开附注(说明)。多数图书馆的记录(期刊种数)在 5000 条左右,加入 856 字段不会造成工作量过大,而易完成。

2. 在期刊书目 MARC 中批量加入 856 字段

在期刊书目 MARC 中批量加入 856 字段时,系统必须带有 MRAC 数据的批处理工具。兰州理工大学图书馆使用的 ILAS 系统带有 MARC 数据批处理工具,因此可以对 856 字段的增加、替换进行批处理转换,经过增加、替换等几次批处理转换后的 856 字段,如图 2-3 所示。处理后,856 字段中会多出@ x、@ y、@ w3 个临时借用的字段符号,对其删除即可。

```
856│4  @uhttp://202.201.33.131:8080/cstj/sear.dll?OPAC?ISSN=@x1002-8528@
     │   y&KM=@w建筑科学@z点击查看维普电子期刊
```

图 2-3　经过增加、替换等几次批处理转换后的 856 字段

对西文期刊同样可建立 856 字段的链接。期刊书目库中 MARC 记录的条数是馆藏实际收藏刊的种数。因此,用 OPAC 检索某刊时,若本馆有此刊,会列出其题录和馆藏收藏情况。而"点击此处查看维普电子期刊"时,若维普电子期刊收有此刊,既显示该刊收藏范围及每种刊的目次,又可在目次下看到刊内某篇文章的摘要,还可下载原文。这样就提高了馆藏期刊资源数字化的揭示率和使用率。

3. 书附光盘 856 字段的建立

关于书附光盘方面,分两步建设(主要是因为存储设备不足)。

第一步:把上万种光盘作 MARC 著录(在系统中单独为其设置一段书目控制号区段和条码区段)。著录时,调出书目记录,复制一条记录后,对该记录做如下修改:

010 字段——该字段著录文献国际标准号和获得方式,著录子字段@ a ISBN 号,@ d 获得方式。若该光盘有不同于图书的文献国际标准号、唱片号,那么需要复制一行重新著录@ a。如果光盘是购买的,@ d 著录其价格;如果是随书赠送的,可著录@ d 为附书光盘或磁盘。

200 字段——该字段著录电子文献的题名及有关信息,著录子字段@ a 电子文献的正题名,@ b 文献类型,如@ b 光盘或@ b 磁盘。

210 字段——该字段著录电子文献出版社发行项,有两家或两家以上的出版社时,逐一著录。

215 字段——该字段包含在编文献的载体特征方面的信息。著录子字段 @ a 特定文献类型标识和文献数量,如@ a2com puter optical disc 或@ a1 com puter disk ;著录子字段@ d 尺寸,著录光盘的直径 15cm 或 8cm,磁盘的直径 9cm。

著录时加入馆藏条码,经审校入书目总库。可以把某一种中的 1 张或 1 套作为保留光盘(母盘)长期保存,其余的像图书一样供读者借阅,若光盘损坏,可用保留光盘刻录补充,从而极大地提高了光盘的利用率。

第二步:在有条件时,将光盘(母盘)制作成可供下载安装的光盘镜像 ISO 文件,上载到 FTP 服务器上,使用 MARC 的 856 字段(如图 2 - 4),使读者方便地下载光盘文件。同时,作者还探索了使用 MARC 的 856 字段建立校内相关专题资源的全文、摄影作品、字画、音频、视频等资料的有效链接,这里不再一一赘述。

```
856 1 @uftp://202.201.33.139/GUANGPAN/Microsoft/WORD.ISO@z点击此处下载光盘
905   @aGGDT@fTP391.12/1
```

图 2 - 4　书附光盘 MARC 记录建立的 856 字段

五、网络信息资源纳入图书馆服务

随着数字化革命的深入和因特网的飞速发展,网络信息资源呈现出几何级数量增长,规模已超越了现有的非网络资源,信息资源从内容到形式都发生了质的变化。网络信息资源与非网络资源相比,具有地理上分散、组织上无序、数据类型多样、信息组合错综复杂等特点。当信息的需求者面对如此浩瀚的信息海洋,无法快捷地获取自己所需的信息时,常常会对检索和获取信息的低效感到无奈。要解决二者之间的矛盾,为用户提供便利的信息获取途径和方法,就图书馆而言,最为有效的方法,是将网络信息资源纳入图书馆的服务当中,即选定好的网络资源,对其进行编目,从而将信息资源系统地组织起来,供用户浏览与检索。

图书馆员可以用 MARC 格式对其进行编目,而目前 856 字段已定义了 20 多个子字段,包括主机地址、检索地址、电子文件名、用户名、口令、帮助信息、操作系统、电子文献格式、文件大小、统一资源定位器等。但以 MARC 格式编目网络资源的做法成本较高（需要耗费较多的财力、人力和时间），而且不容易跟上网络资源的增长速度。因为 MARC 格式对编目特定馆藏、信息资源地址稳定及较重要的网络信息资源较有优势，而互联网上的信息动态性过强，链接到的信息常在一段时间后就不存在或者信息的网址发生变化，使 856 字段的链接失效，这将严重制约 MARC 记录中加入 856 字段进行网络信息资源的链接。因为，失效链接的存在，会为书目数据库中积累太多无用的 856 字段。因而，网上的信息资源著录工具 DC（Dublin Core）——都柏林核心诞生。它是一项描述信息资源的国际标准。1995 年 3 月，在俄亥俄州的都柏林核心研讨会上，52 位来自图书馆、计算机和网络方面的学者和专家共同探讨了网络信息资源的描述问题，创建了都柏林核心集。1999 年 10 月，在德国的第七次都柏林核心研讨会上，就巩固不同都柏林核心工作组的发展，分享实施都柏林核心的经验，推动都柏林核心在异构元数据系统中对互用性的支持进行讨论。

这次会议对 DC 元数据进行了重大改进，使 DC 元数据与 MARC 之间映射更加一致，有利于将 MARC 转换为 DC 元数据。在网络信息资源编目过程中，采用 DC 作为网络信息资源的著录工具、XML 文档结构作为著录格式是将网络信息资源序化的理想模式。一些升级的图书馆自动化集成系统，引入元数据和 MARC 兼容的编目，可将 MARC 编目数据转化为元数据。这样就可利用各种数据库入口或 ODBC（Open Data Base Connectivity，开放数据库连接）标准直接获取各种异构系统的裸数据，构建新的数据集合或者对各种异构系统的裸数据直接访问、直接处理。也可设计 A gent 中间件，如用户在 OPAC 系统中检索定位到某一本图书时，OPAC 会在后台将对应的参数传递给 A gent，A gent 利用通用数据库接口在电子图书数据库中查找对应的电子图书，从而实现异构系统数据库的链接。所有这些的发展，为网络资源编目和异构数据库的链接开辟了新的空间。

总之，856 字段在图书馆馆藏资源的数字化的有效揭示上，还有许多值得我们研究、探讨和开发的地方。只有恰当运用其优势，避免其不足（不是其本身的不足，而是客观的不足），才能使 856 字段在馆藏开发上发挥其应有的特点、功能，在馆藏全面数字化的进程中发挥其应有的优势。

第三节　Web3.0 技术环境下的高校图书馆

随着社会的发展,信息量的剧增,人们对信息需求个性化、精准化和智能化的要求越来越高,web1.0 和 web2.0 技术已经不能满足信息发布量的快速增长及人们对信息的筛选、聚合要求。于是,第三代互联网系统 Web3.0 技术诞生,它是互联网发展的必然趋势。从 Web1.0 的网络单向服务,到 Web2.0 互动参与,再到 Web3.0 的完全智能化,每一次升级都带给图书馆前所未有的变革与创新。Web3.0 思想,是根据用户需求提供智能化的综合服务,主要是提供用户偏好的个性化聚合服务。随着 Web3.0 技术的成熟于应用,图书馆如何利用新技术,如何为用户提供全而精准的个性化、智能化信息服务,来不断推动图书馆管理和服务水平,是我们图书馆需要学习和研究的问题。

一、Web3.0 的概念与技术特征

1. Web3.0 的概念

2005 年 12 月 2 日,公用信息平台服务商红门资讯召开发布会,提出了 Web3.0 概念。红门资讯对 Web3.0 下的定义是:网站内的信息可以直接和其他网站相关信息进行交互,能通过第三方信息平台同时对多家网站的信息进行整合使用;用户在互联网上拥有直接的数据,并能在不同网站上使用;完全基于 Web,用浏览器即可以实现复杂的系统程序才具有的功能。Web 之父蒂姆·伯纳斯·李(Tim Berners – Lee)对 Web3.0 下的定义是"A webwere the context of content is defined by data; a web capable ofreading and understanding content and context."即 Web3.0 是这样一种互联网:由数据定义内容;它能阅读和理解内容以及上下文。蒂姆·伯纳斯·李认为 Web3.0 就是语义网。

语义网(Semantic Web)是由万维网联盟的蒂姆·伯纳斯·李在 1998 年提出的一个概念,它的核心是:通过给万维网上的文档(如:HTML)添加能够被计算机所理解的语义(Meta data),从而使整个互联网成为一个通用的信息交换媒介。语义网是能够根据语义进行判断的智能网络,实现人与电脑之间的无

障碍沟通。语义网中的计算机能利用自己的智能软件,在万维网上的海量资源中找到你所需要的信息,从而将一个个现存的信息孤岛发展成一个巨大的数据库。语义网的建立,涉及了人工智能领域的部分,与 web3.0 智能网络的理念不谋而合,因此,语义网的初步实现,也作为 web3.0 的重要特征之一,这意味着语义网的相关实现会占据网络发展进程的重要部分,并且延续于数个网络时代,逐渐转化成"智能网"。

2. Web3.0 的技术特征

Web3.0 的概念可以理解为:Web3.0 包含了所有 Web2.0 的技术特征和发展成果,通过各种 IT 技术,如云存储与云计算技术、跨浏览器双向通信机制、人工智能、语义网、地理映射网、运用 3D 技术及将互联网本身转化为一个泛型数据库等,并以国际计算机协会制定的 RDF(资源描述框架)、OWL(网络实体语言)、SPARQL(简单协议和 RDF 查询语言)三大技术标准为基础,搭建的虚拟世界网站,也是用户通过 Blog、Wiki 等互联网应用以 Widget 的形式自由组合的可管理的个性化门户等,以上种种技术和应用的集合就构成了 Web3.0 的方方面面。其主要技术特征如下:

(1)信息内容的智能化聚合

应用 Mashup(糅合,是当今网络上新出现的一种网络现象,将两种以上使用公共或者私有数据库的 web 应用,加在一起,形成一个整合应用)技术对用户生成内容进行筛选、过滤和重组,以渐进式语义网技术的完善为前提,实现有效的信息聚合。对用户需求实现智能化服务。在 Web2.0 模式下,允许用户随意发布的 Blog、Wiki,会使得网络上堆积大量杂乱无章的信息,为用户的搜索带来了极大的不便。Web3.0 提出了"可控"这一概念,使得信息的发布与使用连接起来,实现数字通信与信息处理、网络与计算、媒体内容与业务智能、传播与管理、艺术与人文的有序有效结合和融会贯通。

(2)跨平台的立体交互

Web3.0 的网络模式下,用户不再只应用 PC 的单一终端上,而是要实现不同终端的兼容,用户将在 PC、WAP 手机、PDA 智能机顶盒等多种嵌入式设备上,实现互联网信息服务、智能翻译等技术,使用户实现跨语言、跨平台交流。

（3）网站个性化

Web3.0 在对于 UGC 筛选性过滤的基础上，引进偏好处理技术和个性化引擎技术，以用户需求为中心，对用户行为、习惯、偏好及专业背景深入分析，寻找可信度高的 UGC 发布源，按照用户需求，为用户的需求设置，整理、挖掘，得出最佳的设计方案，推送人性化、个性化信息。

（4）虚拟化程度更高

Web3.0 的虚拟化程度更高、更自由、更能体现用户个人劳动价值的网络世界，是现实世界的信息虚拟社区，延伸了用户的真实生活。[1]

二、图书馆服务理念与内容发生变化

从图书馆的发展来看，信息技术的更新换代，出现 web1.0、web2.0、web3.0 时，图书馆相应地提出图书馆 1.0（lib1.0）、图书馆 2.0（lib2.0）、图书馆 3.0（lib3.0），每次都使图书馆管理和服务的理念发生巨大的变化。图书馆 1.0 时代，在计算机、互联网技术的发展下，图书馆从传统手工操作实现了自动化操作，节省了大量的人力和物力，为读者提供更加方便、快捷的服务，但服务模式是单向的，主要是图书馆网站提供内容，信息发布，信息交流是单向的。如：图书馆提供服务指南、介绍、信息发布、各类数据库的分类链接、虚拟咨询和课题跟踪服务、检索课件和软件下载、馆藏书目查询、预借、续借等。

图书馆 2.0 时代，图书馆将 web2.0 技术应用与书目数据库、二次文献库、全文数据库结合起来，强调与读者互动，强化读者的用户体验。服务向双向和多项转变，这种转变体现为提供内容的深度以及服务工具和途径的多样化上。如：开始重视读者需求，RSS（信息聚合）工具革新了图书馆发布信息的方式，帮助图书馆更加容易地掌握读者需求动机，缩短读者获得图书馆服务的时间。Blog（博客网站）和 wiki（维基或维客）是典型的用户创造内容的指导思想，而 tag 技术（用户设置标签）将传统网站中的信息分类工作直接交给用户，尽量弱化以图书馆为中心的理念，开辟读者参与对图书馆部分资源的组织、发布以及

---

[1] 李兰兰：《Web3.0 的技术特征与图书服务创新》，载《图书馆信息技术的应用、服务和创新学术研讨会暨第 3 届数字图书馆与开放源代码软件（DLIB&OSS2011）学术研讨论会论文集》，2011 年。

管理。

图书馆 3.0,在图书馆 2.0 时代建立起来的数据库基础上强化了信息整合,以读者为中心,提供更加精确、高效、个性化和智能化的服务。真正实现用户个性化门户与图书馆门户的无缝对接,用户个性化门户内容依托图书馆资源服务,并根据个人需求自动推送。通过对“微内容”的聚合、迁移以及互动,使得用户可以方便地获得内容管理服务、个性化的服务、知识过滤服务以及进行用户之间知识的沟通与共享。如:Web3.0 可以根据读者需求创建综合化服务平台,按读者的个性喜好提供个性化聚合服务。通过信息智能分析、过滤功能,分析读者最需要的资源,过滤掉不符合要求的信息资源,提供给读者最适合的信息资源,从而提高读者的阅读质量。Web3.0 的核心技术是人工智能,而智能化的核心是虚拟化和可视化。Web3.0 应用图形、平滑的动画、高清晰度的音频和视频以及 3D 的内容,为虚拟化阅读环境的创建和优化提供了更大的空间,使读者在情境之中“真实”感受阅读内容。①

三、web3.0 技术带来的机遇与挑战

图书馆随着 IT 新技术的不断引进和应用,信息环境发生了巨大变化,面对互联网和搜索引擎及外部竞争,图书馆在保持原有功能、角色和作用的同时,图书馆从知识传递者的角色,向以公共交流方式为依托的传递知识、创造知识方向转变。web3.0 思想和理念在图书馆的引入,必将对图书馆带来巨大的挑战和发展机遇:图书馆竞争群体发生变化,图书馆的信息组织地位受到削弱;读者既是信息的需求者也是信息的提供者;图书馆不再只是文献信息的存储中心,更是信息的聚合和提供中心。构建图书馆 3.0,加快图书馆自身发展,是 Web3.0 时代图书馆明智的选择。②

在 Web3.0 时代,由于网络技术的深入发展和用户利用网络的自由度增大,将导致图书馆与用户的关系发生更深刻的变化,将会出现各种高度细分领域的

---

① 邱茹林:《Web3.0 对图书馆未来发展的影响》,载《情报资料工作》,2009 年第 6 期,第 73－75 页。
② 陈亚珊:《以用户为中心的图书馆 3.0 的构建研究》,载《江西图书馆学刊》,2012 年第 1 期,第 4－7 页。

平民专家,这些平民专家也会抢夺图书馆用户的注意力。这样,图书馆将可能失去组织、提供信息的优势地位。图书馆的竞争者不仅来自文化信息产业,如书店、数据库商,更多的图书馆行业竞争者将会出现。

从数字图书馆的市场来看,数据商已经在分割数字资源的市场,如:超星电子图书、中国知网(CNKI)、人大报刊复印资料等数据库商都在做大、做强、做全各自的资源数据库。在运行的模式来看,为图书馆提供授权并相应收费(有包库和镜像之分)。网络供应由宽带网络供应商完成,各图书馆只是购入后,提供一定范围和地域内的最后的服务。在这个模式中,图书馆几乎没有发挥什么作用。在不远的将来,数字资源服务商将越来越多,数据库商家的竞争将越来越强,而当某个数据库商处于垄断地位过程中,其数据库的价格就会上涨,对一些中小型图书馆就可能无法承受,而当其数据库销售利益若小于数据库服务利益时,数据库商可能直接面向用户提供服务,图书馆在数字资源建设方面的优势将很难保证。

在 IT 技术发展到今天,云计算、云存储、人工智能技术的发展,数据库商在技术上完全可以实现面向世界各地用户提供网络服务和网上付费,并可降低成本。而连锁书店如果推出借书或网络服务,图书馆组织信息的地位将会进一步被削弱。图书馆要应对激烈的竞争态势和用户不断流失的困境,图书馆自身应加强技术创新。另一方面,Web3.0 的一个重要特征就是信息的自由发布、整合与利用。用户将成为网络信息提供者,互联网上的大部分信息将由用户自己发布和支配。开发更多、更新的技术适应图书馆馆藏信息和网络信息有效整合,来吸引用户利用和建设图书馆资源。同时,培养图书馆员成为信息专家,重视与用户的合作,提供可供用户发布、整合信息的平台并提供强大的技术支持,来对信息进行高度聚合,从而通过多种渠道信息的整合来满足用户提出的各种需要。

此外,图书馆要实现电子资源的跨平台聚合和智能搜索,使各种数字资源数据库、特色数据库、馆藏图书系统、随书光盘系统、视频 VOD 点播系统、课件数据库等聚合于同一个平台,为用户使用带来方便。图书馆还要重视开发多个平台下拓展各个终端上的用户,针对不同终端的特点,开发有特色的个性化服务内容,围绕用户对用户群进行管理,调查、分析用户群的成分结构、发展变化,关注他们的需求,建立起信誉,赢得用户的信赖,从而培养用户对图书馆的忠诚,使潜在用户变成长期用户,使长期用户变成忠诚用户,使图书馆重新获得组织、提供信息的优势地位。①

四、web3.0 技术促进全民阅读率上升

2011 年第九次全民阅读调查显示:2011 年我国 18—70 周岁国民包括书报刊和数字出版物在内的各种媒介的综合阅读率为 77.6%,比 2010 年的 77.1%增加了 0.5 个百分点。通过对各类数字化阅读方式的接触情况进行分析发现,2011 年国民的网络在线阅读、手机阅读、电子阅读器阅读、光盘读取等数字化阅读方式接触率,均有不同程度的上升,其中网络在线阅读的接触率增长幅度最大,增幅达 65.2%。从国民每天接触各类媒介的时长来看,2011 年,传统纸质媒介(图书、报纸、期刊)和传统电波媒介(电视、广播)的接触时间,均比 2010 年有所减少,但新兴数字媒介(互联网、手机阅读、电子阅读器)的接触时间均比 2010 年有所增加,国民上网率为 54.9%,比 2010 年增加了 5 个百分点。具体来看,有超过半数(50.6%)的国民通过电脑上网,有 25.4% 的国民通过手机上网。手机上网率的增幅明显,与 2010 年的 16.6% 相比,增幅高达 53.0%。在接触过数字化阅读方式的国民中,有 41.8% 的人表示能够接受付费下载阅读,这一比例比 2010 年的 53.8% 有明显下降。从以上数据来来看,网络在线阅读的接触率和手机上网率增幅最明显,说明网上阅读特别是移动式阅读,将成为一种时尚,并逐步转变为一种习惯和常态。

这种不受时间、空间限制的大宽带、多媒体服务,使得虚拟图书馆、移动图书馆能够涵盖传统图书馆的大部分服务项目,并且能够拓展和创新传统图书馆无法开展的新服务(如视频咨询服务、电视图书馆等),给数字图书馆、虚拟图书馆、移动图书馆、电视图书馆的服务带来新的发展机遇和空间。

随着 web30.0 技术的不断成熟和应用,各种媒体上网的便利,图书馆面临服务对象和服务范围的创新,图书馆的服务不再局限在某个地域或某类用户,用户对信息的需求也不再局限在某个地域、某几个图书馆。用户在需求信息

---

① 肖红:《Web3.0 对图书馆服务的影响与启示》,载《图书馆学刊》,2011 年第 3 期,第 76 – 78 页。

时,通过各种搜索引擎查询需求信息或通过文献的传递得到需求信息,若需收费,通过手机或网银直接支付。从而使传统模式下,将读者划分层次的服务门槛变得毫无意义。图书馆面对各类型的用户群体,其年龄、身份、职称、地位等变得不那么重要了。

图书馆将会把注意力从读者身上转移至信息内容及服务的层面上,重视读者对信息的需求,建立适合各类人群信息需求库及推荐系统等,再加上各类媒体传播的可达性,图书馆完全可以满足大众信息需求,并引领大众的阅读趋势,促进信息获取渠道的公平,获得充分享受信息的权利,进而提高大众文化素养和全民族思想素质,以加快和推进图书馆虚拟化进程来改变传统的阵地服务模式,并以新媒体的面孔出现在大众眼前,从而催化出更多优质高效的创新服务产品。

五、web3.0 技术与图书馆的应用与建议

1. web3.0 技术的应用

从目前高校图书馆 web 技术的应用来看:多数高校图书馆向图书馆2.0 时代推进,只有少数图书馆开始探索和应用 web3.0 技术,并取得了一定成绩。主要应用的范围如下:

(1)在数据挖掘方面,许多图书馆自动化业务管理系统已整合了数据挖掘功能:如 My library 系统及供本馆使用的个性化服务系统、中国人民大学开发的 KBDL 系统、南开大学 Unicom 系统等等。

(2)在统一检索平台有,CALIS 中心和北京大学共同开发的 CALIS 统一检索平台,可整合中文资源库 127 个,西文资源库 130 个,几乎可整合图书馆所有的电子资源种类,包括原文、图片、引文、文摘及相关文献等。中国国家科学数字图书馆开发的 CSDL 跨库集成检索系统,集成了 6 类近 100 种不同来源、不同结构的数据资源。清华同方开发的 USP 异构数据库统一检索平台,可支持国内外几十种主流的网络数据库以及包括 OPAC 资源在内的各种文档类型的资源。USP 系统最大的优点是不受 239.50、OAI、Open URL 协议的限制,任何在互联网上通行的网络数据库,都是统一检索平台的对象,实现了真正意义上的"统一检索",无须数据库提供商提供接口,因此 USP 的覆盖面很广,95% 以

上的网络数据库都可以进行配置等。还有 TRS、万方、书生等统一检索平台在此不一一列举。

(3)OPAC 检索定位。目前,在清华大学图书馆使用的 Innovation Interfaves 公司的 OPAC 显示馆藏地点平面图的基础上,山东大学威海分校图书馆已提出图形化显示馆藏位置的 OPAL 改进方法,结合 TD – HSDPA 的移动定位可以确定每一本书的具体架位,并可以在手机终端显示图形化路线图,帮助不熟悉排架方法的读者快速准确索取文献。

(4)博客服务模式,是在馆员与读者之间在学科服务中建立交流,形成互动。清华大学图书馆建立了新闻传播学科博客;上海交通大学图书馆建立了材料学科、机械与动力工程、船舶海洋与建筑工程、电子信息与电气工程、人文学科等学科博客;上海师范大学图书馆建立了金融、教育博客。

(5)利用维基技术的信息服务模式。维基的最大特点是允许任何人创建新网页和编辑自己或别人已经创建的网页,充分体现了开放、合作、平等、共创的网络文化,真正实现了多对多的交流,为图书馆的信息服务方式提供了一种新的思想和模式。厦门大学图书馆编目部的维基版主页,实现了编目规则的动态维护。上海交大图书馆的维基主页主要是用于馆员与用户交流。上海大学图书馆建立了维基学科百科。

(6)利用 SNS、QQ、MSN 提供实时信息咨询的服务模式,建立读者与图书馆紧密互动、形影不离的服务关系。目前,主要表现是通过建立图书馆社区BBS,如中国科技大学应用了 Lister 社交网络。[1][2][3]

2. 应用 web3.0 技术的建议

(1)注重资源结构的变化

Web3.0 技术下用户利用资源是通过有线、无线网络模式下,实现不同终端 PC、WAP 手机、PDA 智能机顶盒等多种嵌入式设备的互联网信息服务、智能

① 师晓青、谢军红:《基于 3G 的智能手机移动图书馆创新研究》,载《图书馆建》,2009 年第 6 期,第 52 – 54 页。

② 芦晓、黄雪梅等:《国内商用数据库统一检索平台比较研究》,载《图书馆理论与实践》,2009 年第 5 期,第 68 – 71 页。

③ 高志敏:《Web3.0 环境下高校图书馆个性化读者服务模式创新的探讨》,载《图书馆界》,2012 年第 2 期,第 84 – 89 页。

翻译等技术,使用户实现跨语言、跨平台交流。因此,资源的交流、提供,主要以数字资源、多媒体资源为主,也是网络环境下,信息提供者提供信息服务的发展趋势。

作为提供资源和服务的图书馆来说:其一,图书馆要转换和增加资源的收藏结构,依靠数字资源、多媒体资源的优势,建立系列视频课堂,提供多媒体数据库服务,开发、加工声色俱全的多媒体电子书籍,吸引更多的用户成为读者。其二,图书馆要在采访上科学化,利用 Web3.0 先进技术,数据挖掘和聚合的功能,建立、开发图书馆资源采访系统的智能化决策系统,通过用户提供的信息和不同层次用户对资源的影响、评价、价格等因素,建立核心数据模型。如:图书馆可把每个出版社的书目放在网上或阅览室中,邀请各学院的专家来圈选新书,任何读者都可以挑选自身专业所需的图书。图书馆再组织专家从图书质量、价格、数量等方面综合考虑,最终确定所购图书。要对购入后的图书利用率,通过图书馆自动化系统借阅数据统计或导出馆藏借阅数据,进行跟踪获取数据,根据这些数据、指标、统计、分析后,建立数据模型。对数字化资源要先试用,让读者来评价新数据库的优劣,再根据其性价比和新内容的多少来决定是否购买,同时每年引入数据库的使用情况,进行评价,建立评价体系模型,从而保证资源采购质量上,实现资源建设科学化、智能化的决策系统。其三,图书馆要将馆藏纸质资源、数据库资源、网络资源进行深度数据挖掘、整合,建立资源的网络内容之间的本体联系,满足用户的自然语言查找。其四,要对新型网络资源进行的收集、整理、应用,实现以"CC 共享协议"为基础的共享模式。

(2)顺应需求,向个性化、智能化发展

随着互联网的飞速发展,互联网的自身环境也在发生着巨大的变化,用户对信息的获取、应用方面的需求每天都在发生变化。个性、精准、高效,正在替代旧有的"海量",成为新的评估信息价值的准则。

Web3.0 思想体现个人信息中心和个人信息的智能化获取,个人门户就是个人连接互联网信息的入口,可以实现个人网络管理的信息平台。这体现在:具备强大的聚合功能,除方便用户使用的天气预报、音乐盒、便签等工具以外,订阅聚合的功能,使用户只需一个关键词即可集中所有关注信息的每一页,并时刻监控自己所需信息。同时,门户布局完全由用户自己的喜好来拼装,极高的个性化也使得用户可以顺畅地沟通、交换信息,甚至可以为彼此制作个人门户。每个人的 IE 首页都完全是按照个人关注的资讯偏好、个人行为习惯来进行组合的,体现高度的个性化、搜索引擎的智能化。对用户来说,意味着互联网概念的一种全新转变,它真正满足了用户对于个性化信息获取方式及个性化信息本身的需求,使用户通过个人门户,自己来创造互联网、分享互联网。

做到顺应用户需求,图书馆就要对图书馆各类资源和网上资源进行深度挖掘和聚合,形成内容丰富的知识库,建立起资源智能化检索,来不断满足用户的个性、精准、高效的服务要求。其一,建立个性化的个人门户,实现用户广泛参与的互动平台,体现图书馆学术交流的功能。用户将个性化的标题和随心换的页面样式、自己最常用的网址链接、快速的邮件收发、集成的互联网搜索、最新的新闻资讯、专业论坛、专家博客、贴图等常用功能与图书馆门户镶嵌在一起。也可引进"豆瓣读书",读者可以查书,也可了解他人的对该书评论,达到以书会友的交流,形成图书交流领域的网上社交圈,实现个人门户、个人门户间的互相链接、相互交流、共享信息单元。其二,构建图书馆虚拟社区,实现馆员和馆员之间、馆员和读者之间的交流。图书馆虚拟社区将论坛(BBS)、即时通讯((IM)、在线聊天室、图书馆公告、新闻的 RSS 订阅、数据库信息资源 RSS 推送、博客(Blog)等服务整合在一起,将极大地方便广大馆员之间的交流,使馆员隐性知识得以传播。也可利用 Web3.0 技术,模拟现实场景,让读者在各类终端上,远程了解图书馆各楼层分布情况、服务区域位置和详细内容。通过虚拟导读,了解图书馆的相关介绍、借阅信息、流程等信息,用户如同亲历图书馆现场获知图书馆信息。其三,图书馆对购买的数据库、自建的特色数据库、馆藏图书、随书光盘系统、视频 VOD 点播系统、课件数据库等,通过 OpenURL、元数据等技术,对数据挖掘、聚合数据到一个平台上,构建出一个更加人性化、智能化统一信息平台为用户服务。其四,建立移动图书馆,实现立体交互。随着手机在国内的普及和数字通信技术的进一步成熟,手机必将成为人们获取信息的主要工具,因其体积小、随身携带,用户可以利用手机随时、随地进行快捷、方便的阅读、学习、娱乐,并期望享受全天候服务,迎合了现代图书馆参考咨询及时信息传输手段的需要,读者和馆员能方便快捷地通过图书馆建立的学科馆员、专家和读者适时互动平台,进行适时交流。读者不仅得到想得到的信息,还能看到、听到并和咨询馆员或某个虚拟群体讨论问题,相互交流心得,对咨询问题发表的意见适时解答,这有利于定题跟踪服务的开展,提高检索信息的时效性;有利于移动交流者从情感上融入到交流活动中,使移动咨询更加个性化、人性化。①

　　总之,web3.0技术发展,它不仅是网络技术创新和发展,更是人们思想和观念的更新和转变,图书馆顺应社会的进步和技术的发展,相应提出图书馆3.0,而图书馆3.0将充分利用web3.0的先进技术成果,如:数据整合、数据挖掘、多平台融合、智能化等的资源管理和服务的研究,使图书馆实现个性、精准、高效智能化服务成为可能。因此,图书馆必须跟紧信息技术发展的潮流,把当前最新、最有用的技术运用到图书馆的实际工作当中,满足用户需求,同时应对现有技术进行更广泛的学习、研究和探索,如:多平台融合时,信息资源的标准化、版权等问题,只有这样才能从根本上更有效地推动图书馆3.0的发展。

---

　　①　陈亚珊:《以用户为中心的图书馆3.0的构建研究》,载《江西图书馆学刊》,2012年第1期,第4-7页。

第三章

数字图书馆相关技术及其管理

随着计算机技术,现代通信技术,网络技术的发展,人类社会进入了一个以信息技术为中心的新时代,各类网上信息和电子出版物以几何倍数增长。与之相适应的,数字图书馆的研究和建设也得到了突飞猛进的发展和前所未有的重视。

第一节 数字图书馆发展概况

1977 年 7 月,国家图书馆在经过多年筹备后,正式向文化部提出了实施"中国数字图书馆工程"的立项申请。2000 年 4 月,召开了文化部为召集单位,由 21 个部委单位参加的"中国数字图书馆工程建设联席会议"。2000 年 12 月,在海南召开了"中国数字图书馆工程资源建设工作会议",标志着中国数字图书馆工程资源建设工作开始起步。2000 年 6 月,在中国科技信息研究所、中科院图书馆、农科院图书馆、医科院图书馆等 8 个单位基础上建成虚拟式国家科技图书文献中心。2000 年 8 月,由广东省中山图书馆与北京世纪超星公司合作建立"超星数字图书馆华南站"。中国数字图书馆网站于 2000 年 4 月 18 日试运行,6 月 30 日全面开通。北京图书馆、文化部图书馆司、中科院图书馆、高校系统各图书馆如北大图大书馆、清华大学图书馆、上海交大图书馆、华南理工大学图书馆和公共图书馆如深圳图书馆等都已开始数字图书馆建设的有关项目。就整体而言,我国数字图书馆还处在起步阶段,与发达国家相比,无论是书目记录的数量、电子出版物的种类，还是全文数据库、信息检索和传递能力，都有很大的差距。大部分书刊由于没有网络版还不能网上订阅。

一、数字图书馆的概念

随着计算机技术、通信技术和网络技术的迅速发展，信息高速公路的建设与利用为大规模的信息系统、图书馆系统的发展提供了环境和条件。目前，网络信息管理技术、数字化处理技术和数字式信息资源建设已成为国际竞争的焦点，各国都为此投入了相当的实力进行研究和开发。"数字图书馆"这一新概念一经提出，就得到了世界广泛的关注，纷纷组织力量进行探讨、研究和开发，进行各种模型的试验。随着数字地球概念、技术、应用领域的发展，数字图书馆已成为数字地球家庭的成员，为信息高速公路提供必需的信息资源，是知识经济社会中主要的信息资源载体。

数字图书馆是一个发展的概念，不同时间、不同领域的研究者对它可能有不同的定义，到目前为止，对数字图书馆的概念还没有统一的认识，实践上也没有固定的模式，一切都还在探索中。数字图书馆是美国在 20 世纪 90 年代初提出的概念。"数字图书馆"一词由英文 Digital Library 翻译而来，是用数字技术处理和存储各种图文并茂文献的图书馆，实质上它是一种多媒体资源、跨平台、多语种网络化存取，计算机系统分布式管理的智能化服务系统。主要目的是实现信息和知识资源的共享，基于上述认识，我们认为数字图书馆是最大限度地利用各地已经搭建的软、硬件环境，把各种不同载体、不同地理位置的信息资源进行接收、存储、服务。它拥有超大容量的分布式资源数据库群，为用户提供可靠的信息就需要配置高性能的软、硬件基础设施，以"分布式"和"面向对象"的计算机管理，并实现网络化存取，同时提供智能化的信息服务和资源共享机制。[①]

二、数字图书馆的特点

数字图书馆是与传统图书馆相对而言的，确切地说这种图书馆还处在探

---

① 邢钰瑛：《论数字图书馆与传统图书馆的关系》，载《平顶山学院学报》，2005 年第 2 期。

索阶段,真正意义上的数字图书馆尚未建成,但它应该是一种拥有多种媒体形式的、内容丰富的数字化信息资源,是一种能为读者方便、快捷地提供信息的服务机制。数字图书馆就是对有高度价值的图像、文本、语言、音响、影像、影视、软件、课件和科学数据等多媒体信息进行收集,进行规范性加工,进行高质量保存和管理,实施知识增值,并提供在广域网上高速横向跨库连接的电子存取服务,同时,还包括知识产权、存取权限、数据安全管理等。它与传统图书馆相比较,主要具有以下特点:

1. 信息资源数字化

信息资源数字化就是利用现代信息技术,将各种载体的传统馆藏文献转化为数字信息,是一种新的存储技术,具有存贮容量大、占用空间少、保存时间长、传播范围更加广泛等优点。能使更多的用户利用和共享图书馆信息资源,减少信息资源的重复购置,使有效的经费发挥最大的作用,增强知识资源的再造力,有利于科技创新。

2. 信息传递网络化

信息的网络化传输是数字图书馆为读者服务的基础。信息传递网络化有跨时空的信息服务、高度开放的信息利用以及信息传递的标准化、规范化和现代化等特征。数字图书馆通过以大网络为主的信息基础设施实现。目前,数字图书馆正通过由宽带网组成的因特网以高速、大容量、高保真的计算机和网络系统将世界各国的图书馆和无数台计算机联为一体,实现信息传递的网络化。高速的数字通讯网络是数字图书馆存在的基础。用户通过数字图书馆信息网络提供的广泛的用户接口,利用计算机终端的友好人机界面,随时随地访问数字图书馆有组织的动态信息资源。

3. 信息资源利用共享化

数字图书馆的信息利用共享化的特点实质上是一种多媒体资源、跨平台、多语种网络化存取,资源存在因特网上的世界各地信息提供者和图书馆,信息资源和服务是呈现出无限的特征,体现出了跨国界、多语言的资源共建、共享。从传统的编目向集中编目到联合目录发展,从信息检索到馆际互借和文献传递方向发展,从传统的图书馆在某段时间单个读者的占有资源到相同时间多个读者拥有同一信息资源的查询和服务发展,图书馆的业务通过网络来实现,使众多图书馆能够借助网络获取各类数字信息,使本馆的业务发展规划与业务活动同整个网络系统联系起来。同时,各馆也向整个网络贡献自己的特色数据库,信息资源得到共享。

4. 信息提供知识化

数字图书馆将实现由文献提供向知识提供的转变,即实现以书本为单元的低层次服务向以知识为单元的高层次服务,所以要加强文献资源的开发,进行深层次的文献加工。数字图书馆信息提供的知识化,将会为广大用户提供知识仓库的服务。由于信息加工的知识化、智能化和完备的检索系统的建立,使数字图书馆能够为用户一次性地提供所需某一主题的目录、论文和著作的全文、照片、图像、声音等各种知识信息,由信息提供的多次满足转变为信息提供的一次满足。

5. 信息实体虚拟化

数字图书馆使实体图书馆与虚拟图书馆结合起来,在实体图书馆的基础上趋向虚拟化。在数字图书馆中,实体图书馆与虚拟图书馆是相辅相成的,实体图书馆是虚拟图书馆赖以服务的基础;而虚拟图书馆是实体图书馆借以发展的方向。随着数字图书馆的发展,实体图书馆中的虚拟馆藏、虚拟阅览室、虚拟参考馆员、虚拟服务将会不断得到发展。

6. 信息资源组织化

网络信息已成为数字图书馆的重要资源,信息组织形式已变为计算机的直接的网状形式。因此,数字图书馆为适应网络环境要求,成为"信息高速公路"上的中转站和节点,成为信息化社会的"信息仓库",它是一个快速反应的服务机构,能检索经过高度索引的大量信息,并发挥中心枢纽的作用。

三、传统图书馆与数字图书馆的关系

传统图书馆是储藏图书资料的仓库,它负责收集、选择和整理图书资料,使其可以被查询利用,保存图书资料和提供更便利的利用。保存图书资料和提供便利的利用方法是图书馆的重要任务。随着信息技术迅猛发展,图书馆原有的封闭式运作和服务模式,如查询、维护和馆际信息共享等已经不能胜任信息社会的需要。传统图书馆所面临的变革可归结为三方面:快捷方便的电

子化服务方式、最大范围的信息内容数字化和有效组织、基于 WEB 的信息资源共享。

　　传统图书馆收集、存储并重新组织信息,使读者能方便地查到他所想要的信息,同时跟踪读者使用情况,以保护信息提供者的权益。从数字图书馆角度来看,就是收集或创建数字化馆藏,把各种文献替换成计算机能识别的二进制系列图像,即:二进制的"0"和"1"。数字化技术就是将所有信号都转化成计算机能够识别的二进制"0"和"1"。所以数字图书馆存贮信息的载体是计算机磁盘、磁带、光盘等,具有存贮容量大,占用空间少,保存时间长等优点。因为数字是信息的载体,信息依附于数字而存在,离开了信息资源的数字化,数字图书馆就成了无源之水,无本之木。数字化存贮技术为压缩存贮空间、改进信息的组织方式、提高检索速度、方便用户远程检索奠定了基础。在安全保护、访问许可、记账服务、完善的权限处理之下,经授权的信息利用因特网的发布技术,实现全球共享。数字图书馆的建立将使人们在任何时间和地点通过网络获取所需的信息成为现实,大大地促进资源的共享与利用。

　　"中国数字图书馆工程"是由文化部牵头,中国电信、中国国家图书馆、中国科学院、航天工业总公司、广播影视信息网络中心、清华大学、北京大学等单位联手,许多专家学者共同参与的大文化工程。它的总体设想是"以统一的标准和规范为基础,以数字化的各种信息为底层,以分布式海量资源库群为支撑,以智能检索技术为手段,以电子商务为管理方式,以宽带高速网络为传输通道,将丰富多彩的多媒体信息传递到千家万户。它不是个别图书馆所能完成的任务,需要全国范围的图书馆、博物馆、美术馆、档案馆和情报信息单位携手共同完成。"

　　我国高校数字图书馆是"中国数字图书馆工程"的重要组成部分,不仅因为它拥有历史悠久、资源丰富的信息资源,而且因为它拥有一批知识渊博且富有创新精神的专业技术人才。如中国高等教育文献保障系统(CALIS)已得到了较快的发展,这些信息与人力资源是造就"中国数字图书馆工程"的中流砥柱。因此,我们十分必要加快高校数字图书馆建设步伐。未来的中国数字图书馆将面向社会公众提供全方位的知识服务,任何人都可以享受到世界上最大的中文知识与信息库服务。

第二节 高校数字化图书馆雏形的建立

作为高校图书馆来说,只能依靠国家骨干网和已有的数字化成果的基础上来发展自己,用有限的资金在使用数字化成果的同时,结合高校的特点,利用先进的设备、技术作为开发工具,把图书馆的现实馆藏和网上的虚拟馆藏有机地结合起来,通过知识资源的整合、数据加工、转换,建立带有高校特色的知识仓库,利用数字化加工设备、高速扫描仪把纸质特色文献加工为 PDF,TIF 文档,进行电子文档的分类、标引、打包。在通过开发图书馆网站管理系统,利用先进的 ASP. NET 和 XML 技术的动态网页编写功能网页,提供特色资源的网上服务,并开发、建立 Unix 数据库和基于 Oracle8i 的多媒体数据库,进一步激活馆藏资源,实现图书馆网上音、视频资料的查询和播放等,对不同的用户需求,提供全面、灵活的网络连接方式,智能化的中文用户界面和网上资源库的快速查询与检索机制,实现资源的共享,从而搭建高校数字图书馆雏形,这是高校图书馆界的首要任务,研究它,对高校图书馆来说意义深远。

一、结合高校特点,努力实现资源共享

以下以兰州理工大学图书馆为例。

2001 年,兰州理工大学图书馆在学校的大力支持下,在分析调研的基础上,对数字化建设方面提出建立五个平台:一是图书馆自动化管理平台,二是海量存储平台,三是电子资源平台,四是信息资源加工平台,五是信息传递平台。通过五个平台的建设,初步搭建本馆的数字图书馆雏形。

1. 自动化管理平台

兰州理工大学图书馆对原使用的 ILAS5.0 系统进行全面升级,在硬件上使用双机容错磁盘阵列系统为主机系统,确保系统每天 24 小时运行。软件为 ILASII 系统,实现了馆内所有纸制文献图书、期刊的数目数据建设,并实现校内资料室的管理,从而使校内资源可实现集中采购、集中编目、分散流通成为现实,并和 CALIS 联通,实现联机编目,信息开发方面实现教工论著、校内硕、

博论文管理、图片管理、音视频管理,网上信息咨询管理及 web 上的 OPAC 书目查询管理和个性化的"我的图书馆"、虚拟书店等,使自动化的服务通过网络向校内延伸,为校内基础性资源统筹、规划、建设起到校内资源中心的作用。

2. 海量存储平台

引入光盘磁盘阵列和光纤通道 SAN 架构磁盘阵列,数据容量已达到 6T,实现大容量音、视频资源、清华同方(CNKI)、万方、超星、书生、方正等等数据库的镜像,从而保证购入数据库有本地镜像。确保数字信息资源馆藏具备长期、有效的利用。

3. 电子资源平台

兰州理工大学图书馆数字化文献的建设起步较早,1998 年图书馆进行图书馆自动化集成系统建设之初,在数字化文献建设方面已经初具规模,主要的重点是在期刊文献的建设方面。例如:在 1998 年之前已经购买了万方数据库,维普中文科技期刊数据库,中文科技期刊光盘全文数据库等 14 个光盘数据库,以及机械工业部联网数据库。这一时期主要以期刊光盘数据库和联网数据库为主,而除了《中国学术期刊全文数据库》和《中国专利说明书》为原文外,大部分数据库的内容还是以题录、内容简介为主,这一时期只是图书馆数字化文献建设的起步。随着近几年图书馆事业的蓬勃发展,以及数字化技术在图书馆传播领域的广泛应用,图书馆在数字化文献建设方面也取得了飞速的进展,尤其在期刊、学术论文等方面取得了显著的发展。因此,在短短的几年时间里,随着学校校园网络环境逐步的建成,图书馆已成为校内核心网络的 4 个中心接点之一,馆内网络的日益完善和无线网络建成,为图书馆的信息化服务提供了传输平台。在学校的大力支持下,在充分保证重点学科(博士点)及学校专业发展的要求,在广泛调研和试用的基础上,投入大量资金,先后引入国内外大型数据库,如中国期刊网(CNKI)、万方数据库(包括全部五个子数据库)、超星、书生、CALIS 教学参考书、方正等电子书、IEEE/IEE Electronic Library(IEL)全文数据 Springer Link 电子期刊、Elsevier(SDOS)数据库、欧美博硕士论文全文数据库(PQDD)、Ei Village 网络数据库、ISI web of Knowledge、Cambridge Scientific Abstracts(剑桥科学文摘数据库)CSA、NSTL 中国科技文献中心、OCLC 等 26 个数据库,使学科范围覆盖所有学科。从而搭建了我校的电子资源平台,满足了学校教学、科研的发展需要,能为广大师生提供科技查新、定题服务、信息资料查询、原文提取、文献传递、文献检索讲座等需要。

4. 信息资源加工平台

面对数字化资源加工技术的不断发展和我馆拥有大量特色文献的具体情况,广泛调研后,在学校领导的大力支持下,图书馆在硬件上引入服务器和高速扫描仪,在软件上引入北京北大方正电子有限公司的方正德赛(DESi)数字化软件系统,使各式各样的文献资源数字化,该软件符合电子资源国际标准格式,对数字资源进行深度数据加工,并加密处理后在网络上安全发布,可供指定范围内的读者使用,同时符合 CALIS 特色资源建设标准。引入后,深度开发了博士论文、硕士论文、会议文献、教师论著、校学报等,对其进行数字化加工意义非常重大为国内外读者提供我校自主知识产权的特色数据库,为资源的共享做出了贡献。

5. 信息传递平台

图书馆在拥有大量数字化资源和网络虚拟信息资源后,如何为广大师生服务,传递平台的建设就显得非常重要,主要包括:网络建设、读者在信息源的网上查询、服务及共建、共享机制的建立等。

(1)网络建设

图书馆在网络建设上纳入学校校园网络建设之中,图书馆作为学校的环型核心网络的四个核心接点之一,投入千兆核心交换机 1 台,百兆交换机几十台,在馆内布 200 多个网络节点的同时托管学校 1/4 单位的网络,使图书馆自动化网络系统、多媒体电子阅览室和学校的校园网络有效的连接,实现图书馆资源在校内的有效利用和共享,从而保证了图书馆与校内用户在硬件上的连接。同时建立以图书馆为核心的无线网络,形成了以图书馆为中心的校园信息资源服务中心,保证了信息资源在校内的有效检索和传递,使传统服务走向自动化、网络化、数字化成现实。

(2)读者信息源的网上查询

为了加强数字化信息资源对读者的有效利用,为读者提供检索的信息窗口,图书馆加大网页建设,网页建设的内容包括:本馆简介、科技查新、数字学堂、网络导航、读者之窗、最新动态、读者指南、读者服务、书目检索、学科导航、电子资源、数字图书馆、我的图书馆、搜索引擎等。读者通过图书馆网页的可视化窗口,访问图书馆,了解图书馆,检索数字化馆藏和虚拟信息,读者也可通过 BBS 对图书馆提出使用中的意见,同时把图书馆的信息服务向网上服务发展,从而在保持传统服务的同时,探索、创新了新的服务方式,以馆藏信息资源为基础,以学科馆员为中心,利用现代化技术和设备,把单重借、还、检索服务向深层次、网络化服务的知识转化,开展课题查新、课题跟踪、定题服务、知识的再次开发等,使服务的方式、方法都发生了巨大的变化,使图书馆不仅是信息资源的收藏源,而且是知识服务的信息源和知识再次开发的创新源。

(3)资源共享平台建设

读者对资源的需求往往是千差万别的,而单个图书馆收藏的文献资源也往往不能满足读者的个别需求,因此,在读者提出要求后,图书馆能否满足读者需求、在没有馆藏的情况下,如何为读者提供文献资源的线索或找到它是衡量图书馆和图书馆人员知识服务的一个重要标志。因此,和国家、部、省、信息中心文献建立资源共享机制就对图书馆来说显的非常重要,所以,该馆和国家图书馆、OCLC、CALIS、国家科技图书文献中心(NSTL)、上海图书馆、维普咨询、ProQuest 公司等国内外文献服务机构建立文献互传关系,从而有力的保证学校获取原文的途径。因此,和一级(国家级)、二级(地区级)中心建立文献共享机制对高校图书馆来说就是必要的,它是解决该馆文献资源收藏不足的重要途径,也是共享机制建立的必要基础。

(4)图书馆与读者的网络联系

图书馆网页作为图书馆和读者的联系窗口,在网页的开发方面利用 ASP. NET 动态网页编写功能网页等技术,网页功能进一步加强实现了各种数据库与网页的动态链接,并利用 eshot 软件管理系统对数字化资源库进行分类、标引、发布、管理,从而使图书馆网页的功能进一步增强,功能更加完善。同时,网上的虚拟书店、虚拟咨询、虚拟请求、虚拟阅览等的开发应用,使馆员与读者之间在网上建立了虚拟联系,相互之间也通过 BBS、QQ、MAIL 等虚拟方式进行咨询、解答和文献的传递服务。

二、数字图书馆建设方向

通过这些年的建设,部分高校图书馆初步搭建了数字图书馆的雏形,而资源也基本上能覆盖学校的所有学科,服务向网络化的服务方向发展,但离真正意义上的数字图书馆来说,只是初步搭建了数字图书馆的雏形。

1. 数字图书馆建设中的问题

(1)馆藏建设中传统媒体与数字化媒体的关系问题(走向电子图书馆);

(2)传统图书馆业务与服务的网络化问题(走向网上图书馆);

(3)广域网环境下的多馆资源共知共建共享问题(走向虚拟图书馆);

(4)特色馆藏资源的数字化及网上提供(联邦检索)问题(走向数字图书馆)。

2. 数字图书馆今后建设方向

高校图书馆的数字化资源建设、服务在近年来取得了可喜的成绩,缓解、满足了高校师生在科研、教学、学习工作中的需要。但从服务对象的调查来看:大量引入的数字化资源的使用集中在学校教师、高层的人才方面,他们具备使用数字化资源的条件(网络、计算机等),而大部分学生不具备条件和基础的知识来使用数字化资源,加之近年来的扩招更加剧了传统文献严重的收藏不足,而在《普通高等学校基本办学条件指标"2 号文件"》出台后,部分图书馆为达到指标,又纷纷加强传统文献建设力度,经费不得不转向传统文献,出现数字化资源和传统文献的投资不协调。作者认为,传统文献和数字化的建设是相互补充、协调发展的,在这个过程中,数字化资源建设是一个长期、稳定、逐步发展的过程,要量力而行,在调研、考察的基础上,要考虑经费的投入是一个长期过程,要有计划、有步骤、有重点的引入,避免毫无计划的什么都引入,而在财力紧张时又不得不压缩经费的投入,致使数字化资源建设出现断层,资源的断层将使数字化资源的建设不连续,文献的不连续使文献检索不能全面反映该数据库的检索结果查准率、查全率,而随时间的推移和文献失效期的到来,该数据库将随时间推移而无用,从而带来经费的浪费,而这种情况已经出现在某些高校。

因此,在数字化建设过程中要坚持长期、稳步的可持续的发展,在考虑学校财力支持和学科发展需要的同时,要协调资源建设中各个层次的读者对文献的不同需求及和各层次读者的经济基础、阅读条件,在满足学校最基本读者学生有足够文献资料需求的情况下,为读者的学习型社会提供资源保障,也要

调查本地区数字资源共享状况及地区,图书馆之间的联合采购情况,如:参加
CALIS 集团购买等,从而在资金有限的情况下,通过各种渠道、方式(如通过已
有的资源、已掌握的知识、技巧、方式等为社会开展、提供文献知识服务、传递
及和数据库公司协商通过租赁、互购、团购等方式减少经费投入)最大限度地
保证、满足校内对数字化资源需求的同时,确保必备的数字化资源的长期、稳
定的建设,使有限的经费在使用更多的资源的同时,在服务方式、方法上、下功
夫,使资源产生经济效益,逐步通过服务实现以库养库,达到良性循环,为数字
化的长期建设打下良好基础。

(1)不能把数字图书馆和现有图书馆或传统图书馆分割开来,要看到它们
的内在联系,从现有的图书馆基础上去建设数字图书馆。数字图书馆应看作
图书馆总体的一个部分,它不会替代现有的图书馆或传统的图书馆,而是两者
共存互补。保证传统资源和数字资源可持续发展的过程中,要注意两者在资
源、平台、服务之间的协调、互补,在此基础上加大数字统一平台的智能化建设
研究、开发(可开发和引进成熟的统一检索平台、咨询平台),使多次检索和服
务的过程减少,服务的结果更全、更准、质量更高。

(2)不能满足于计算机在图书馆的运用,认为利用了计算机或具备了电子
资料就已达到数字图书馆的要求是不够的,还要从数字化馆藏资源、上网、共
享、网上信息服务等方面来考虑数字图书馆的基础建设。

3. 对数字图书馆的含义、标志和特点了解不够。我们应该充分认识数字
图书馆的实质,认真探索数字图书馆与现有的图书馆或传统图书馆的异同。
不比较这两者的联系和区别,就无法从数字化信息系统的角度去建设数字图
书馆或现代图书馆。

4. 加大特色资源的开发力度,把学校的历史沉淀的资源如成果、课件、教
材、试卷、论著等技术资料收集、整理、加工成数字化信息,便于保存、利用和
共享。

5. 利用高校图书馆自身的人员优势、资源优势、技术优势,把服务向校外
延伸,为社会服务,使资源产生社会效益和经济效益,为社会做出贡献。

随着各高校对数字图书馆投资加大,责任感也随之加大。资源的引进不
是收藏在那里,而是要盘活、用好这些资源,服务好读者,使资源发挥效益才是

数字化建设的最终结果。因而,笔者认为:图书馆不仅要有广博的资源收藏,还要加大引入资源的宣传力度,通过海报及利用各种形式的不定期讲座(小时、日、周、月、年)等对全校师生培训,使校内师生知道学校图书馆有哪些资源,怎么去检索、如何获得文献资源。加强资源的统计分析,对资源使用进行调查、分析,从而引导读者进一步利用资源。资源引入后图书馆馆员是否能尽快熟悉引进资源的情况,根据资源状况为读者提供什么样的服务,服务是停留检索出和索取来的在简单服务方式上,还是提供资源二次知识开发的服务上。引入资源和实体资源、虚拟资源如何有效的结合使用、弥补引入资源有些方面的不足。图书馆引入资源的共享程度如何,能否弥补区域方面的资源不足,能否通过服务弥补馆与馆之间的不足。

图书馆事业有公益事业一面,但也不排斥经济效益的一面,对图书馆员来说:知识经济时代的知识服务将是图书馆创新服务的永恒话题,也是图书馆员能在浩如烟海信息资源中利用自己掌握的知识、技巧、方式提炼出利于形成创新思路的知识基因,利用这些知识基因来创造经济效益,为社会服务的如何等方面考虑,才能做好资源的服务,才能做好数字图书馆的建设。当然,这对高校和因特网来说只是极小的信息源节点,但做好这个节点工作即是图书馆的基础工作,也是网络共享的基础,因为,网络化、数字化的资源共享就是这些节点信息源来支撑的。

第三节　高校数字图书馆资源建设

数字图书馆的建设核心是资源建设,高校数字图书馆的建设进程中,没有数字图书馆建设的现成模式可以套用。因而,在建设数字图书馆的道路上,馆员们一刻也没有对"什么样的图书馆是数字图书馆"、"怎样建设数字图书馆"停止过探索和讨论。对多数高校图书馆来说,建设数字图书馆到底哪些事有能力去做,哪些事没有能力做,是部分馆藏还是对全部馆藏数字化? 即时全部数字化后,也不能上网服务和传播。同时对单个馆来说,也无能力完成,即时完成也没有专业的数据库公司,在质量、标准上有保障,对单个图书馆来说也是杯水车薪。在不断的探索和讨论中，各图书馆明确了在建设数字图书馆时，要根据自身图书馆资源、人员、技术，财力等情况和计算机技术、存储技术、通信技术、网络技术、数据库技术等的发展情况结合起来，才能迅速取得数字图书馆建设的成果，通过这些年的调研和实践，我们认为，对于多数高校图书馆来说，在资金，技术力量不足以支持自主研制数字图书馆的各种系统的前提下，应采用拿来主义，引入以研制和应用的数字图书馆成果，在此基础上，结合本馆的资源实际情况，在分析、研究的基础上，探索资源的整合、二次开发，把其系统应用好，服务好读者。同时，结合本馆资源的实际情况，把已有的各种数字图书馆系统、数据库等成果在服务和开发的基础上，集成、整合好各类资源，为读者提供方便、快捷的一站式服务，形成以实体图书馆为基础，自建，引入数字化资源和加入地区、全国等的资源共享保障体系为保障，虚拟资源为补充的立体资源环境系统。同时，加入地区、全国等的资源共享保障体系上，进而实现本馆的数字图书馆建设和服务。

一、自建数据库建设

自建数据库主要分为馆藏书目数据库和特色资源数据库建设，在馆藏数据库建设上，以校园网络为基础，图书馆自动化集成系统管理系统为平台（C/S、B/S 结构），图书馆为核心的文献信息的自动化、网络化、数字化的管理中心，在校内实现以校园网为基础，图书馆为核心的文献信息的自动化、网络化、数字化的管理中心，并根据校内各专业引进和建立各类文献资源的中央数据库，实现网上检索、续借、预借、预约等，并实现校内院、系、所资料室、分校图书馆的文献信息管理模式，校内实现统一采购、统一编目、分散流通、检索等管理模式，并实现 CALIS 联机编目和上、下载成员馆的数据，数据的加工从题录、文摘、原文等各种载体的文献资源，形成了以图书馆为中心的文献资源中心和校内资源共享的管理体制，满足校内及现代社会环境下资源共建、共享的管理方式，实现了资源合理的配置和应用。从而使校内文献资源的管理科学化、规范化、标准化，提高了校内资源有效应用。

但从建成数据库数据来看，主要是各种载体书目信息，而和各高校图书馆购入了 CNIK、维普、方正、书生、万方等数据库公司的电子期刊，电子图书、学位论文、音、视频等相关的馆藏资源书目数据库相互关联较少。那么,图书馆可以通过各馆的书目信息著录中的 MARC 字段中的 856 字段,对数目信息通过 OpenURL 协议,实现异构数据库的互联,实现图书馆纸质图书、期刊、学位论文、各类光盘和书附光盘连接、音、视频的连接,读者在本馆 OPAC 检索系统中检索在得到纸制资源馆藏情况的同时,在相关链接栏目中提示:查看电子图书、查看电子期刊等,若点击查看,就提供相应的电子资源的连接和阅读及下载原文,对图书馆和读者来说,图书馆的馆藏资源就得到了数字化有效揭示。

从某图书馆的实践来看,该馆对购入的方正 A pabi 教学参看书和维普电子期刊进行了连接,实现该馆订购的方正 A pabi 教学参看书中在纸制图书中有图书馆藏书进行了连接,以及该馆订购维普电子期刊的连接。从使用上来说,读者在查到纸制资源时,若纸本被借完,可得到电子资源,在查到期刊刊名时,可得到电子期刊某年、某期的目次,若想看原文,可下载得到。另对书附光盘的建设该馆分两步建设(主要是存储设备不够用),一是首先把上万种的光盘已 MARC 著录成光盘题录,把一种中的 1 张或 1 套作为保留光盘,长期保存,其余的作为图书一样供读者借阅,若光盘损坏时,用保留光盘刻录补充,极大地提高了光盘的利用。二是在条件允许时,对光盘制作可供下载安装的光盘镜像 ISO 文件,上载到 FTP 服务器上,使用 MARC 的 856 的连接,使读者方便地下载光盘文件。另外使用 MARC 的 856 还可建立相关专题资源的全文、摄影作品、字画、音频、视频等资料有效连接。另该馆也在准备把已经订购的各种电子图书、电子期刊、学位论文、光盘、音频、视频等和数据库公司协商来共同完成和馆藏资源的有效连接,从而实现本馆馆藏资源数字化的有效揭示。从该馆的实践来看,该馆对传统馆藏的数据化揭示比自己使用数字化加工系统建设的快,且质量高,节约人力,节约经费。这是今后中、小型图书馆馆藏数字化可接见的途径,也是馆藏数字资源和购入数据库资源整合的最好方式,是现阶段馆藏资源数字资源的发展方向。

二、特色数据库建设

在特色数据库建设上,各校紧紧把握本校的学科、专业特点以及图书馆的馆藏特色,都分别开展了自己的特色数据库建设,如古籍数据库、地方志数据库、本校博硕士论文库、本校的科研成果、教学课件、教案、试题、声像资料、校内的其他内生资源等。在数据库系统建设上采取拿来主义,如方正 APPBI 数字资源平台、中国高等学校教学资源网 SYNC 公共教学素材资源库等都有二次开发的功能,可建立本校的学位论文、课件等特色资源库,此库在管理科学化、规范化、标准化、整体性、共建共享等方面,符合当前数字资源建设的要求,这是关系到数据库建设成败的关键。而对这些建立特色资源库,如何进行进一步的分类、整理,按学科专业内在机理将所收集和建立的数据库进行重新组合,强调内容的独特性。既有反映学科研究成果和进展的著作,又有文献的中英文题录、文摘、事实数据、原始文献以及图形、影像材料等相互关联,使一、二、三次文献相互结合,形成集多种信息数据于一体的特色资源数据库。就是今后特色数据库的发展方向。

三、引进资源建设

在引入资源上,各高校图书馆在广泛调查和试用的基础上,根据学校学科及发展情况,有计划、有目标、并可持续发展的引入数字化资源及数据库公司的联网数据库,形成了校内的数字文献中心,数字化资源在满足校内学科的发展需求同时,向建立工科、文科、专题等文献资源保障中心的目标发展,建立各种数据库的使用指南的课件,供读者下载使用;并利用 e-shot 软件实现校园网跨网段检索及对各数据库进行分类、标引、管理,使各类数字化资源管理科学化、规范化、标准化,提高了各类资源在管理、使用方面更加便捷。引入"网格"技术的清华知识资源共享统一平台,开发实现馆内各种数据库的统一检索,满足了用户的一站式检索的需求,方便、简捷了用户检索。实现一次检索多个数据库检索的要求。同时,引入校外访问系统,方便住校外师生使用电子资源。

1. 资源的共建共享

在资源网络化、数字化、虚拟化的时代,读者对资源的需求往往是千差万别的,而单个图书馆收藏的文献资源也往往不能满足读者的个别需求,因此,在读者提出要求后,图书馆能否满足读者需求、在没有馆藏的情况下,如何为读者提供文献资源的线索或找到它,是衡量图书馆和图书馆人员知识服务的一个重要标志。因此,和各图书馆之间通过 Z39.50 协议及和国家、部、省、信息中心文献建立资源共享机制进行文献的传递和服务,对图书馆来说显的非常重要,所以,各高校图书馆纷纷和 CALIS、CASHL、NSTL、国家图书馆、OCLC 等机构,建立文献传递共享机制,解决高校馆文献资源收藏不足的问题,做到读者需要什么,就能提供什么。最大限度地满足了读者需求。

2. 网络资源的建设

Internet 网上的学术信息资源,如网络电子学术期刊、学术会议、学术论坛、组织机构网站等的数量呈几何级数增长。它们能迅速、准确地反映各学科的最新研究成果,帮助研究者追踪本学科的最新研究进展,了解专业最新发展动态,对科学研究者有很高的参考价值。可以挖掘出许多有价值的科技和经济等信息。而读者对分散在网络上的学术信息资源缺乏有效的搜集、整序、评价,研究者要在网上查找某一方面的信息要耗费大量的时间、精力和费用。图书馆不能忽视这方面的网络信息,应以此延伸自己的馆藏。发挥自身收集文献的优势,有针对性、有重点地开发网络资源,并加以整理和归类,为读者提供引导服务。利用互联网资源,不需要自己的藏书,也不需要自己去建立数据库,只是整理、组织网上信息,投入少,又最容易见到实效。通过在主页中建立学科导航库,建立学科门户网站和虚拟信息服务体系等方式,对这一部分资源进行筛选、组织、整合,并提供使用,也是补充现实馆藏,建设虚拟馆藏,形成具有特色"虚拟图书馆"的重要手段。①

四、读者参与资源建设与服务

读者参与信息资源建设是今后高校图书馆以用户为中心建设数字图书馆的重要方法,因分散在读者终端和读者手中的零散的个人信息资源非常丰富,让读者共建共享是当前高校图书馆信息资源建设的一个重要途径。在图书馆2.0 时代,对于 Web2.0 的技术的应用使读者与图书馆之间的互动性增强,图书馆 lib2.0 提倡所有人的参与,不仅是指图书馆员,还有所有的读者,吸收知识、观点、技术并进行广泛的交流,读者可以通过多种途径贡献自己的知识,参

---

① 冉小波、向建均:《高校数字图书馆信息资源建设的多元化研究》,载《科技情报开发与经济》,2009 年第 4 期,第 14 - 15 页。

与到图书馆的资源建设中来,使高校图书馆的信息资源建设不再只是图书馆员的使命,读者的参与性更加明显。O'Reilly 强调"用户增值(users add value)"的观念,就是从图书馆专业人员扩展至教学研究人员、图书馆读者等,借助系统所提供的服务来鼓励这些读者贡献他们的专业知识,从而增加了图书馆的信息量。在图书馆 2.0 鼓励参与的文化氛围下,读者可以通过写评论和贴标签,还有 Blog 及 Wiki 等来贡献、分享和管理自己的知识和观点。

1. 维基(Wiki)

Wiki 就是"大家协作撰写同一(批)网页上的文章"。在 Wiki 网站上,访问者可以修改、完善已经存在的页面或者创建新内容。图书馆可以利用维基技术创建网站,其最大特点是允许任何人创建新网页和编辑自己或别人已经创建的网页。也可以构建基于 Wiki 的相关学科主题资源库,选定具体主题,整理相关资源,以飨读者。通过图书馆员和读者的共同创作完成优化某一主题的建设,不断生成许多个主题资源库,最终构建成整个图书馆的学科导航系统。利用分众分类模式也可以优化学科导航库的建设,使得学科导航库建设理念更具有开放性,建立易于管理及用户参与的平台,创造交流中信任与协作的氛围。让用户认同并参与,解决现阶段学科导航建设中存在的一些问题,从而促进学科网络信息资源的建设、开发与利用。如:OCLC 的维基版联合目录OWC。成员馆的编目员等可以为书目数据库中的书目增加目次、注释与评论。厦大馆编目部维基版主页,集成了部门概况、规章制度、工作量统计等,可实现规章制度的动态维护。维基充分体现了大众的参与精神,充分利用了群体的智能。高校图书馆利用维基既可促进已有资源的利用,又能发挥众人的智慧为图书馆增加资源,是一种很好的读者参与的信息资源建设模式。

2. RSS(新闻聚合)

RSS(新闻聚合)是一个站点用来和其他站点共享内容的一种简易方式,称为站点摘要。它的运用与网络上新闻组类似,网络用户可以在客户端借助于支持 RSS 的新闻聚合工具软件,在不打开网站内容页面情况下阅读支持 RSS输出的网站内容。如:上海大学图书馆利用开源软件制作的 RSS 新闻聚合。

3. 标签(Tag)

标签是一种更为自由、灵活,完全由用户决定的分类方式,而非传统的由网站定义的分类。您可以根据自己的理解,对发表的文章、上传的图片、音频、视频等各种文件添加一个或多个标签,进行灵活的描述。标签体现了群体的力量,使得用户之间可以通过相近的内容产生更多的关联和互动。您在发表日志或上传文件时添加了 Tag,就可以看到 woku. com 所有和您使用了相同 Tag 的日志和文件。如:宾州大学图书馆开辟 Penntags 网络书签服务,用户可以给书目记录加上标签。这种方法有助于强化目录的内容,改善目录的检索。

4. Folk Sonomy(分众分类)

Folk Sonomy(分众分类)是一种使用用户自由选择的关键词,对网站进行协作分类的方式,而这些关键词一般称为标签(Tag)。用户浏览网页时,在 Tag 收集网站点击某个 Tag 时,只要是和这个主题相关的博客就都可以浏览,以此和同行共同分享,相当于搜索引擎里的关键词。

5. Blog(博客)

Blog(博客)是 Web2. 0 的核心成员,是个人或群体以时间顺序在网上所做的记录,并且经常更新,称为网络日志。blog 已经将互联网从信息共享提高到资源共享、思想共享上,它是 Web2. 0 最主要的功能。作为一种网络日志,博客在很多图书馆得到了应用。博客的应用,改变了只有维护网站的技术部门才能提供信息的传统模式,能让用户及时了解到来自图书馆各个方面的最新信息。最引人注目的是:基于博客的图书馆网站,将整个图书馆网站变成了专题博客群。典型的如 Ann Arbor 区图书馆的博客,该馆主页就是一个博客,聚合各部门博客最新发布的文章。目录、活动、服务及研究,各有自己的部门博客,馆员及时发布相关信息,如声音资料博客、影像资料博客、图书博客、游戏博客等。从该网站读者回复数量可以看到,与读者的互动相当好。

总之,在数字化、网络化信息环境下,图书馆资源建设已经从一种常态机制过渡为加速变化和不断多样化的动态机制。Web2. 0 的发展与应用,对图书馆资源建设与服务是机遇与挑战并存。一方面,Web2. 0 的发展给图书馆带来前所未有的挑战,人们的信息交流和获取、知识创造的方式与环境正在变化,图书馆处于边缘化的地位。在日趋激烈的信息市场竞争中,用户需求不断变化,要实现图书馆的可持续发展,创新是图书馆信息服务的唯一出路。以用户为中心的 Web2. 0 现象,正在改变网络上的产生、发布和共享信息的传统观念。

信息提供者和信息消费者之间的界限逐渐淡化,网络用户在网络信息的生成、共享和传播方面,占据越来越重要的位置,网络技术向图书馆提出了在网络环境下拓展图书馆信息资源、延伸图书馆信息服务、提升图书馆的服务水平的可能。在 Web2.0 环境下,图书馆应通过战略性思考、前瞻性布局、滚动性规划来创新网络信息服务。①

---

① 佳音:《应用 Web2.0 核心技术的图书馆信息服务创新》,载《图书馆研究》,2008 年第 3 期,第 98 – 101 页。

第四章

云计算环境下图书馆用户服务模型分析

回顾图书馆的发展,经历了传统图书馆、电子图书馆、网络图书馆、数字图书馆等不同模式形态。在发展过程中,电子信息技术的进步对图书馆模式的发展变化产生了重大影响,并主导着图书馆发展模式的革新。近年来,图书馆随着网络化、数字化程度的快速爆发,所产生的系统数据也在大面积迅速增长,图书馆亟须一个能够统筹支配大规模数据的管理系统,来对其信息数据进行更新和维护。而云计算技术正是存储和管理大规模数据的一种有效手段。

图书馆发展的最终目标,是对图书馆以及一切知识信息资源进行充分整合,利用先进的信息技术,构建共知、共建、共享的智能知识信息存取中心,共同致力于在整个国家乃至全世界范围内建立大文化集群。云计算为图书馆的目标提供了新的思路,它可以整合庞大的异构资源,形成云计算数字图书馆,并以云计算为服务平台,为用户提供全天候、全地域的信息资源和服务,消除信息孤岛,实现信息资源共享。2009 年 5 月,R. Wallis 和 F. Haugen 等人提出了"云计算图书馆"(Cloud Computing Library)的新概念①

第一节　云计算与图书馆资源建设

对于图书馆来说,最终是要在读者服务功能方面来体现并发挥其作用。

---

① 赵玉冬、李桂贞、谢明亮:《云计算环境下数字图书馆的变革》,载《图书馆研究》,2016年第 5 期,第 14 - 17 页。

云计算作为新技术,其价值是通过应用来体现的,通过"云"来提升图书馆网络信息管理与服务的水平,降低管理与服务的成本。图书馆的工作重点是让资源充分应用及其投入的服务效能,那么,我们如何利用这些新理念、先进技术来提升图书馆服务方式、方法及效率呢?

一、云计算概述

云计算,是指基于互联网的超级计算模式。即把存储于个人电脑、移动电话和其他设备上的大量信息和处理器资源集中在一起、协同工作。云计算是一种计算行为或技术风格,特点是在互联网上提供一种动态可扩展的虚拟资源池服务。为了满足这种动态可扩展性的要求,云计算服务商必须建立和依靠大型数据中心,它们通常分布在一个国家的各个地区,甚至世界其他国家和地区。云计算中的"云"字是相对互联网而言,用以比喻互联网的复杂结构。具体讲云计算(Cloud Computing)是分布式处理(Distributed Computing)、并行处理(Par-allel Computing)和网格计算(Grid Computing)的发展,或者说是这些计算机科学概念的商业实现。云计算是虚拟化(Virtualization)、效用计算(Util-ity Computing)、IaaS(基础设施即服务)、PaaS(平台即服务)、SaaS(软件即服务)等概念混合演进并跃升的结果。它具有超大规模、虚拟化、可靠安全等独特功效。云计算的基本原理是,用户所需的应用程序并不需要运行在用户的个人电脑、手机等终端设备上,而是运行在互联网的大规模服务器集群中。用户所处理的数据也并不存储在本地,而是保存在互联网的数据中心里面。这些数据中心正常运转的打理和维护则由提供云计算服务的企业负责,并由他们来保证足够强的计算能力和足够大的存储空间来供用户使用。在任何时间和任何地点,用户都可以任意连接至互联网的终端设备。因此,无论是企业还是个人,都能在云上实现随需随用。同时,用户终端的功能将会被大大简化,而诸多复杂的功能都将转移到终端背后的网络上去完成。

云存储的概念与云计算类似,它是指通过集群应用、网络技术或分布式文件系统等功能,将网络中大量各种不同类型的存储设备通过应用软件集合起来协同工作,共同对外提供数据存储和业务访问功能的一个系统。在这里,首先要明确的是,云存储不是存储,而是服务。使用者使用云存储,并不是使用某一种存储设备,而是使用整个云存储系统带来的一种数据访问的服务。

二、云计算在国内外图书馆行业的发展现状

有学者认为,当前几乎所有的云服务都可以在图书馆领域得到应用,包括大量的软件服务、云存储服务、平台服务和互联网整合服务等。① 那么图书馆不仅是应用者,也是合作提供者,如总馆、分馆模式的服务。如果认可云计算的宽松概念,把大量的软件服务、存储服务、平台服务看成云计算,那么云计算早已在图书馆运用。如书目数据库或全文数据库商很多年前就以网络数据库取代了光盘版,早期的镜像版也越来越多地被网络版所取代,这可以看成将图书馆接入了数据库云。很多软件提供商不断尝试改变软件提供模式,通过提供 IT 服务取代简单地销售软件产品。② 比如:广州图创计算机软件开发有限公司的"Interlib 图书馆集群管理系统"、Internet 托管平台。在厂商的服务器上安装管理软件,由厂商负责维护,图书馆通过网络浏览器实现业务的自动化管理,现主要面向中小型图书馆。又如北京华夏网信科技有限公司,通过广域性的网络化运行环境创建智能化的信息交互平台,建立的"中国专业图书馆网(CSLN)——基于 WEB 的集群图书馆管理系统",为图书馆(阅览室)用户轻松实现业务管理的全面自动化。中国高等教育文献保障系统正在完成 CALIS 数字图书馆云服务平台,适合于构建大型分布式的公共数字图书馆服务网络,能将分布在互联网中各个图书馆的资源和服务整合为一个整体,形成一个可控的自适应的新型服务体系,通过对各种服务进行动态管理和分配,来满足不同层次和规模的数字图书馆需求,支持馆际透明协作和服务获取,支持各馆用户的聚合和参与,支持多馆协作的社会化网络的构建,支持多馆资源的共建和共享,具有自适应扩展的能力。其系统架构是以 SOA 规范为基础,以 OSGi 标准对各个服务进行统一封装,为服务提供者提供统一的服务发布功能,为服务消费者和提供者之间提供统一的通信方式。服务功能分为五个层次:基础层、开

---

① 刘炜:《图书馆需要一朵怎样的"云"》,载《大学图书馆学报》,2009 年第 6 期,第 2 - 6 页。
② 范并思:《云计算与图书馆:为云计算研究辩护》,载《图书情报工作》,2009 年第 21 期,第 5 - 9 页。

发层、核心服务和通用服务层、应用层、门户层。并将各个层次的服务都构建在 OSGi 框架上,封装为 OSGi 服务,以供其他组件调用。为实现来自不同服务平台系统的服务整合,CALIS 整个云服务平台建立统一基础信息,提供统一开放 API,统一的 API 托管以及统一的认证服务。能提供标准化、低成本、自适应、可扩展的数字图书馆统一服务和集成解决方案,为 CALIS 及其成员馆提供了灵活的部署和应用方式,既能满足 CALIS 构建公有云服务中心的需要,也能满足图书馆构建私有服务云的需要,还能实现对这两类服务云的整合。目前,CALIS 云服务平台已经完成。Nebula OSGi 框架、Nebula 开发平台、本地基础平台核心版和典型应用系统、统一用户等基础信息库和统一认证机制基本建成。

在国外,开源的图书馆自动化系统 Koha,原本就是全 Web 界面的开源软件,进入云时代可谓顺理成章。2009 年 9 月 11 日,LibLime 公司发布新的基于订购的托管服务 Koha Express。Koha Express 运行 Koha 正式版,是一个全功能的集成图书馆系统。在 LibLime 的云计算平台上,通过软件即服务方式分发,价格仅 299 美元/年,含软件安装及托管。目前,世界六大洲有逾千所图书馆采用 Koha。图书馆采用 Koha Express,可以通过 Koha 开源社区相互支持,可用的资源包括实时聊天、邮件列表及 LibLime 公司贡献的详细文档。此产品的目标客户是小型公共、学校及专业图书馆,在经济不景气的情况下,应该很有吸引力。对于大中型图书馆、图书馆联盟,LibLime 在同日宣布提供企业级 Koha。该产品被称为"Web 级管理服务",即不只是硬件、软件,还包括数据与服务:Web 级的流通与传递、Web 级的印刷本与电子采访、Web 级的许可管理、Web 级的自助配置、Web 级的工作流程、Web 级的合作情报。

第二节 云计算与图书馆信息服务

云计算技术会给数字图书馆的服务模式注入全新的活力,数字图书馆急需搭建适应当前社会发展的云服务模式,以期完善和提高数字图书馆的服务质量和内容,延伸传统图书馆的蕴涵和功能。在第三代互联网络快速发展的今天,探讨研究构建基于云计算平台的新型数字图书馆的相关理论和技术,具

有重要的理论和现实意义①

　　从上述"云计算"的概念中可以看出,"云计算"技术在图书馆中的应用有很强的实用性,因为图书馆历来就是新技术最先实行的地方,而且图书馆发展过程越来越受到硬件的约束和限制,因为当前的数据量,每年的增长量是很大的,图书馆不可能每年在硬件上进行更换和扩容,为此,图书馆也正在寻找解决的方法,而"云计算"技术的引入,恰恰能解决图书馆所碰到的问题,图书馆也可利用"云计算"技术开展"云服务"。

一、什么是图书馆的"云服务"

　　云服务主要是指基于云计算的各项服务,可以是伴随云计算的出现才得以产生的服务,也可以是在云计算出现之前就已经存在,因为云计算的推动得以更进一步发展,比如 SaaS(Software as a Service,软件即服务)。"云服务"可以说是针对"云计算"的概念而展开,"云计算"将计算任务分布在大量计算机构成的资源池上,使各种应用系统能够根据需要获取计算力、存储空间和各种软件服务。通过云计算,网络服务提供者可以在数秒之内处理数以千万计甚至亿计的信息,达到和超级计算机同样强大的网络服务,用户只需通过浏览器即可获得学习所需的数据和服务。虽然业界并未对"云服务"的概念达成共识,但对图书馆开展"云服务"的重要性却有普遍的共识。

　　2009 年 4 月,OCLC(Online Computer Library Center,联机计算机图书馆中心)宣布推出基于 World Cat 书目数据的"Web 协作型图书馆管理服务",标志着图书馆"云时代"的开始。该系统可以提供一个强大的覆盖整个网络的信息检索服务,它可以通过云端实现图书馆采购、编目、流通等各个环节的管理,所有的服务都可以交给云服务器来实现。这样,每个图书馆再也不需要拥有和维护图书馆集成系统,甚至不再需要维护自己的服务器和管理复杂的数据库,只需要接入云端选择相应的服务,就可以完成图书馆的各种日常工作。

---

① 耿丽丽、周鹏、宋晓丹:《云计算环境下的图书馆发展战略研究》,载《图书馆》,2012 年第 6 期,第 42－43 页。

二、图书馆"云服务"的种类

云计算环境下,硬件对一个图书馆的影响将被弱化,丰富而大规模的应用集成,是云计算与图书馆深度融合的基础。图书馆可以按照自身特色打造自己的服务平台,同时借助云计算的无限扩展性进行跨平台的数据收集、管理,为用户提供广域的知识存取,实现信息自然交流。云计算对于资源的动态管理能力,能够很好满足用户信息服务需求的多元特征和变化特征。

"云服务"可以从基础设施、软件平台和数据处理等维度,将云服务大致归纳为3种:

(1)基于资源的云服务,包括存储空间服务、网络设施服务、宽带服务以及将各种资源虚拟化网络化的服务、IaaS 服务。

(2)基于软件平台的云服务,包括 SaaS 服务、PaaS 服务、软件 API、开发环境、应用工具等,用户可通过浏览器接受这一类别的各种服务。

(3)基于动态数据的云服务,包括管理、分享、组织、转换、分析、挖掘、过滤和搜索各种原生数据、半结构化数据和结构化数据。

数据云图书馆以大数据为主要的服务内容,其自身又是应用大数据技术的平台。随着大数据技术的逐渐普及,大数据本身的数量将会出现巨大的增长,而各种有针对性搜集整理的专门性大数据也将会随之出现,这些大数据在使用之后就会失去专门应用价值和保存价值,但这些大数据在其他方面仍然存在研究价值。另外,社会公共机构搜集的可以面向公众开放的大数据也将进入人们的视野。所有这些大数据,数据云图书馆都可以进行搜集、管理、提供公众使用。数据云图书馆系统自身,也将会使用大数据技术,对访问者的信息进行处理,当这些数据达到一定数量的时候,就成为新产生的大数据,变成数据云图书馆信息的一部分。数据云图书馆具备自我增长、自我适应的特性。从概念上来看,大数据本身就是不断增长变化的,数据云图书馆的大数据系统,时刻处于自动搜集数据信息、加工数据信息、存储数据信息的工作中,数据云图书馆这样就实现了自我增长。数据云图书馆可以借助大数据技术来了解访问者类型与信息需求特征,预测读者信息需求的变化,制定个性化信息服务策略,动态、交互地融入用户信息查找、信息发现和信息获取的全过程。因此,数据云图书馆可以依托云计算的资源分配能力,主动进行数据资源的建设,并根据访问者的需求调配各种数据资源,构建一个自我增长、自动适应的新型服务体系。①

图书馆的"云服务"则是任何图书馆的用户,在任何地方、任何计算机,只要进入互联网,即可享受到图书馆提供的个性化服务。也就是说,可能在任何计算机,通过专用账户即可进入图书馆私人空间,那里保留了您个人的很多习惯,比如要看的书,也可以获知您科研所需的任何资料以及最新动态,您不再担心这些资料不完整,因为这些资料是庞大的"云计算"中心通过世界各地的分中心帮您收集的资料,您不用担心资料会丢失,图书馆的系统会帮你保留这些资料,而且系统会自动记录下您看资料的习惯以及关注哪些资料,系统会把您所关注的资料放在最前面,而且会帮您自动整理好,这当然都是"云计算"中心帮您在做这些事。"云服务"其实是建立在很多片"云"的基础上的,而每一片"云"则代表图书馆,云层越厚,给用户提供的服务也就越全面。以上是对图书馆开展"云服务"的一些展望。

曾任谷歌(Google)全球副总裁兼大中华区总裁的李开复先生,在他《云中漫步——迎接云计算时代的到来》一文中这样说道:所谓"云计算",就是要以公开的标准和服务为基础,以互联网为中心,提供安全、快速、便捷的数据存储和网络计算服务,让互联网这片"云成为每一个网民的数据中心和计算中心。

第三节　云计算在图书馆建设与信息服务中的潜在价值

随着云计算市场的发展,软件服务商将会研发更多可供图书馆选择的系统,作为图书馆基础管理的图书馆自动化系统,将是图书馆的首选产品。

一、云计算是图书馆建设中的提供者

对一些资金不足又要实现自动化管理的中小型图书馆来说,若采用 Inter-

---

① 李大信:《基于云计算大数据的图书馆创新发展模式研究》,载《创新科技》,2017 年第
8 期,第 89 - 92 页。

lib 自动化系统、Internet 托管平台,用户只需一台或多台能联上 Internet 的普通 PC 机,花费数千元,即可轻松实现图书馆的业务自动化管理。从而节省了服务器、网络设备、软件升级、维护人员的投入,可快速实现图书馆的自动化。对一些大馆,可和软件服务商合作,开发适合于图书馆之间的托管系统,发挥大馆在一定区域内设备、资源、人员优势,为区域内的中小图书馆、社区图书馆、企业资料室、农村书屋提供托管服务,由于大馆人员业务熟练,又有已建成的各种书目、全文数据库便于小馆建设时共享,这样在为小馆提供托管服务时,比软件服务商提供的托管服务更易于小馆接受。同时,小馆有信息需求,无法解决时可请求大馆帮助解决,这样大馆不仅发挥了设备、资源、人员优势,也把服务延伸向社会各个层次的信息需求者,是图书馆间合作、共享,提升服务的最好方式,也是云计算下图书馆发展的必然趋势。

1. 提供数字化海量信息存储

图书馆增加数字化信息资源,就要相应增加存储系统,而存储系统的增加,有时比数字化信息资源的费用还高,维护成本较高,使用多年后面临淘汰或报废,这给在网络时代以信息服务为核心业务的图书馆,在 IT 设备上带来极高的投入。利用云存储系统中上百万的计算机可以容纳海量数据,并可以随时更新和增加。云存储提供了无限大的存储空间,能满足海量信息的增加,为数字图书馆日益增加海量数据提供了解决途径。图书馆不必考虑 IT 设备更新和维护问题,把更多的经费投入在核心业务开发和服务上。目前,Amazon 存储每 GB 数据的存储空间租用价格是每个月 0.15 美元,Google 每年 4096 美元的价格提供存储容量高达 16TB 的"云硬盘"空间。

2. 提供图书馆服务器、数据的安全运行

目前,多数图书馆的数字化资源数据集中放在本馆服务器上,一旦服务器故障,图书馆就无法快速处理及时恢复正常运行,更严重的可能造成数据丢失。而在云计算系统中,系统中某台服务器出现故障,云计算系统中的服务器可以在极短时间内,快速启动新的服务器来提供正常运行和服务。因云计算系统中的数据存储、备份采用了自动同步的形式,并有严格的权限管理策略支持数据的共享,数据储存在"云"端,无须担心因病毒感染和硬件的损坏而导致的数据丢失等,为图书馆服务器、数据的安全运行提供了可靠的保障。

3. 提供快速的信息资源存取

云计算核心技术是在现有互联网存储技术的基础之上为用户提供服务，实现 5 个"无限量"：CPU 处理器无限量、硬盘无限量、传输信道无限量、内存无限量和用户无限量。当前图书馆 IT 设备效能低，造成用户服务器对用户的最大服务响应数量及接入终端数量等都有一定的限制。而在云计算环境下，图书馆可以通过支付少量租费来提供快速的信息资源的存取，使数据的更新更快，用户的请求可在毫秒时间内获得响应，从而使图书馆以较低的成本提供更广、更多的高效服务，并获得较高的社会经济效益。

4. 构筑图书馆之间的信息共享空间

云计算是超大规模 IT 基础设施的联合体，图书馆利用这个超大规模 IT 基础设施，把各图书馆连接在一起，形成区域或全国的图书馆联合体（可称为云图书馆），使不同地域的信息资源集成在一起，可避免资源重复，又形成资源互补，从而构筑起图书馆之间 IT 基础设施的信息共享空间。各图书馆获取更加丰富的信息资源，使用户个性化的信息需求获得极大的满足。同时，在构筑图书馆之间 IT 基础设施联合体时，各图书馆不必考虑技术和硬件的增加及维护，这将使各图书馆的运行成本大大降低，同时效率却大幅度地提高。

二、云计算的图书馆服务管理构建于共享数据上

随着云计算在图书馆领域的应用和发展，图书馆云的应用也越来越广范。图书馆云（Library Cloud）是一个基于云计算的图书馆服务管理平台，它构建在一个共享数据模型的基础上，通过网络将计算资源、图书馆的馆藏资源及其他图书馆服务交付给用户。包括图书馆的基础设施、系统软件以及书目、馆藏数据、供应商数据、用户创建的知识库、评价内容等信息资源，均被虚拟化集中在图书馆云的数据中心里，所有的服务都托管在图书馆云的数据中心，以 SaaS 的形式可同时在网站界面上呈现给多个用户。所有这些 SaaS 服务被统称为图书馆云服务。从提供商内部的角度来看，图书馆云是一个网络化的图书馆服务管理平台或管理系统，负责运营所有硬件资源或软件服务的交付使用。从用户的角度来看，它就是图书馆网站上的一个界面，通过接入该界面就可以获得各种各样的资源或服务。因此，图书馆云又被称为图书馆云平台、图书馆云系统或图书馆云网站。基于云计算架构的图书馆云服务,使其具备了云计算的优势,如共享了计算能力、获得了灵活性、节约了资金,其数据更有效。

1. 对用户提供资源一体化的服务

目前,数字图书馆的网络数据,基本上处于"分布式存储,分布式访问"的状况。读者要检索不同数据库的内容,需要通过不同的数据库检索系统,分别进入各个数据库的检索界而,需要各自的浏览器或阅读器才能阅读,且资源内容的格式也不同,给读者使用资源带来很多不便,而通过中间技术屏蔽了信息资源的多样性格式,提供一次检索多个数据库的一站式的服务,方便读者使用资源,并提高数字图书馆资源的利用效率和共享。同时,使用者不需要在固定的时间和地点获取资源,也不需要在个人终端上安装各种各样的中间插件。随着3G时代的到来,通过手机接入云计算服务已成为可能。不管信息用户在何时何地,只要能连入互联网,就能享受到数字图书馆的服务。

2. 给个人数字图书馆带来更广阔发展空间

社会的发展要求个人不断地自我学习,提供给信息用户个性化需求的个人数字图书馆,将是个人知识管理的必然发展趋势。个人数字图书馆根据个人的兴趣、爱好、专业、特长,来进行信息资源的选择与控制。个人数字图书馆集信息资源生成、发布、收集、组织、检索、服务、利用、保存等环节于一体,个人数字图书馆不再是藏书楼、信息仓库,而变为个人知识管理的平台、工具。在一定范围内,希望共享他人的知识,反之,亦需将个人数字图书馆中的知识与他人也包括组织共享,实现个人数字图书馆中知识的增值,促进知识创新。Web2.0代表现代信息技术的发展方向,推动着个人数字图书馆的不断发展,促进个人数字图书馆从仅供个人使用向共享转变。在 Web2.0 环境下,以Blog、RSS、Wiki 和 Tag 等服务为代表的原创、分众、互动信息组织方式满足了用户的需求,共享理念正经历着从有限度共享到无限制共享的演变,共享主体范围逐渐扩大,可共享的资源愈来愈多,而个人数字图书馆资源共享要求成本(人力、物力、财力,精力等)最小化、共享效率高、个人隐私保护得到加强、用户得到个人信息的控制权等。① 所有这些,在云计算理念中完全可以解决。因

---

① 张银犬、朱庆华:《国内外个人数字图书馆研究述评》,载《图书与情报》,2008 年第 3 期,第 18 - 21 页。

为,云计算支持用户在任意位置使用各种终端获取应用服务。所请求的资源来自"云",而不是固定的有形的实体。应用在"云"中某处运行,但实际上用户无须了解、也不用担心应用运行的具体位置。只需要一台笔记本或者一个手机,就可以通过网络服务来实现我们需要的一切,甚至包括超级计算的任务。

3. 用户将享受更多全新服务方式

以 Google 为代表的搜索引擎,提供给用户的"一站式"搜索体验,在学术领域,由于知识产权保护等政策的影响,只能提供一个简单的索引而无法提供内容。基于云计算的图书馆,至少在技术上能够将分布式存储的数据库和一站式的检索界面结合起来。用户通过 Google 式的检索界面将检索请求提交给云计算服务器,服务器根据用户提交的请求,调配强大的计算能力,进行本体演算、机器智能推理等复杂计算分析用户需求。根据分析结果调配存储在分布式云存储服务器的资源,将结果提供给用户。"云"存储可以极大提高资源查全率,而云计算则为更精确查准提供可能。这就为用户提供了快捷的、直达需要的数字资源的良好体验。而复杂网络应用的扩展服务体现在非结构化数据、空间数据和多维数据服务上。典型应用如基于人工智能的三维虚拟图书馆员,通过语音和用户交互,如同和真实图书馆员交流;采用虚拟现实技术,复原历史著名图书馆场景,采用空间计算技术,提示某图书距离用户最近的获得地点以及行进路线;采用多维数据分析挖掘技术,根据用户描述的需求,推荐最符合用户借阅的图书等。这些扩展服务并非图书馆核心业务,但是在"云"图书馆中得到采用,可以给用户带来全新的体验。①

4. 为图书馆的社会效益增值

云计算技术下的用户信息行为,不再局限在固定的图书馆中,用户只要能连入互联网,即可进入资源丰富、庞大的数字图书馆,不再局限于图书馆的开放时间,可享受全天 24 小时的数字图书馆服务,只要有电脑或手机,利用云计算提供的软件,随时可通过浏览器获得学习所需的数据和服务。数字图书馆真正成为没有围墙的图书馆,没有技术障碍的图书馆。信息用户有更大的自

---

① 周舒、张岚岚:《云计算改善数字图书馆用户体验初探》,载《图书馆学研究》,2009 年第 4 期,第 28 - 30 页。

由来选择和控制自己的学习,真正做到随需随用。① 这对数字图书馆信息人员的服务,提出了更高的要求。其服务更加个性化、多样化,服务更具针对性,提供一对一的即时参考咨询服务或指导性的服务将会越来越多。这就需要我们信息服务人员不断学习新的先进技术,利用这些新的、先进的技术来提升图书馆服务的方式、方法。在我们有能力驾驭云计算时,云计算将为图书馆界带来巨大社会效益和经济利益。

三、云计算在图书馆应用中需关注的问题

从云计算总体应用来说,还处于商用的初级阶段,还有许多问题(包括网络、安全、性能、标准、成本、能耗等)困扰着"云"服务提供商和使用者。比如在 Gartner 发布的一份名为《云计算安全风险评估》的报告中就指出,云计算存在七种风险,即特权用户的接入、可审查性、数据位置、数据隔离、数据恢复、调查支持和长期生存性,都应引起图书馆的重视,从目前来看,主要有以下问题应引起图书馆关注和研究。

1. 现有的 IT 基础设施如何与云计算融合

当前,图书馆因各种因素(IT 基础设施、标准、数据等)制约,不可能完全丢弃原有 IT 基础设施部署模式,而是在保留原有模式的基础上,使现有的部署模式与云计算模式进行融合,作为现有部署模式的有效补充。逐步把云计算模式引入图书馆的应用中,来增加图书馆的服务功能。同时,由于各图书馆的 IT 基础设施不同,接入桌面的网速不同,以及网上病毒的影响,会造成网络不通畅,从而影响图书馆的服务。

2. 数字资源的存放问题

从理论上说,利用云计算技术,用户只需要通过本地终端就可以通过互联网使用图书馆的相关资源。但在实际运行上,为了保证安全、稳定,以及意外灾害来临导致"云"服务中断时,图书馆仍能提供正常的服务,图书馆就必须建立一套同步备份机制,迅速接管、恢复正常服务。图书馆就不可能把所有的数据资源都放在"云"中,必然要在本地保存一些自建的和重要的数据,作为"云"

---

① 杨明芳、袁曦临:《云计算环境下的数字图书馆》,载《图书馆建设》,2009 年第 9 期,第 7-9 页。

数据的一个备份。而从图书馆收藏的资源性质看,主要有两种:购入有版权的数字化资源和拥有自主知识产权的资源。图书馆可以把购入有版权的数据库放到"云"中,即使"云"服务中断时,因数据库公司有备份数据,可及时恢复;而把有自主知识产权的数据资源,采取本地、异地都存放,以便不管发生什么意外情况,图书馆都能保持正常运行。这样做不仅安全,同时解决目前各图书馆所有数据都存放本地或各种数据都备份而导致存储容量不够用的主要问题。

3. 一体化问题

因为各家图书馆的情况不同,所使用的服务器、操作系统、浏览软件、网络协议及接口千差万别,为了给用户提供满意的服务,更好地接入"云"中,图书馆必须研究为云计算商提供不同的操作平台开发的接口软件,图书馆要和云计算商、数据库开发商、软件开发商共同合作,开发基于规范化的协议和接口软件,使本馆尽快融入"云"中的一体化服务中。

4. 规则、标准问题

2009 年 3 月 30 日,由 IBM 牵头的《开放云宣言》(Open Cloud Manifesto,为云计算提出了云计算规则、开放标准等)于美国正式签署。但号称"云计算四巨头"的亚马逊、微软、谷歌和 Salesforce 却均未签署该"宣言"。这就意味着用户所使用的云计算商产品,会有不统一的规则和标准存在,会使选用不同云计算商产品的不同用户之间,很难达到资源的共享,也就背离了云计算的理念。因此,在图书馆使用云计算产品时,要考虑云计算商是否有公开的规则和协议及是否签署《开放云宣言》协议。

5. 版权和数据保密问题

数字资源的版权问题,会制约云计算在图书馆共享方面的应用,为了维护作者的版权,必须提前制定资源的使用制度和范围,保护好作者的版权权益。由于云计算商提供的服务都在网上,数据和个人信息对云计算商来说一览无余。这就为数据保密和个人隐私保密提出了新要求,应引起图书馆的重视,相应制定一些规则和协议,确保数据和个人隐私不被泄漏。

总之,数字图书馆在经历了互联网时代、WEB 时代、网格时代、WEB2.0 时代后,也慢慢走进了"云"时代,"云"还处于初期的探索和实践阶段,作为一项新技术,需要不断地实践中完善。但"云"的这种思想和理念及不断发展的技术,使我们看到了未来图书馆发展模式,这必须引起图书馆界的重视,接受"云"的理念,跟踪"云"的发展进程,设想、制定图书馆长远发展的规划和方案,研究制约云计算在图书馆应用中面临的一些问题,提出超前性、预见性(技术、安全、政策、法规等)问题进行研究,以便图书馆更好、更快地融入"云"中。图书馆应用新技术,最终是要在图书馆读者服务功能方面来体现并发挥其作用。其重点是在应用与服务功能的创新上面,而不在技术本身。关键是要看我们如何利用这些新的理念、先进的技术来提升图书馆服务的方式、方法以及服务效率与服务效能。

第五章

云计算下图书馆自动化系统的发展及应用

IT 新技术使图书馆正朝着网络化、电子化和数字化的方向发展,使图书馆的发展出现质的飞跃,出现了"无墙图书馆"、"数字图书馆(Digital Library)"和"虚拟图书馆(Virtual Library)"的概念,并在逐步成为现实。而云计算技术和三网融合在图书馆的引入,将进一步加快它们的步伐。从图书馆自动化发展的进程来看,每项 IT 新技术的出现,都引起图书馆界的关注并推动图书馆管理水平的提高和服务向深度、广度的拓展,作为 IT 的云计算(Cloud Computing),一经推出就得到了业界人士的推崇。

第一节　云计算下的图书馆自动化系统

云计算服务,可望从基础设施层面解决许多长期困扰图书馆网络信息管理和服务中存在的问题,这一切变化引起了我们的思考,中国图书馆自动化应朝什么方向前进? 既要吸收国外图书馆自动化发展的经验,又要根据中国的国情,走出一条又好又快又省的图书馆自动化发展道路。

一、图书馆自动化系统发展状况

图书馆自动化发展经历三个阶段,第一阶段是从 60 年代末、70 年代初开始,以美国国会图书馆正式发行 MARC Ⅱ 型的机读目录为标志,它在北美得到广泛应用,开创了书、刊机读目录在世界上正式使用的新时期,使图书馆正式步入了图书馆自动化阶段。第二阶段是在 1985 年左右,以 CD – ROM 光盘和局域网络开始在图书馆得到应用为主要标志。当时,我国图书馆自动化系统的研发曾经出现了一个高潮时期,推出了在国内较有影响的几个大型自动化系统(南京汇文三战 LIBSYS、北邮 MELINETS、深图 LAS、丹诚等),并提出了第三代图书馆自动化系统的概念,将图书馆网上的电子文献信息服务推向了全球性共享、服务的新阶段。即第三阶段,也称图书馆自动化的高级发展阶段或数字化图书馆阶段。

进入 21 世纪,随着资源共建、共享的呼声越来越高,各地区图书馆群资源重新整合的要求也提上日程,强调图书馆之间的资源共建、共享,在区域内,需要整合图书馆群的文献、数字化资源信息,进行集中管理,才能最大程度地满足读者的要求。加之信息技术的高速发展,如 Web2.0 技术、移动互联技术、数字化技术、云计算技术、物联网技术以及 Web3.0 语义网等技术的发展和应用。90 年代中期,在国内较有影响的几个大型自动化系统对当时图书馆迅猛发展而提出的要求,感到力不从心,纷纷开始升级、改版系统。究其原因,其 C/S 结构可谓是主要因素,它在伸缩性、可管理、资源共享、联合服务等方面存在技术上的缺陷,难以实现数字资源和传统业务的紧密结合以及海量数字资源的分布处理。如果采用的是 B/S 结构,很多问题就可迎刃而解了。比如区域一体化问题,移动采访问题等等。这种结构成为当今应用软件的首选体系结构,在图书馆自动化系统领域兴起的一个联合图书馆自动化系统软件,可谓第三代图书馆自动化系统的先驱,它是基于 B/S 结构研发的,建立在网络上,突破时间和地域的限制,随时随地提供在线服务,顺应了图书馆发展的要求,解决了很多图书馆发展中遇到的问题,联合图书馆自动化系统是通过 Internet 网络或城域网络将区域内各图书馆联合起来,组成一个区域性的虚拟数字图书馆,建立一个区域图书馆群的电子化、数字化、网络化的信息空间,同时通过网络达到与其他信息的资源共享与协作,通过一个统一的虚拟的门户,向读者提供服务。①②

二、云计算环境下图书馆自动化发展趋势

图书馆由购入图书馆自动化系统产品转向购入服务。目前,图书馆购入图书馆自动化集成系统是软件产品,是由厂商负责前期的安装、维护、培训等工作。一般来说,除了首次上门服务外,其他有问题的维护,厂商多通过电话、网络等咨询解答服务,很少再提供上门服务。由于各图书馆维护人员的管理、技术水平参差不齐,通常系统会出现这样那样的问题(系统本身、工作人员误操作、外部环境温度、停电等),有时会造成图书馆书目数据损坏或丢失。而在云计算环境下,图书馆不必考虑设备、系统的更新、维护等问题,在任何地方对系统出现的问题则由厂商管理员负责解决问题。图书馆只是文献的加工者和为读者提供服务的应用者,因而说,图书馆由购入产品转向购入服务。

在全球数字图书馆的研究和实践过程中,出现了一系列支持图书馆应用的开源软件,自动化系统作为图书馆建设的基础项目之一,成为开源软件在图书馆馆内应用的重要领域。目前在国际范围内已有十几种采用开源软件模式,进行开发和应用的图书馆自动化系统如 Koha 系统、Evergreen 系统。OPAC (Open Source AUTOMATED Library System,开放源码的图书馆自动化系统)系统、OpenBill 系统等。

图书馆开源自动化系统的开发应用情况,在一定程度上反映了当前数字图书馆系统与技术的发展水平。而 2008 年"云计算"概念的提出,云计算就是一些可以自我维护和管理的虚拟计算资源,通常为一些大型服务器集群,包括计算服务器、存储服务器、宽带资源等等。云计算将所有的计算资源集中起来,并由软件实现自动管理,无须人为参与。以上开源图书馆自动化系统为云计算系统的初级应用,在国内有:广州图创计算机软件开发有限公司的中小型图书馆自动化管理平台。在厂商的服务器上安装管理软件、由厂商负责维护,

---

① 杨宗英、郑巧英、夏佩农:《图书馆自动化发展的新阶段》,载《大学图书馆学报》,1997 年第 3 期,第 1 – 5 页。

② 余和剑:《基于 B/S 结构:图书馆自动化系统的发展趋势》,载《情报探索》,2005 年第 2 期,第 77 – 80 页。

图书馆通过网络浏览器实现业务的自动化管理,现主要面向中小型图书馆。从以上来看,各图书馆必须面对自己的实际情况,利用新的概念,新的思想和新的技术,做好自己数字图书馆体系结构的发展规划和布局,为读者提供智能化的服务。

第二节　云计算下图书馆的理想状态

图书馆自动化系统产品很多,在具备基本功能(采访,编目,典藏,流通,期刊,系统管理,OPAC 联机书目查询,Z39.50 系统模块等)的情况下又各具特色,图书馆不能把各厂商的图书馆自动化产品的优势和特色功能模块分开来购入,在选购时只能全套购入,给图书馆的运作造成很多无奈。云计算环境下,图书馆自动化软件统将拆分为多个功能包放在 Intenet 上,软件系统的标准化成为各图书馆用户选用软件系统的基本要求。图书馆根据自己的实际情况和需求,从优的选择各自动化软件公司最优秀的软件功能包。

一、云计算构筑图书馆之间信息共享空间

云计算是超大规模 IT 基础设施的联合体,图书馆利用这个超大规模 IT 基础设施时,把各图书馆连接在一起,形成区域或全国的图书馆联合体(可称为云图书馆),使不同地域的信息资源集成在一起,可避免资源重复,又形成资源互补,从而构筑起图书馆之间 IT 基础设施的信息共享空间,使各图书馆获取更加丰富的信息资源,使用户个性化的信息需求获得极大的满足。同时,在构筑起图书馆之间 IT 基础设施联合体时,各图书馆不必考虑技术和硬件的增加及维护,这将使各图书馆的运行成本大大降低的同时效率却大幅度的提高。

随着云计算市场的发展,软件服务 SaaS 商将会研发更多可供图书馆选择的系统,作为图书馆基础管理的图书馆自动化系统,将是图书馆的首选产品。图书馆可以选基于 B/S 结构研发的,建立在网络上,突破时间和地域的限制,随时随地提供在线服务的联合图书馆自动化系统,通过 Intenet 网络或城域网络将区域内各图书馆联合起来,组成一个区域性的虚拟数字图书馆群,建立一

个区域图书馆群的电子化、数字化、网络化的信息空间,来为用户服务。因此,图书馆既是信息使用者,也可作为信息提供者,为区域内的中小型图书馆提供总分馆模式的服务,是图书馆间合作、共享,提升服务的最好方式,也是云计算下图书馆发展的必然趋势。

云计算在图书馆应用将是一项战略选择。图书馆一旦选择了云计算,则需要对原有信息系统的管理与服务进行大规模重新部署,导致 IT 管理体制的变化,包括整个图书馆机构与流程、IT 部门人员数量与结构的变化和图书馆对于云计算服务的质量检测与控制手段等等的变化。由于现代图书馆的业务流程除了实体图书馆的服务端(指借阅、流通与参考咨询工作),几乎已经完全建立在计算机和网络基础之上,如果整个 IT 架构向"云"中迁移,传统的业务流程将被逐一拆解,然后组合、外包、虚拟化。[1]

这不仅简化了 IT 架构的实施,也给人们提供了一种理想的方式,更多 IT 应用可以像水电煤气等公用设施一样,实时定制,随时取用,按需付费,图书馆不再需要购买更多服务器、大容量存储设备,可按需使用云计算,按使用付费;不再需要那么多的 IT 维护人员;不再受自动化系统供应商的制约,可随时转移到服务更优、价格更好的系统。从而为图书馆提供了高效率、低成本、安全高、竞争力强的技术,也为图书馆用户提供无处不在的服务平台。"云存储"解决了图书馆数字资源的存储,为图书馆存储资源能力不足和信息剧增提供了一条有效途径,提高了图书馆的信息资源的安全性和利用率,也为建立本地化、标准化、低成本、自适应的云图书馆提供了解决方案,促使各图书馆之间的资源共享成为现实。

二、互操作性大大增强

云计算环境下,图书馆应用的各项功能已被细化拆分,各个厂家必须按标准协议提供功能包,图书馆用户可按本馆需求选择理想的功能包,各不同厂家的功能包数据标准畅通,由此它们可将这些功能包整合为一个独具本馆特色的自动化系统。对于计算机能力强的图书馆,可以采用云计算环境下的各种

---

① 陈伟:《国内外图书馆自动化系统发展现状与趋势》,载《图书馆学研究》,2005 年第 3 期,第 27 – 29 页。

Open API 接口,直接读取互联网上的特色数据,将图书馆的馆藏资源与全球的其他相关数字资源整合,拓展了图书馆读者服务的形式和内容,从而构建更加人性化的数字图书馆。①

1. 支持任意位置使用各种终端办公

云计算支持用户在任意位置使用各种终端办公或提供应用服务。图书馆工作人员在任何位置,只要有电脑、手机、电视等终端设备,就可登录到系统,进行自己的工作或为读者提供相应的服务,因资源来自"云",而不是固定的有形的实体。应用在"云"中某处运行,但实际上工作人员、用户无须了解、也不用担心应用运行的具体位置。只要有终端设备,就可以通过网络服务,来实现我们需要的一切,甚至包括超级计算的任务。

2. "云"图书馆员提供服务

云计算技术下的用户信息行为,不再局限于固定的图书馆中,不再局限于图书馆的开放时间,只要有电脑、手机、电视等终端,利用云计算提供的软件,随时即可通过浏览器获得学习所需的数据和服务。用户有更大的自由度,选择和控制自己的学习,真正做到随需随用。而对图书馆员来说,图书馆的数字化资源都存放在云中,远离图书馆的物理馆舍,图书馆员要依托非实体的图书馆馆舍来为读者提供服务,其服务更加个性化,多样化,服务更具针对性,提供一对一的即时参考咨询服务或指导性的服务将会越来越多。

三、云计算下图书馆自动化应用的分析

图书馆在应用云计算时,可从实际出发,在硬件设施投入上有所减少,而更为灵活地选择合适的基础设施云服务。当然,接受云服务,并不意味着图书馆在建设时,需要舍弃原有的信息基础设施资源。云计算的本质就是通过整合、共享和动态的供应来实现 IT 投资(包括新的投资和已有的资源)利用率的最大化。因此,实施云计算,不需要舍弃原有的 IT 基础设施资源。云计算系统的实施,可以利用已有的 IT 基础设施资源,而且云计算系统可以高效地监控管理现有的和新增的 IT 基础设施资源。在基于基础设施云服务而提供图书馆服

---

① 田雪芹:《云计算环境下图书馆变革的进展与趋势》,载《农业图书情报学刊》,2010 年第 11 期,第 65 - 68 页。

务的环节上,图书馆需要根据新引入的基础设施的特点,重新调整、设计服务流程,进一步提升自身对分布式海量数据服务做出及时、准确响应的服务能力。①

云计算下的图书馆自动化系统,可支持统一身份认证系统、手机图书馆系统、电视图书馆系统、电话语音系统、自助借还系统、跨库检索平台、RFID 的管理,以提高图书馆管理、深化和拓展服务项目。同时,通过开放的多层结构(数据库核心层、图书馆业务处理层、应用服务层、Web 用户界面层)达到与国内外其他图书馆的资源共享与协作,真正意义上实现图书馆群的资源管理和业务协作。打破各图书馆单位所有,条块分割的局面,将城市图书馆群或高校多个校区的图书馆作为一个整体进行管理,从而能达到资源共建共享、合理配置和图书馆之间互相合作的目的,实现城市图书馆群、高校多校区、跨行业图书馆联盟下的文献资源采访、编目、流通、文献资源管理、合理分配等一整套流程,实现文献资源的有效共享,提供全文传递、个人图书馆等特色服务。如:图书馆自动化产品通过 SaaS 提供服务,在这种模式下,图书馆自动化的实现,不像传统模式下需要投入大量的硬件、软件和人员,只需投入一定的租赁服务费用,就可实现图书馆的自动化。在这个过程中,图书馆自动化系统的服务器、软件都由卖方封装和维护,图书馆只提供要实现图书馆自动化方案(编目、分类标准,各种图书、期刊库位,借阅制度等)和客户端,就可实现图书馆的自动化管理。而在区域内,图书馆自动化系统向整合图书馆群文献、数字化资源信息方向发展,在图书馆的总分馆建设上,基本形成了统一管理、统一规划、统一服务等。在服务上,图书馆自动化系统向智能化服务发展,图书馆自动化系统通过自动化控制、RFID(无线身频识别)、网络通信、计算机、3G 等技术为支撑,实现自助图书馆自动化管理系统,实现自助办证、借书、还书、分拣、自助查询、补书和主动下架等核心功能外,还有短信推送、手机查询、LED 广告显示、数字资源发布、音视频点播、电子图书推送、滚动新闻发布等。

云计算环境下,把多数公司从以前的销售软件转变成软件服务为主营,更多的是为用户提供"云"服务。OCLC(OCLC announces strategy to move library

---

① 马瑞:《云计算环境下图书馆自动化系统发展探索》,载《图书馆学研究》,2009 年第 7 期,第 36 – 38 页。

management services to Web scale)把 World Cat Local 由 OPAC 前端变成完整的图书馆自动化系统(ILS)。World Cat. org 作为 OCLC First Search 的用户界面，集成电子书刊等的检索。OCLC 项目的目标是，以 Web 级协作型图书馆管理服务完全取代各类型 TLS，它对图书馆自动化产生的影响将是惊人的。如：Amazon Aws 提供图书信息、新书信息；豆瓣网提供查看图书评论评级等信息；Google Prints 提供电子图书检索服务。而中国高等教育文献保障系统(China Academic Library& Information System，简称 CALS)正在完成适合于构建大型分布式的公共数字图书馆服务 CALS 数字图书馆云服务平台(称为 Nebula platforn)不仅满足公有云服务中心的建设，也能满足图书馆构建私有服务云的需要，支持多馆协作的社会化网络的构建，支持多馆资源的共建和共享。百链云图书馆为超星公司推出的基于云计算服务平台，平台联合国内外 623 家图书馆内的各种数字资源(纸质图书、电子图书、期刊、论文、报纸、专利、标准、视频等文献资源)共计 260 多个数据库，通过资源共享，让任何加入百链云图书馆平台的用户都可以查询到本馆及其他 623 家图书馆的馆藏和电子资源状况，通过百链云传递平台，图书馆之间通过文献传递方式实现了多家图书馆联合为读者服务，并每天提供随时的最新元数据，是目前图书馆应用模式的新方向。

总之，云计算环境下的应用中，所有软件服务，即图书馆自动化系统软件等都以一种网络形式提供；图书馆的所有数字化资源，都可以存放于云上(云存储服务)；中心图书馆作为"云"提供商，提供本地数据中心或者其他业务支持；平台服务、大型图书馆引入"云"设施，利用商用的云计算解决方案，架构满足本地或局部应用的"私有云"平台，也可整合多家平台和资源，利用各类公共云，实现不同"云"之间的互操作。

第三节　高校图书馆为远程教育提供资源保障

现代远程教育有利于教育资源的整合和共享，提高教育效率和效益。它能让更多人同时获得高水平高质量的教育，听到世界一流科学家讲演；它可以把最优秀教师集中在一起授课;它可以让学生受到同等水平的教育。作为知识服务、收集、储藏、传播的高校图书馆,如何加强自身建设,面对学校教育观念、教育思想、教育模式、教育结构的变革,为学校远程教育的开展提供超前服务的资源保障,是当前高校图书馆面临的一项重要课题。

一、加强高校信息资源建设,为远程教育服务

现代远程教育依托现代网络环境,这就要求高校图书馆为其提供的文献信息资源及其服务也是基于网络的,因此,高校图书馆首先必须加强网络化建设。网络化的前提是自动化,现今高校图书馆通过引进国内外的图书馆自动化系统,基本完成了馆内资源的自动化和网络化建设,随着校园网基础建设的逐步完成、普及和深入,教师、学生在办公室、家里和宿舍都可上网,图书馆的自动化、网络化、数字化的服务,通过网络向校内读者提供图书馆的书目信息和购入各种数据库及联网数据库信息查询。但服务的资源方面:体现高校自身特色和具有自己知识产权的一些文献资源开发不足,反映到校内,就是网络环境具备的情况下,自有知识产权的基础信息资源(本校学校成果、硕博论文、学报、学科带头人资料库、多媒体课件、专题资源、历届考试试题信息、学校技术资料信息、高等院校专业会议信息等等)没有有效的组织、整理和数字化,从而显示出校内资源建设的滞后。当然,这方面工作有的高校正在完成和准备完成中。

就整体讲,各高校图书馆应加强基础信息资源的工作,加大校内信息基础建设投资,把服务向校内外延伸,从而实现面向用户文献信息服务的自动化、网络化、数字化,为远程读者提供文献信息资源的保障和服务。同时,图书馆还需承担起指导校内信息资源建设的工作,这就需要图书馆进一步努力,根据学校专业和教育部制定的《面向21世纪教育振兴行动计划》,把现代远程教育工作作为跨世纪教育改革和发展的重点工程之一,形成开放式教育网络、构建终身学习体系的目标,进一步统筹、规划、校内资源的建设,把校内已有的各类信息资源开发好、利用好,形成校内特色信息资源库,为学校校内资源的共享和今后的远程教育做好资源的保障工作,从而形成以校园网为基础的文献信息服务的自动化、网络化、数字化。当然,校内文献信息资源的数字化工作必

须走标准化的道路,强调特色、先进性并注意同世界接轨。并及时与校园网、CERCNET、Internet 连通,上网服务,为远程教育读者创造一个快速、高效、畅通的网络环境和具有特色资源的网上信息源。

二、加快馆藏数字化建设,提供全方位网上服务

随着网络的发展,Internet 日益普及,网络信息资源越来越丰富,图书馆如何为现代远程教育做好文献信息资源的保障工作,资源的数字化是手段、是提供网络服务的物质基础,资源的上网服务是目的。因而,资源的数字化建设可从下面三个方面进行:

1. 馆藏印刷型文献向数字化转换

被转换的文献是图书馆馆藏中使用价值大、有特色的文献,如学校成果库、校内硕博论文库、本校学报库、多媒体课件库、专题数据库等。在数字化的过程中,应注意数字化文献尽量制作成全文数字化资源,并注意协调与网络共享。

2. 加大馆藏中的数字化资源

指购置公开出版的数字化文献,包括国内外的各种多媒体课件、电子图书、电子期刊、各种专业、专题数据库、网络数据库、在线数据库及签署协议的联网数据库,在本馆建立馆外信息资源和数据库镜像点。通过馆藏数字化建设,调整馆藏结构,使数字化资源在馆藏中的比例逐步加大,以适应现代远程教育所带来的网上信息需求。

3. 建立突出学术性、专业性的虚拟图书馆

图书馆应根据现代远程教育特点,对网上信息资源进行评价、选择、加工和合理的组织,向远程学习者提供高质量的、便于利用的网络信息资源或资源导航系统,使远程读者能够便捷的获取学习资料,提高学习效率。图书馆应建立网上虚拟图书馆,虚拟馆藏的建设要突出学术性、专业性,重视网络学科专业信息资源建设。例如:有些大学图书馆已经研制出 CALIS 课件,该系统包括教师、学生、题库、管理等模块,涵盖了教学大纲、教材、学员资料、编目条例、全文及索引、目录等内容。该课件的建立,将使远程教学与图书馆文献建设相长。因而,针对自己的远程用户,建立学科专业引导库、课件资源库,供读者浏

览、查询、学习该学科世界范围内方方面面的信息，了解该学科的历史、现状，包括学科发展方向、学科研究内容、最新研究动态、学科带头人，核心期刊、学科出版物、学术会议、学术机构、学科论坛、学科后备人才及相关 web 网站的连接和导航，是今后图书馆在网络化收藏、开发、应用、服务等方面的一项重要工作。①

三、加强网站建设，为读者提供可视化信息窗口

高校图书馆如何以馆藏数字化资源和虚拟资源为读者服务，除具备网络环境外，图书馆还需对数字化的资源进行整合、加工、组织、分类和导引等，使其成为具有校特色的符合远程教育要求的学术教育资源。

如远程学习国际中心 ICDL（http://www-iodl.open.ac.uk）所建立和维护的数据库里，提供了 100 个国家 1000 多所院校的 35000 多门课程；"远程学习课程搜索"（www.dlcoursefinder.com）提供了 131 个国家的 60000 门课程。远程教育（http://jx.ddd1px.com）、北京大学现代远程教育（http://www.smde.pku.edu.cn）等，图书馆可利用远程学习网站提供丰富的信息资源进行组织整理，使读者使用信息资源更加广泛、便捷。图书馆要加强网站建设，通过网站的导航，把图书馆特征、特色、资源状况、服务方式及内容等介绍给读者，远程读者通过网站的可视化导航，得到所需的各类资源，为远程读者提供终生学习的资源保障和学习途径，为网络化的服务做好本校的信息窗口。②

四、发挥图书馆教育职能，促进资源更好应用

高校图书馆要为现代远程教育提供文献信息保障，必须加强高校基础信息资源建设，把高校具有的特色文献转换为数字化信息资源，通过可视化信息窗口，提供到网上为读者服务。同时，通过馆员素质的提高，培养读者使用资

---

① 孟涛：《加快大学图书馆建设，为现代远程教育服务》，载《安徽教育学院学报》，2001年第2期，第124-126页。
② 容海萍：《大学图书馆在远程教育中的优势和发展方向》，载《广西广播电视大学学报》，2004年第1期，第65-68页。

源的能力,并加强资源共建共享工作,建立起本校远程教育文献信息资源的保障系统。

随着现代远程教育、网络通信技术、多媒体技术、信息处理技术的飞速发展,人类社会开始进入一个网络化、信息化、数字化的时代。时代的发展,需要人们不断地学习,以跟上时代的要求,终身学习将是时代的风尚,各行各业的人员都需不断地学习。因此,作为信息传播的中介者,图书馆管理人员更需要不断地学习,熟悉图书馆的馆藏(纸质、数字化资源、网络数据库、网上虚拟资源等情况)资源状况,也要善于捕捉、发现、组织信息,不断掌握和熟悉各种新知识、新技术(计算机、数据库技术、网络技术、多媒体技术等)来为读者提供知识创新和知识重组的服务,要发挥图书馆的教育职能,培养为广大读者在网络时代、信息日益广泛的情况下,如何科学地查找到所需的信息,从而使读者在资源数字化、传输网络化、检索智能化、服务社会化、学习终身化的环境下,更加方便、快捷、全面、准确的使用信息资源。图书馆可以通过开展检索课或通过短、中、长期(小时、天、周、月、年)培训班来进行读者培训工作。要深入读者群进行宣传工作,培养读者使用各类信息资源的力度,最大限度地发挥信息资源的使用效益。

五、加强馆际合作,联合保障共建共享模式

随着现代远程教育的不断发展,单个高校图书馆难以承担多专业、多层次的现代远程教育信息资源保障工作。各校现代远程教育所需文献信息具有较大程度的相似性和重叠性,各高校图书馆可以密切合作,合理分工,从整体上协调本地区乃至全国文献信息资源建设,以共建共享方式提供信息资源的联合保障。

1. 建立校内信息资源采购中心

从引进资源上保持不重复,从而节约经费,有计划的引入更多文献信息资源、数字化资源、多媒体课件资源,同时,建立校内各分馆、专业、院系所资料中心的各种基础信息资源中央数据库,把校内资源共享及上网为校内、外读者利用,从而发挥高校资源的最大使用价值。

2. 图书馆之间达成协议

图书馆之间积极签署馆际互借协议,成员馆之间达成协议,做到"整体规划、合理布局、集中采购、资源共享、联合保障"的建设方针,成员馆之间从引入资源方面联合引入资源共享,从而使有限的资金使用更多的文献,同时,各馆之间应有分工和侧重地收集文献资源,形成特色,便于共享。

3. 图书馆之间开展资源共享

现阶段进行的有:书目信息共享、篇名信息共享和全文信息共享。目前,虽然许多图书馆通过网络实现了远程书目信息和篇名检索与浏览,但仍有些馆仍然无法便利地得到全文信息。在未来的一段时间内,图书馆之间应加强网上的馆际互借、网上各类资源的传递工作,如和国家图书馆、中国高等教育文献保障系统(CALIS)、国家科技图书文献中心(NSTL)等建立联系,使服务向网络化、社会化的服务方向发展,成为远程用户获取信息的信息源和提供者,并起到桥梁和枢纽的作用。

总之,远程教育的内容很多,在此只是从图书馆角度、功能方面就如何做好远程教育的资源保障和服务等问题谈一些浅见,如何进一步做好深层次远程教育的资源保障和服务等工作,将是我们今后进一步研究的问题。

第六章

三网融合的图书馆信息资源建设及服务

第一节　科学人文精神是高校图书馆发展的动力

科学技术的进步极大地促进了生产力的发展,同时不断推动了人类社会的文明进步,也给高校图书馆的发展带来了深刻的影响。高校图书馆在人员结构、馆舍、环境、资源等方面都发生了巨大的变化,特别是随着信息技术的应用,图书馆正向着自动化、网络化、数字化、智能化的方向发展。高校图书馆要保持可持续发展的势头并健康发展,就必须抓好两种精神,即:科学精神和人文精神。科学精神就是崇尚科学,重视科学技术在图书馆中的作用,积极研究并利用各种先进的技术、设备等来提高图书馆的工作效率。人文精神是在图书馆的工作实践中体现,"以人为本"的全新理念,满足读者的信息需求,追求与读者的心灵沟通,实施人文关怀,创造和谐向上的氛围,提高图书馆的工作效益。可见,科学精神与人文精神在高校图书馆发展中都具有不可低估的作用。[1].

一、科学精神在图书馆中的作用和影响

科学是一种知识体系,它是对现实物质世界的局部或整体表现出的各种

---

[1]　杜康华:《以科学与人文精神促进高校图书馆事业发展》,载《科技情报开发与经济》,2003 年第 10 期,第 7 - 8 页。

事物和现象进行客观、理性的认识。科学的真实性在于经得起实践的再考验，"实践是检验真理的唯一标准"。而可以教人求得有系统之真知识的方法，叫作科学精神。人们常说的实事求是、追求真理、坚持真理、务实严谨、敢于怀疑、勇于实践、与时俱进、善于创新等，就属于科学精神的范畴。①

　　科学精神在图书馆建设中是不可或缺的。从图书馆实践来看，科学技术是传统图书馆向现代图书馆转变的动力，是图书馆走向自动化、网络化、数字化、智能化发展之路的必然选择，是图书馆人识时务之举，也是图书馆摆脱目前所面临的危机，实现历史性跨越的正确选择。科学技术的进步，改变了人类生产和生活的面貌，也给高校图书馆的发展带来了深刻的影响，尤其是网络信息技术的发展，给高校图书馆带来了革命性的变化。例如，在科学精神的指导下，兰州理工大学图书馆的建设取得了迅猛发展。第一，建立了自动化管理平台，建立了以校园网为基础，双机容错系统和远程备份为保证的文献信息自动化、网络化、数字化管理系统，建立了以图书馆为中心的文献资源中央数据库，院系所资料室、分校图书馆分布式管理终端，实现校内资源的统一采购、统一分编、分散流通和检索的管理模式，"一证在手，通借通阅"，让全校读者充分共享文献信息资源。第二，建立了电子资源平台。根据学校的学科发展，通过试用和调查研究，有计划、有目标地引入各类数字化资源，在满足全校学科发展需求的同时，向甘肃省工科文献保障中心的目标发展。利用 e - shot 软件对数据库进行分类、标引、管理，实现资源的有效整合，确保校园网及跨网使用和检索。引入基于"网格"技术的清华知识资源共享统一平台，使各类数字化资源管理更加科学化、规范化和标准化，实现数据库的统一检索，满足用户的一站式检索需求，方便了用户的使用，大大提高了资源的有效利用。第三，建立了海量存储平台。引入 SAN 架构、光纤通道的海量存储系统为数字化资源的镜像源，保证数字化资源在本地的有效存储，更进一步保证了校内用户更加方便、快捷地使用资源。第四，建立了数字化加工平台。引入高速扫描设备、方正德赛（DESI）制作系统、发布系统、网上提交系统，推动特色资源数据库的建设。纸质资源经过扫描，采用先进的图像压缩技术，既保持图书原貌，又有效

---

①　王大衍:《我对科学精神的一点认识》,载《光明日报》,2001 年 12 月 17 日。

地解决了数字化文献的存储和网上传输等问题,实现了资源数字化和网上发布。该图书馆现已成功开发出本校博硕士论文库和学科带头人知识资源库等,激活了特色馆藏知识资源,实现了校内特色知识资源的共建共享。第五,建立了信息传递平台。在网络方面,研究和应用包括分级地址模式、高效 IP 包头、主机地址自动配置、认证和加密等先进技术,确保了无线网络、校内局域网和主要教学点的三维高效畅通,从而实现校内资源的有效检索和传递。此外,还建立了与国家图书馆、高校文献资源保障中心、国家科技图书文献中心及省内各相关图书馆的文献资源共建共享的传递服务网络,实现了文献服务的网络化查询和获取。第六,利用 ASP. NET 技术使各种数据库与网页动态链接;通过开发虚拟咨询软件,利用电子邮件、BBS、QQ 等手段,实现了数字化的参考咨询服务,确保读者与图书馆联系和沟通更加便捷;引进和制作各类数字化资源和多媒体课件,采用先进的 BSD 三层架构体系设计开发的信息管理系统,建立 Unix 数据库和基于 Oracle8i 的多媒体数据库,进一步激活馆藏资源,实现校园网内视、音频资料的查询和播放;引进数字式的防火防盗设备,实现对图书馆防火、防盗的自动化管理。第七,以科学精神加强对馆员的教育培养,激励馆员不断提高自身素质,使大家认识到:“没有一流的图书馆员,就没有一流的图书馆;没有一流的图书馆,就没有一流大学”。

二、人文精神在图书馆中的作用和影响

图书馆人文精神,是指在图书馆工作实践过程中所体现出的以人为本的思想,以满足人的需要,实现人的价值,追求人的发展,体现人文关怀,创造美与和谐作为图书馆活动的宗旨。从图书馆事业本身来看,人文主义是图书馆的生命线和立足点,如果人文精神的江河干涸了,人文理想的花蕾枯萎了,人文关怀的火花消失了,图书馆事业将从根部开始瓦解,整个事业将倾颓消亡。① .

1. 以人为本,人文精神落实到工作实践中

图书馆的一切工作应以读者为中心,切实关心和研究读者的文献需求,在

---

① 王庆民:《图书馆人文精神刍议》,载《图书与情报》,2003 年第 2 期,第 43 – 44 页。

图书馆硬件建设(馆舍、环境、设备、文献资源等)和软件建设(人、管理、服务等)上,要充分考虑到读者的文化传统和阅读习惯,把人文关怀渗透到图书馆的办馆思想和观念中,不仅要切实贯彻"读者至上,服务第一"的宗旨,达到馆藏资源利用的最大化,还要有利于人类文化遗产传播,适应经济时代人需要终生学习的要求,把人文关怀落到实处。[1]

图书馆人文精神的核心是人文关怀,人文关怀的对象主要是读者和用户。图书馆人文关怀,主要是指对读者或用户的文化知识需求和精神心理需求的关注、探索、指点和解答,为读者的文献信息提供保障并营造一种充满人性化的读书学习环境。图书馆的一切工作、服务和精神都要通过馆员的具体工作体现出来,图书馆工作的全部,实质上就是从人的服务到人的服务,如此循环往复的过程。不论是传统图书馆时代,还是网络环境下,馆员的主体作用是不容置疑的。馆员的能力和素质,是图书馆文献信息资源之外的又一宝贵资源,图书馆要开发文献信息资源服务于社会,靠的是全体馆员的共同努力。图书馆员是图书馆信息库的建造者和维护者,是信息资源与读者之间的桥梁与纽带,是高知识含量信息产品的设计者、生产者与探索者,具有创新精神的图书馆员,恰恰是图书馆内在发展动力。[2]

因此,必须把图书馆员的积极性充分调动起来。图书馆的形象不是单凭图书馆的现代化建筑、丰富的文献信息和先进的信息管理系统等体现的,更主要的是通过馆员提供给读者的服务体现出来的。读者对图书馆的评价也主要是根据图书馆的服务及其效果而进行的。如果馆员情绪低落、态度恶劣、言语粗俗、能力低下,是不可能为读者提供满意的服务的,也不可能树立良好的图书馆形象。

图书馆要在公众中树立良好的形象,就需要有一批良好人文修养和科学修养的馆员。

在对图书馆员的管理中,除了要用科学精神教育和培养他们外,更重要的

① 曾晓珊、张立英:《论图书馆人文精神的内涵、核心理念及原则》,载《高校图书馆工作》,2004年第1期,第57-58页。
② 谢立虹、王进:《信息时代图书馆员的素质建设与管理——也论科学精神与人文精神的构建》,载《图书馆》,2003年第6期,第58-60页。

还应实行人文化管理,即用教化、疏导与激励方法,用柔性手段进行调节与控制,用非强制性的方法去影响他们的心理和行为,从而调动图书馆员的积极性、创造性,凝聚他们的群体意志和力量,把关心人、尊重人、爱护人、认知人、理解人、感化人、发展人、培养人、教育人、激励人的管理方法与艺术,应用到图书馆员的管理实践中,挖掘图书馆员的智力和潜能。另外,还要提高馆员的信息素质和专业技能,加强对在岗人员的培训工作,实行有组织、有计划、有考核的全员培训,并注意结合岗位特点区分层次,有针对性地进行培养,使图书馆员普遍掌握计算机操作知识、自动化系统知识以及数据库知识,充分利用先进的信息技术和手段,为广大师生读者提供方便快捷、优质高效的文献信息服务。

2. 提高管理水平,创造宽松和谐的人文环境

在管理上,全馆应统一着装,挂牌上岗;推行"首问负责制"和"服务承诺制",提倡"微笑服务"和"文明用语",提供真诚服务与温馨服务。为了创造和谐优美的环境,在可能的情况下,开辟出休闲阅览区,张贴名人字画,摆放花卉盆景,配备沙发、报纸和饮水机等,供读者休息和放松。另外,还应布置醒目美观的各类室内外告示、意见箱、数据库介绍、新书通报、学术讲座通知、架位标识等,在图书馆营造庄重宁静、奋发向上的学习氛围,使到馆的读者都能在宽松、优雅的人文环境中享受到优质的服务,提升图书馆的服务能力和社会效益。①

总之,现代信息环境对图书馆所提出的要求,正是图书馆人文精神所提倡和追求的,牢固树立读者第一的理念,公众至上的精神,让社会中的每个人都能通过图书馆的服务而获益,这是在信息环境下图书馆人文精神理念的体现。

第二节　三网融合的内涵及其发展优势

三网融合这一概念曾在 1998 年提出,之后一直被列入"十五"、"十一五"

---

① 柳小望:《图书馆人文关怀的理论与实践》,载《图书馆工作与研究》,2004 年第 1 期,第 7 - 9 页。

规划以及 2009 年电子信息产业振兴规划中,但限于技术条件、管理体制等问题,三网融合一直没有得到实质性的进展。2010 年 1 月 13 日,国务院常务会议首次明确提出推进三网融合的阶段性目标。其中,2010 年至 2012 年,重点开展广电和电信业务双向进入试点,探索形成保障三网融合规范有序开展的政策体系和体制机制。2013 年至 2015 年,总结推广试点经验,全面实现三网融合的发展,普及应用融合业务,基本形成适度竞争的网络产业格局,基本建立适应三网融合的体制机制和职责清晰、协调顺畅、决策科学、管理高效的新型监管体系。2010 年 7 月 1 日,国务院办公厅印发第一批三网融合试点地区(12 个试点城市)名单,正式揭开了三网融合试点序幕。进而"十二五规划纲要",再次提出构建宽带、融合、安全的新一代国家信息基础设施。

2011 年伊始,官方即公布全年的宽带进入农村目标。根据发展规划,到"十二五"末,中国要实现宽带入户(城镇)进村(行政村)。

2016 年 12 月 15 日,国务院印发的《"十三五"国家信息化规划》指出,"十三五"时期是全面建成小康社会的决胜阶段,是信息通信技术变革实现新突破的发轫阶段,是数字红利充分释放的扩展阶段。信息化代表新的生产力和新的发展方向,已经成为引领创新和驱动转型的先导力量。"十三五"国家信息化规划的发展目标是:到 2020 年,"数字中国"建设取得显著成效,信息化发展水平大幅跃升,信息化能力跻身国际前列,具有国际竞争力、安全可控的信息产业生态。体系基本建立。信息技术和经济社会发展深度融合,数字鸿沟明显缩小,数字红利充分释放。信息化全面支撑党和国家事业发展,促进经济社会均衡、包容和可持续发展,为国家治理体系和治理能力现代化提供坚实支撑。

这一重大决策是大势所趋,民心所向,代表了中央的战略规划,必将促进信息通信、信息服务等行业进入新的发展阶段。

一、三网融合的内涵

三网融合,是指电信网、有线电视网和计算机通信网的相互渗透、互相兼容,并逐步整合成为全世界统一的信息通信网络。三网融合是为了实现网络资源的共享,避免低水平的重复建设,形成适应性广、容易维护、费用低的高速宽带多媒体基础平台。其表现为技术上趋向一致,网络层上可以实现互联互通,形成无缝覆盖,业务层上互相渗透和交叉,应用层上趋向使用统一的 IP 协议,在经营上互相竞争、互相合作,朝着向人类提供多样化、多媒体化、个性化服务的目标前行,行业管制和政策方面也逐渐趋向统一。三网融合,在概念上从不同角度和层次上分析,可以涉及技术融合、业务融合、行业融合、终端融合及网络融合。目前更主要的是应用层次上互相使用统一的通信协议。

IP 优化光网络就是新一代电信网的基础,是我们所说的三网融合的结合点。数字技术的迅速发展和全面采用,使电话、数据和图像信号都可以通过统一的编码进行传输和交换,所有业务在网络中都将成为统一的"0"或"1"的比特流。光通信技术的发展,为综合传送各种业务信息提供了必要的带宽和高质量传输,成为三网业务的理想平台。软件技术的发展,使得三大网络及其终端都通过软件变更最终支持各种用户所需的特性、功能和业务。统一的 TCP/IP 协议的普遍采用,将使得各种以 IP 为基础的业务都能在不同的网上实现互通。人类首次具有统一的为三大网都能接受的通信协议,从技术上为三网融合奠定了坚实的基础。有分析称,三网融合后,内容提供商将成为其中最大的受益者。业内人士表示,长期来看,广电运营商和电信运营商的网络条件、运营能力接近,谁能提供更具有吸引力的内容节目或应用服务,显得尤为关键。而作为文献搜集、整理、收藏、传播、咨询、知识服务的机构——图书馆,如何面对三网融合的机遇和挑战来为读者提供服务,就是当前摆在图书馆人面前的一项重要研究课题。

二、三网融合的优势

1. 信息服务将由单一业务转向文字、话音、数据、图像、视频等多媒体综合业务发展。

2. 有利于极大地减少基础建设投入,并简化网络管理,降低维护成本。

3. 将使网络从各自独立的专业网络向综合性网络转变,网络性能得以提升,资源利用水平进一步提高。

4. 三网融合是业务的整合,它不仅继承了原有的话音、数据和视频业务,而且通过网络的整合,衍生出了更加丰富的增值业务类型,如图文电视、VOIP、视频邮件和网络游戏等,极大地拓展了业务提供的范围。

5. 三网融合将打破电信运营商和广电运营商在视频传输领域长期的恶性竞争状态,各大运营商争抢同一市场,看电视、上网、电话资费出现打包下调。

6. 三网融合应用广泛,遍及信息服务、远程求知、智能交通、环境保护、政府工作、公共安全、智能消防、工业监测、老人护理、个人健康等多个领域。以后的手机可以看电视、上网,电视可以打电话、上网,电脑也可以打电话、看电视。三者之间相互交叉,形成你中有我、我中有你的格局。

三、三网融合给图书馆行业带来的影响

1. 三网融合为图书馆拓展信息服务提供了坚实的网络通道

三网融合必将形成覆盖全国各地的功能强大的、业务全面的新网络,为图书馆信息的传播提供强大的信息通道。而三网各自原有的网络优势不变情况下,可互相整合,有效利用,使原有网络带宽增大,这将为图书馆开拓新的信息服务提供坚实的网络通道。

2. 三网融合为图书馆带来更多的用户

2011 年国内互联网总用户已将达到 6 亿,有线数字电视用户数达到 1.1亿,3G 用户接近 5600 万,而且显示逐年上升的趋势。对图书馆来说,三网融合后,图书馆的用户数量将会大量增加。以往图书馆由于受到地理条件或网络条件的限制,用户比较固定,一般局限在地域范围内。三网融合后,用户可以通过任何终端随时随地利用图书馆提供的资源和服务。特别对信息不畅、文化落后、经济不发达区的发展,将产生巨大的推动作用。

3. 三网融合使图书馆的服务平台增多

现阶段图书馆服务平台局限在图书馆的物理馆舍和图书馆网站。三网融合后,图书馆的服务平台除了互联网外,扩大到了广播电视网络形成电视图书馆平台,扩大到电信平台形成手机图书馆平台,在这一大一小的平台上,把缘由图书馆系统和网站的服务移向电视和手机来推广、推送图书馆数字资源和产品。三网融合将会彻底改变图书馆信息资源保存、管理、传播、使用的传统方式和手段,使图书馆信息资源得到充分的利用和共享,为信息的服务和知识创新,提供随时随地、多种平台传播和获取信息的良好环境。

4. 三网融合为图书馆提供信息传播途径多元化的统一

三网融合将有效整合当前的网络、各类媒体及终端设备,为图书馆信息服务提供全覆盖、多样化的一站式服务奠定基础。现代社会,信息的传播对媒体依赖性非常高,不同的媒体对信息的选择性也非常强。手机媒体、电视媒体和互联网传播的信息内容截然不同。信息传播的普及性和有效性,要求受众覆盖全,这就必然要求全媒体覆盖。当前网络分割的局面不利于信息传播内容和形式的全媒体覆盖。三网融合后,网络的整体性有利于各类媒体和终端的整合,可以克服当前网络媒体的复杂多样、分散割据局面,达到信息内容通过多种媒体和终端传播的目标。当然,这并不意味着走向网络单一化和媒体单一化,而是要实现网络多元化、媒体丰富化和信息传播途径多元化的统一。①

5. 三网融合有利于图书馆员与用户(公众)互动

三网融合可以进一步调动大众的参与意识,增强参与文化创造和传播的主动性、积极性,以利于文化的传承和创新。只有提高大众的参与意识和参与能力,才能提高大众的文化创造能力、判断能力和接受能力。互联网以其内容丰富、内容表现形式多样、互动性和参与性强、传播速度快,越来越在文化传播中处于强势地位。三网融合后,新的网络将继承互联网在传播速度快、互动参与好、内容形式多的优点,从而大大提高受众的主动参与意识、文化创造的积极性,改变当前多数地区及受众在文化传播中消极、被动接收的局面,大大提高文化传播的效率。

四、三网融合在国内图书馆的应用

一项彻底颠覆传统图书借阅方式的"数字革命",于 2010 年 12 月 29 日在杭州正式实施。杭州数字图书馆率先将网站、手机、电视"三网融合",并向市民开放。杭州数字图书馆对多媒体资源进行整合,实现网站、手机、电视"三网融合"。通过与华数传媒等机构的合作,将数字电视平台、智能移动终端平台与网站平台整合成综合性的杭州数字图书馆——"文澜在线"。网站、电视和手机三个数字图书馆分别针对不同类型的受众:网络的定位是各层次市民,电

---

① 方明东、陈蕊:《三网融合与文化建设》,载《中国广播电视学刊》,2009 年第 8 期,第 13－14 页。

视是中老年读者和周末休息人群,手机则针对上班一族和年轻人。市民通过网站、手机、电视都可以进入杭州数字图书馆尽情借阅,实现了把杭州图书馆这个"市民大书房"搬回读者家中的构想。

杭州数字图书馆的开通,彻底颠覆了传统的图书借阅方式。电视图书馆使杭州市民足不出户,打开自家的电视,通过遥控器操作就能进行图书馆的书籍借还业务,可以阅读3000种期刊,可以在线观看图书馆的名家讲座,可以咨询各类图书借阅服务内容。同步开通的还有"手机图书馆",任何杭州市民手持手机就能进行杭州图书馆内书籍的借阅。实现用户在哪里,服务就在哪里。杭州数字图书馆将服务直达用户桌面,杭州用户不需要注册,就可通过"文澜在线"网站免费获取数字图书馆的各种资源;所有杭州图书馆的注册用户,不论是否在杭州地区,都可以通过杭州数字图书馆的手机平台使用数字图书馆的服务;所有杭州有线电视用户,都可二十四小时点击杭州数字图书馆的服务。这种通过多平台、多终端、开放性、无时空限制,整合社会资源,提供全时空的数字信息服务模式,打破了传统图书馆馆内服务的限制,充分发挥了数字图书馆超越时空限制的优势,实现了服务的免费、无限制和无障碍,彰显了信息公平,呈现了数字图书馆"泛在"的状态,即:"无处不在、触手可及",使杭州数字图书馆真正成为杭州市民生活的"第三文化空间"。①

第三节　三网融合下图书馆信息资源建设和服务的对策

一、三网融合下图书馆的资源建设

三网融合为资源收藏中心图书馆知识资源传播提供更广、更多平台的传播途径,用户信息索取的渠道进一步拓宽,用户索取信息量增加,索取信息载体丰富,信息单位之间的竞争理念进一步强化,谁能为用户提供所需的各类信息,谁就在这场三网融合的进程中赢得主动。赢得主动,各图书馆已有资源的

---

① 叶辉:《杭州图书馆的数字革命》,载《光明日报》,2011年2月11日,第005版。

数据库建设,必须要有目标和范围。各图书馆的数据库应该以用户需求为导向及结合各自的特点来建设。

1. 在三网融合下为用户提供服务,必须建立完善的馆藏书目数据库。有条件的图书馆还可以将自己有特色的馆藏资源数字化,开发基于自身特色的数据库,充分发挥自身的优势,逐步形成比较完备的数据库系统供读者使用。任何一个图书馆不可能拥有全部的信息资源,个体图书馆的存在与发展的理由在于自身特色文献的建设,只有与众不同的特色资源才能增加网络资源的有效供给,吸引读者的关注。另外,图书馆的特色建设能有效地避免个体图书馆信息资源的重复建设,实现科学合理配置文献资源,特色文献建设是三网融合下图书馆发展的需要。

当前,多数图书馆没有能力和条件把所有馆藏资源数字化,而图书馆作为信息网络的一个结点,要为读者提供服务、咨询、专题导航以及文献信息的远程传递等,就必须根据用户需要建立学科导航系统和资源指引库,为用户提供网上信息的链接服务和指引服务。

购买或租用国内外各种载体的数据库,把它作为一种新型信息媒体类型纳入信息资源的采访范围。

加强各图书馆、信息单位、电信运营商、有线电视运营商、互联网站运营商等的各种合作机制,发挥其拥有不同的技术和资源优势,建立起资源的共享或使用机制,来弥补个体图书馆资源的不足,为用户提供一条龙或一站式服务的途径。

2. 在三网融合下,用户信息需求的多媒体信息将占据信息资源的很大部分。多媒体技术为数字图书馆处理多媒体信息资源提供了新的思路。广泛应用于互联网多媒体新闻发布、在线直播、视频点播、远程教育、电子商务、远程医疗、网络电台等网络信息应用领域。而用户对多媒体资源的需求,就需要图书馆转换资源结构。依靠多媒体资源自身的优势,建立系列视频课堂,提供多媒体数据库服务,开发、加工声、光、电、图像、三维动画俱全的多媒体电子资源,来吸引更多的用户成为图书馆的读者。

3. 在三网融合下,读者参与信息资源建设,是今后图书馆以用户为中心建设数字图书馆的重要方法。因为,分散在读者手中的零散的个人信息资源非常丰富,让读者共建共享是当今图书馆信息资源建设的一个重要途径。在图书馆2.0时代,对于Web2.0技术的应用,使读者与图书馆之间的互动性增强。如,目前Web2.0技术的服务有维基(wiki)、RSS(新闻聚合)、标签(Tag)、Folksonomy(分众分类)、Blog(博客)等,图书馆lib2.0提倡所有人的参与,不仅是指图书馆员,还有所有的读者,吸收知识、观点、技术并进行广泛的交流,读者可以通过多种途径贡献自己的知识,参与到图书馆的资源建设中来,从而使图书馆的信息资源建设不再只是图书馆员的使命。实现学科馆员与广大读者的适时互动,来鼓励这些读者贡献他们的专业知识,以更方便地共享、存储、加工各种多媒体信息资源,不断增加图书馆的信息量。与此同时,图书馆必须与时俱进,对网络资源等非正式出版物、虚拟出版物进行收集、整合、储备。

二、三网融合下用户阅读及知识的传播方式发生变化

三网融合下,用户阅读方式主要通过电视、手机、计算机等媒体终端阅读,它不同于传统纸质文本阅读:

1. 网络信息资源在很大程度上是开放、共享的,读者可以自由检索,随意阅读,按需取材。

2. 网络环境具有一定的虚拟性,阅读者可以自由自在、无拘无束,可在一定程度上避免现实生活与课堂教学中阅读时可能带来的不适或尴尬。

3. 网络阅读不仅载体发生了变化,而且读物形势非常丰富,文字、图片、音像和色彩等超文本世界,给读者带来更多的感官刺激和更具吸引力的阅读体验,相比于传统图书馆,电子读物要鲜活、生动得多。

4. 网络阅读是一种超文本阅读方式,其对象是由一个个结点连接起来的信息集合,人与电视、手机、计算机可以进行交流,可以使阅读者思路开阔,增强其参与愿望,并激发读者的想象力、思维力和创造力。①

5. 多媒体的出现和三网融合的到来,为图书馆知识传播提供了多维、立体的现代传播方式,促使知识传播的过程顺利通畅,使知识传播的主体和客体之间呈现一个丰富多彩的世界。在这个世界中,知识需求者与传播者之间可以

---

① 李美琴:《网络信息技术发展对高校图书馆的影响与服务模式创新》,载《武汉科技学院学报》,2010年第6期,第47-49页。

充分展示不同的内心世界、不同的心理和不同社会群体的理想,让他们在实施显性知识传播的过程中,不断挖掘隐性知识,在潜意识层面进行价值设计,以创造出更多的物质文明和精神文明。①

图书馆必须为用户提供各类终端相应的资源及阅读环境,如电视、计算机等终端的阅读设备、丰富各类载体信息资源(电子图书、期刊、报纸、图片、音像及各类及时信息等)及处理用户阅读中的咨询、解答用户问题的知识资源储备。

三、三网融合下图书馆资源建设与服务对策

数字图书馆开展的 WEB 服务中的"个人数字图书馆"功能,具有个性化数字门户(频道定制)、个人藏书架、RSS 订阅、个人音乐、视频服务、个人好友、兴趣小组服务、书目、推荐阅读服务及虚拟参考服务中的 E – mail、即时通讯、语音视频、推送等各种服务方式。在三网融合下,用户如何根据自己的需求,随时随地通过各类终端(手机、电视、计算机)的查询、短信、推送、定制、音、视频服务及微博等功能来获取自己感兴趣的信息或服务,图书馆如何让这些业务及更多创新服务在各终端上完成,单纯的互联网服务向三网融合的方向发展,一些不起眼的时间段和休闲段,成为数字图书馆业务量新的增长点,使广大用户享受到图书馆随时随地无处不在的服务,图书馆面临服务个性化的巨大挑战。

1. 加强数字图书馆门户网站的建设

三网融合下,为使电视图书馆、手机图书馆的用户方便有效搜集、发现和选择利用各种信息资源,数字图书馆应进一步优化自己的门户网站,门户网站的好坏将直接关系到数字图书馆的亲和力,影响它们的使用效果和频率。图书馆需要对信息资源进行深度加工,建立标准化的数据库,提供权威可靠的学科信息导航服务;提供统一的检索平台及交互式智能化数字参考咨询服务体制,创建丰富实用独具特色的网页。同时,要考率到电视大屏幕、手机小屏幕的特点。如简约的网站名与构图、明晰的结构、合理的分类,乃至适中的字体

---

① 孙玉英、刘艳惠:《论图书馆知识传播与知识创新》,载《情报资料工作》,2007 年第 2 期,第 84 – 85 页。

等,既适合电视图书馆,也要适合手机图书馆服务的网站。

2. 强化服务方式与服务内容

三网融合后,图书馆需要转变服务方式与服务内容,提高信息服务的层次和水平。要实现适时订购、查重、查错、清点图书,实现资源共建互动,开展移动博客服务;建立移动信息查询平台,开展信息推送及信息导航服务;开展信息定制服务、移动定位服务、读者实时互动平台,实现适时音、视频咨询服务和虚拟付费服务。即要考虑到各类信息资源能同时在各类媒体、终端上的获取,也要考虑到各种终端用户的使用特点,针对用户需求提供相应的服务形式,如手机用户,不受时间、空间的限制,有信号网络覆盖的地方,就可以连接在网上。要重点提供简短、即时的实用信息,PC 终端用户重点提供详细的解决问题的方案,电视用户重点提供多媒体信息资源。同时,图书馆应结合用户的特点,发展潜在用户,挖掘用户的潜在需求,主动提供信息推送服务。①

3. 加强三网融合下远程的服务与协助

三网融合下,远程求医、远程求知、远程贸易、远程签约、远程教学等将会有突飞猛进的发展。因此,图书馆提供远程信息服务与协助应运而生。远程化服务与协助是一种新的服务方式,它可使用户和馆员的交流更加生动、准确,从空间上缩短用户和馆员的距离,即使相隔很远,可以通过声音和画面准确表达使用者的意图,如果语言交流不通,可以通过图像来消除沟通的障碍,改写了图书馆传统流通方式(文献－馆员－读者),进而发展为各类载体信息资源通过网络到读者的传输方式,它能提供最直接和最直观的面对面影像传输和协助及影视和全文信息浏览、数据库下载、信息传递和咨询,它是一种集咨询、检索、文献信息资源提供等功能于一体的现代化的服务,是图书馆服务方式的未来发展方向。

4. 强化三网融合下图书馆云计算技术的应用

云计算属于分布式计算行为,是通过网络在互联网上提供一种动态可扩展的虚拟资源(硬件、平台、软件)的服务,是虚拟化技术和自主的管理运算,存储等形成高效资源池。通过公共通信网络整合 IT 资源、整合业务,向用户提供

---

① 周婉萍:《三网融合背景下图书馆的应对策略》,载《图书馆学研究》,2010 年第 9 期,第 36－38 页。

新型的业务产品和新的交付模式,是一种新的计算方法和商业模式,能够充分利用闲置的资源,通过共享的方式解决服务,按需分配,达到快速配制资源的目的。图书馆要在三网融合下做好服务,必须在三方面做做好工作:一是资源建设,二是平台建设,三是提供资源服务建设。三网融合提供了更广泛和多形式的服务平台。图书馆利用云计算就可以实现资源和业务分离,可以系统统一管理和统一全网数据服务。通过 Iaas、Pass、Saas 在图书馆建设服务中的应用,资源可以做到合理配置、按需使用,提高资源、设备的使用效率。同时,图书馆可以通过加入公共云服务平台和建立私有云(图书馆自己的云服务平台),为读者提供包括计算资源、存储资源、网络资源、信息服务在内的几乎所有资源的无缝整合和有效利用,将在三网融合过程中起到重要作用。因而,在三网融合下图书馆云计算技术的应用将进一步加强。

5. 进一步提高图书馆员的专业技能

随着三网融合技术发展及在图书馆领域的引进与应用,对数字图书馆信息人员的服务,提出了更高的要求。馆员的服务应更加个性化、多样化,服务更具针对性,提供一对一的即时参考咨询服务,指导性的服务将会越来越多。这就需要我们图书馆员必须努力学习、掌握新技术,提高自身业务素质,来不断提升图书馆服务的深度和广度。

第七章

网络环境中高校图书馆及其读者的变化

第一节　高校图书馆信息网络化的发展与思考

高校图书馆不仅仅是学校资料信息中心,也是为教学和科研服务的教育学术性机构。现代科学技术给人类带来生产生活巨大的变化的同时,给在信息服务方面也带来巨大变化,将先进的信息技术结合运用于图书馆的管理和服务之中,是我们必须面对的工作新方向。

一、现代图书馆概况

现代图书馆以电子计算机运用为主要标志,其类型、功能、文献载体和服务方式都日趋多样化,管理、操作系统越来越系统、电子、科学化,它承担着对海量文献进行系统搜集、有序储存、科学管理、开发利用等使命,其载体不再局限纸质书刊等方式,音像视频、电子书刊所占比重越来越多。图书馆性质和职能出现了大的变革,其直接动因是现代科学技术在图书馆的广泛应用。

电子计算机、现代通讯技术应用于图书馆,改变了储存知识的形式和获取知识的手段,为图书馆的电子化、自动化提供了物质和技术条件;光学记录技术、声像技术在图书馆的广泛应用,造就了图书馆载体和服务方式的变革。

图书馆不仅为读者提供以卷、册为单位的原始文献资料,而且对其所收藏的知识材料进行电子深加工,以满足用户便捷、快速需要,实现图书馆工作情报化。

二、信息网络化对高校图书馆的推动作用

网络功能强大,可深入到当代人学习、生活、工作的各个方面,为人们提供高效实时的服务。在网络环境下,获取信息不再受时间和空间的限制,读者可以通过计算机网络在家中、办公室以及其他地方自由使用图书馆资源,做到足不出户便可享受图书馆提供的信息服务。

信息需求是激励人们积极开展信息活动的源泉和动力,它对人们的信息活动有着重大的推动作用。

1. 高校图书馆现代意识凸显

信息的网络化,使高校图书馆的资源由传统的馆藏扩展到网络的信息空间中,极大地开拓和丰富了信息资源的种类,信息资源结构发生了极大的变化,图书馆的馆藏结构由单一的实体文献馆藏转变为实体、虚拟文献并存的馆藏,同时也改变了图书馆传统的建设模式。高校图书馆服务不再局限于到图书馆查阅文献信息资料,图书馆馆员也可利用电子邮件迅速、便捷、经济地为师生读者服务,提高了服务效率。

抛弃小而全分散封闭自我发展的传统藏书模式,用开放联合整体发展的新理念指导馆藏信息资源建设。面临信息时代的挑战,改变重藏轻用,向电子信息资源建设与开发转变,以保障多方位信息需求为出发点,整体上研究所用信息的采集加工、组织存贮、链接传送和开发利用,以保证信息资源建设的顺利进行。

2. 高校图书馆管理结构革新

信息数字化、网络化的发展从根本上推动了图书馆的发展进程,计算机日渐成为图书馆的主要硬件设备,图书馆采用各种自动化集成系统,完善内部网络工作环境,呈现出网络化、信息化、智能化和社会化的特点。图书馆开展自动化管理,实施网上预约催还书、推荐新书等业务,解决紧俏文献供需间的矛盾和逾期罚款的问题,使流通工作更具人性化。

现代高校图书馆的信息资源,从某种意义就是庞大的数据库资源。文献资源的质量和规模是数据库的质量和规模,将馆藏的纸质型文献及其他各类

载体文献数字化,组织成数据库载入网络,提高馆藏文献的便利性和共享性,读者享用信息资源的工作统计变得非常便捷,与传统手工操作相比,效率高出数倍,更好地完善了图书馆的管理工作。

3. 高校图书馆不断更新的网络信息服务

随着图书馆联盟和数字图书馆的发展,信息服务须以用户需求为中心,在网络环境下进一步提高服务质量。高校图书馆一方面要通过收藏保存信息资源来满足用户对信息的需求,另一方面还要充分利用各类图书馆及多方信息渠道提供者的信息资源来满足用户的信息需求,丰富和完善本馆资源体系,更好地满足师生的信息需求。此外,充分开发馆藏资源全方位实现文献资源网上服务,对图书馆的特色文献资源进行深层次电子加工和开发,以用户需求为中心,主动开展个性化、人性化的服务,以满足不同用户的信息需求。

4. 馆员素质有提高

图书馆的信息资源建设,在不断地引进新技术新方法的过程中,不仅要重视硬件设施的配置,更重要的是加强现代化人才的培养。图书馆员的文化知识结构、管理能力达不到网络环境要求,就容易造成网络运转不畅、设备闲置、资源浪费等不良现象。因此,图书馆专业工作者的知识内容、职业技能需要不断更新和强化,对信息资源进行科学分类组织、加工整理,以及对信息进行深层次的研究和开发,对读者在使用过程中遇到的相关问题予以及时解决。

三、信息网络化给高校图书馆发展带来挑战

网络环境下,高校图书馆工作从内容到形式发生了深刻的变化,许多业务工作都需运用计算机和网络来完成。读者不再局限于持证到馆,更多的读者则为网上用户。图书馆不但需要为用户提供印刷型文献,还需更多地提供数字化信息;不但要向用户提供本馆的实有文献,还需挖掘搜集提供用户所需的网上资源。图书馆工作重心从馆藏的程序开发,转至网上联合分编系统的建立及运用。作为技术含量相对较高的图书馆业务工作人员,将从重复劳动中走出,更多面向广大读者提供专业化与个性化的信息服务。

1. 传统高校图书馆职能面临冲击

网络信息技术,是现代通讯技术和电子计算机相结合而构建,是宽带高速综合广域型数字式电信网络,并随网络技术的发展而迅猛发展。信息机构以网络为传输手段,以数字化信息资源为基础,为用户提供适宜个性化和全程式的信息服务创造了优异条件。图书馆的传统服务方式受到前所未有的冲击和挑战。一方面,信息网络的极速发展,加快了信息的传递速度,极大地促进了国内外学术活动的交流与发展;另一方面,全球经济一体化的态势,又进一步扩大了国际信息交流,信息网络的建设与发展随着信息全球化而快速发展。在网络波涛汹涌的冲击下,各种信息传播和服务机构纷纷涌现,传统高校图书馆的职能和作用受到冲击,变革发展之压力日显。

2. 用户信息需求具有复杂性

人类物质和精神的需求都离不开对信息的需求,随着社会的进步与发展,人类将越来越多地依赖于对信息的需求与满足。可以说人们无限的信息需求涉及社会各个角落,大学教师、学生各有不同专业领域,学习活动是多样性的。因此,用户信息需求的复杂性是其基本特点。或是工作需要,或是学习研究需要,面对网络化所带来新而全的信息资源,用户产生的是渴望式需要。

3. 快速发展的信息网络化日显高效率

随着现代化信息技术的不断进步,读者使用信息的方式与手段发生了改变。社会政治经济文化的多元化发展,使人们总体需要不断增大,需求层次向更高阶梯发展。信息网络化以动态迅捷的形式发展着,信息网络容量大、传播速度快,为人们提供了高效海量的信息资源。教师、学生工作学习的效率越来越高,生活节奏也逐步加快,对信息的需求体现出高效率的特点。通过利用新技术整合信息并开展信息交流环节,查阅资料更快捷更方便,激发了读者对信息的高效化要求。

四、对信息网络化图书馆发展的思考

当今时代,高校图书馆必须适应时代的发展和需求,创新服务方式,提高服务质量,加快网络信息资源建设的步伐,更好地为师生提供高效能的信息服务。

值得高校图书馆在信息管理、开发服务等方面去思考的几个问题:

1. 自身包容性创新发展

图书馆作为知识与文化的重要物质载体,要将创新置于极其重要的地位。

通过构筑包容性创新系统和创新能力,为学校提供有效的传送知识服务,使得全校师生在教学科研、精神文化方面不断有新的提升,这就是创新的传导机制在图书馆包容性发展中的体现。

对于图书馆信息资源建设,建立和完善多功能数据库是图书馆实现计算机网络化的关键,使资源建设的物质基础不断开发和应用。应进一步开发各种专题数据库,发挥学校图书馆特色资源优势,充分提高信息资源利用率。

创新与知识文化的结合,即是由传统简单被动借阅模式转变为横纵交叉的、彼此关联合作的系统模式。因此,必须建立起图书馆自身的信息网络,合理配置文献资源,实施网上协作采访、集中编目以及馆际互借等等。

2. 绩效管理,业务重组

网络环境下的图书馆工作须以提高综合效益为主要目标。对图书馆的评估重点应从办馆条件、基础业务工作向深化读者服务、开发信息资源、创新学术研究等方面转移,建立健全适合效能图书馆特点的综合绩效评估体系。

传统图书馆的运行机制是面向内部管理,是为物化文献的采集、加工整理与流通而服务,侧重于物质流的管理。纯信息技术支撑下的图书馆管理模式,注重对信息流(相对于物化文献而言的数字化文献)的开发与传播。网络环境下的图书馆应将实有文献与虚拟资源有机整合,真正实现运行机制的改革。

3. 信息网络化服务与专业知识技能并进

图书馆工作既是一项业务性工作,又是一项技术服务性工作。专职人员要有扎实的业务功底和新时代的服务意识、技术能力,须炼就过硬的业务技能。要善于提出新办法、新思路,勇于打破传统的条条框框和陈旧模式。对信息资源进行科学分类、合理组织、专业加工以及对信息进行深层次的研究和开发。掌握各类图书、各载体图书文献的传播方法,努力使自己掌握科学先进的工作技能,成为一专多能的图书馆工作人员。

信息技术的发展,将不可避免地对原有图书馆服务思想和模式带来冲击,只有传统方式与现代信息技术科学结合,人和机器相协调,才能为读者提供更加优质的服务,为提高科研、教学水平构建先进实用平台。网络信息技术正在快速推动图书馆的发展,呈现出信息网络化的新特点,以纵横交叉的互动式来实现信息知识的交流和共享,把互联网络信息资源深入化、效能化,使分散的资源集中起来,让广大读者得以共享图书馆自动化信息管理系统。信息技术的使用促进和完善了图书馆的管理工作,高校图书馆信息网络化发展势在必行。

第二节　高校图书馆知识智能化服务的建立

随着信息技术的发展与普及,用户通过网络实现资源共享外,还希望在有关智能数据库指引下,将大量有关信息加以集中系统组织,进行内含知识的二次开发或知识重组,从中提炼出利于形成创新思路的知识基因,并及时提供使用效果反馈,同时希望图书馆营造一个优质高效的组织环境和高雅宽松的网络环境,以利于知识创新和计算机网络发挥效益。用户需求在服务的环境和工具方面的变化使图书馆适应数字化、网络化发展趋势,一方面要加快局域网馆藏书目数据库建设和广域网信息网络建设,另一方面要加强网络环境下信息资源建设和提高在线信息组织和服务水平,尤其要加强网络中处于核心技术地位、具有导航智能作用的指引库的研究开发。我们只能利用先进的设备、技术作为开发工具,把图书馆的现实馆藏和网上的虚拟馆藏有机的结合起来,通过知识资源的整合、数据加工、转换,开发具有高校特色的知识仓库的建立,并通过图书馆的网站作为读者获取相关知识资源的窗口,通过搜索引擎的开发,可方便读者的获取相关的知识资源,从而建立高校图书馆的知识服务体系。

一、国内外数字图书馆发展概况

美国国会图书馆是美国最早进行数字图书馆尝试的图书馆之一,其"美国记忆"(American Memory)影响深远。"美国记忆"最早始于 1990—1995 年间实施的试验性计划。该计划的数字馆藏对象主要为美国的历史文献,包括历史照片、手稿、历史档案及其他文献等,通过广域网和有限电视网传给用户。由于该计划的成功,后来它就演变成为国会图书馆的国家数字图书馆计划。1994 年,由美国 NSF/DARPA/NASA 发起资助的包括 6 个项目(大规模文献库、空间影像库、地理图像库、声像资源库)的数字图书馆计划正式启动,为期4年,共投入2400万美元。而其他国家也发展迅速,如由法、日、美、加、德、意、俄的G8全球数字图书馆项目,其内含各国文化历史精华,2000年完成;法国国家图书馆数字化工程,数字资源已达3000GB以上,数据830万条;英国国家图书馆存储创新倡议,共20个项目,现大部分完成网上服务;日本国会图书馆关西工程,投资4亿美元,2002年完成,该项目将建成日本最大的数字文献及亚洲地区的数字化文献提供中心;新加坡在1994年指定"2000图书馆发展计划",其目的是要在华文因特网上占据数字化文献的一席之地。①

在国内,1998已经有300万页全文资料及500万条数目数据,在此基础上,1999年3月成立"国家图书馆数字化中心",年生产规模已达到5000万–6000万页全文影像数据。并在2001年9月中国数字图书馆工程建设联席会议上批准了中国数字图书馆工程建设一期规划(2000年–2005年)实施方案,这标志着中国数字图书馆建设进入了可操作阶段。未来的中国数字图书馆将面向社会公众提供全方位的知识服务,任何人都可以享受到世界上最大的中文知识与信息库的服务。

二、高校数字化图书馆发展状况

高校图书馆的数字化建设已经起步,完成了图书馆的书、刊中央馆藏数据库,并引入了大量的光盘数据库、网络数据库,通过镜像数据库为读者提供网络化的服务,而未建库的大量的特色纸质文献(元数据)博士论文、硕士论文、会议文献、教师论著等,这些文献没有被有效地开发和利用。开发和利用这些资源及对已有的各种载体数据库、自建数据库、网上下载虚拟资源的相关知识数据库进行有效的发掘、整合、数据加工、转换,开发具有高校特色的知识仓库的建立就是我馆的中心工作。

从国内外图书馆的发展来看,作为高校图书馆来说,只能依靠国家骨干网和已有的数字化成果的基础上来发展自己,用有限的资金在使用数字化成果的同时,结合高校的特点,利用先进的设备、技术作为开发工具,把图书馆的现

---

① 周晓兰:《论数字图书馆的建设》,载《湘潭师范学院学报(自然科学版)》,2003年第3期。

实馆藏和网上的虚拟馆藏有机地结合起来,通过知识资源的整合、数据加工、开发,形成高校特色的知识仓库,利用数字化加工设备、高速扫描仪把纸质特色文献加工为 PDF,TIF 文档,进行电子文档的分类、标引、打包。在通过开发图书馆网站管理系统,利用先进的 ASP 和 XML 技术的动态网页编写功能网页,提供特色资源的网上服务,并开发、建立 Unix 数据库和基于 Oracle8i 的多媒体数据库,进一步激活馆藏资源,实现图书馆网上视频、音频资料的查询和播放等,从而构建高校图书馆的知识服务体系,就是高校图书馆界的首要任务。研究它,对高校图书馆来说意义深远。

三、图书馆智能化建设主要内容

在网络环境下,知识资源数字化的全方位服务体系逐步建立。自建、开发、研究相结合,实现知识资源的网上服务。其主要内容有以下:

采用先进的 Browser/Server/Database 三层结构的信息管理系统,开发、建立 Unix 数据库和基于 Oracle8i 的多媒体数据库,进一步激活馆藏资源,实现图书馆网上视频、音频资料的查询和播放。

iBASE 数据库软件的开发、研究。

开发多媒体信息查询软件和图形界面的 Web 浏览器。

先进的 ASP 和 XML 技术动态网页编写功能网页,实现了数据库与网页的动态链接,保证了信息查询软件和图形界面的 Web 浏览器。

自建数据库网上提交建库、发布与检索引入数字加工设备与海量存储设备对相应载体的馆藏资源进行有效资源整合、数据加工、转换,开发和利用,从而激活特色馆藏知识资源。并通过浏览器,以填写表单方式远程提交论文的题录、文摘、全文等论文信息,提供论文信息的网上提交、修改、预览等功能,信息提交后直接入库,快速建立起各种论文库,论文全文格式可以 RTF、WORD、ADOBEPDF、HTML、XML 等格式。从而实现校内特色知识资源的共享。

图书馆网站管理系统网页的建立使图书馆对用户在网上管理成为现实,通过浏览器为用户提供所需的服务。

采购人员可在网上直接从书商处订购,使订购更加方便和快速。

可以从网上下载、联网成员馆下载及外购 MARC 数据,使编目数据质量提高。

研究网络化的检索服务,即提高检索速度,也使效率极大提高。

开发、研究并积极利用软件探索图书馆为读者的多元化服务,通过开发浏览器、电子邮件、通讯方式及打印方式,为读者提供服务。

建立网上读者推荐书目信息库,读者可直接委托采购人员从网上推荐所需图书,并根据不同的读者级别进行采购。

提供我的图书馆个性化服务(内容包括:我的账户、密码修改、书目查询、网上续借、预阅、我的推荐、我感兴趣的图书、发表书评等等),使网络服务更加个性化。

开发建立了读者需求数据库,通过图书馆局域网和因特网实现了网上远程服务,读者通过图书馆局域网与因特网的连通,在网上查询图书馆的馆藏资源和所需的信息,通过电子借阅索书单或电子邮件发向图书馆读者需求库或读者服务信箱,图书馆工作人员根据读者需求的信息主动送书上门服务或通过通讯、网络进行远程服务。

四、智能化建设的方法和途径

1. 实施图书馆自动化集成系统

以全国图书馆界使用最广、最多(达 1800 多家)图书馆自动化集成系统,作为图书馆对用户实现自动化、网络化、数字化、智能化的服务的基础,研究、建设、开发和应用图书馆的书目知识资源的数据库库建设,实现采购人员从网上下载订购数据或可接受磁盘、光盘的 MARC 数据;通过 Z39.50 协议和 CLASE 和中国科学院期刊数据库的联机编目,实行一卡制,走遍图书馆;进行电子阅览室、特殊阅览室、特殊借阅服务;进行期刊、期刊目次等的管理;网上的读者查询、续借、馆际互借等功能成为现实;根据馆藏特点,建立专题数据库,进行定题服务及管理,同时系统可进行客户管理、课题管理、信息管理等功能;能充分体现高校分馆、院、系、部等多级采、编、流、刊的多级管理和运行体制;开发集图片视频声频资料处理为一体,能播放 CD、VCD 等声频、视频资料等功能;从而进一步提高服务功能、服务水平、服务质量、管理方面上新台阶,也会使图书馆管理人员在掌握软件的过程中,实现馆员们的在岗学习,业务方面会更上一层楼。

在硬件建设上引入双机容错磁盘阵列技术,保证数据时时备份永不停机,从而实现图书馆24小时的网络化服务,在网络建设上实现千兆光缆到馆,百兆到桌面的分散式网络管理,通过 TCP/IP 协议,实现图书馆局域网(基于 UNIX 系统)、网络信息检索平台(基于 Wondows NT 技术)、图书馆广域网(基于 UNIX 系统和 Wondows NT 的所有客户端的上 Internet 上网微机)有效连接,既可相互独立,又可相联系,从而使图书馆的设备发挥最大作用。

在此基础上,引入海量存储设备和数字信息加工设备,对特色馆藏知识资源进行有效的数据化的加工、制作并上网,利用 iBASE 数据库软件,为用户提供特色馆藏服务,并研究对引入的各种载体的数据库(我馆以引进26个光盘网络数据库和在3家数据库公司的在线数据库)、网络数据库、联网数据库、网上下载数据库等,进行有效的组合和开发,开展各种学科、专业、课题、学术带头人等形式知识仓库的建设,形成馆藏特色,为读者进行网络化的服务。

2. 实现图书馆现实馆藏和虚拟馆藏的服务

利用计算机技术、多媒体(声频、音频)、网页制作、数据库、数据库接口、数字化信息建设标准等技术,研究、开发、制作图书馆网站管理系统和网页制作系统,实现网上图书馆的现实馆藏和虚拟馆藏的服务,并有针对性地建立图书馆特色知识仓库现实知识馆藏和虚拟知识馆藏的搜索引擎。

3. 建立图书馆自动化管理平台

如海量存储平台,电子资源平台,信息资源加工平台,信息传递平台。使图书馆的用户充分享受网络带来的快速、全面、便捷的数字化信息服务。

4. 对读者建立全方位知识服务体系

通过管理和各种技术的实施,研究、开发、探索图书馆在数字化、智能化条件下,对读者全方位知识服务体系的建立,从而形成一种适合高校特点的图书馆的知识服务体系。

5. 执行数据库标准

数据库不仅支持国际标准(ISO－2709,MARC,CCF,USMARC)和国内标准(CNMARC、CCFC)格式,而且支持最新的 SGML 和 XML 格式,具有可扩展性,可以与其他元数据单元(项目)连接使用,不仅适合中文全文检索系统平台的应用,同时也符合国际数字图书馆标准化的发展趋势,便于与国际交流与接轨,这对于图书馆数据库标准化以及数据的交换与共享,有着极其重要的作用。

总之,高校图书馆数字化、智能化建设与知识服务体系的创建,将为中小型图书馆在数字化、智能化建设方面提供可借鉴的方法,为图书馆在网络化服务方面探索一种方式,图书馆网站管理系统的开发和搜索引擎的开发及相关专业、相关课题、相关专题等知识现实馆藏和虚拟馆藏的建立,以及全文数字化加工设备、海量存储设备的探索应用,将为高校图书馆在这些方面应用起到示范作用,同时,在图书馆管理、通讯、环境建设、安全、防火、防盗等各方面的自动化建设,将为智能化图书馆建设探索一种可借鉴途径和方法。从而在图书馆全方位建设、全方位服务方面做出应有的贡献。

图书馆建设最终目的是服务,而通过高校图书馆数字化、智能化的建设与知识服务体系的创建,不仅为校内用户提供了全面、周到的知识服务,同时可为社会上用户提供服务,也为图书馆之间的馆际协作提供了实质性的内容,同时为用户又增添了一个信息源,激活了一方资源,丰富了图书馆的网上资源,使图书馆网上服务功能成为现实,因而社会效益显著。

第三节　高校图书馆服务方式的新发展

随着计算机技术、通信技术和网络技术的迅猛发展,信息高速公路的建设与利用为大规模的信息系统、图书馆系统的发展提供了环境和条件。图书馆的服务由传统手工服务向自动化、网络化、数字化的服务方式转变,在这种变化形式下,图书馆原有的服务方式已不能适应这种变化,因而,在现代网络环境下,如何做好读者服务工作,就是人们值得思考的一个问题。笔者就此问题提出来,与同行商讨。

一、网络环境中高校图书馆及其读者的变化

传统图书馆时代,图书馆的大量人员在做整体文献的整序排架工作以及

整体文献的借阅工作,少量人员做文献采集工作以及整体文献的借阅工作和专题、定题文献服务工作。现今高校图书馆,一般都处在自动化、网络化、数字化服务的不同阶段,有的已有数字化图书馆的雏形,服务从手工向网络化发展,校园网的建立并连入 CERNET 及加入 CALIS,使图书馆间文献分编数据的共享已不成问题,文献编目工作退居辅助性地位,分编人员大大减少。

现代技术的引进、网络技术的发展,使图书馆服务方式、服务手段遇到了不可回避的冲击与挑战:其一,图书馆由原有的"重藏轻用"向现在的"藏用并重"转变,其服务有封闭、有限度的性质。在现代信息技术条件下,图书馆以你能为社会提供和传播多少信息资源及如何把你的信息资源和其他的信息资源联系在一起,把你的信息资源用出去为前提,其服务是开放性、全球性。其二,由原有收集、储藏的主要功能,逐步向以收集、储藏及生产增值的多媒体信息资源的功能转变,收集的方式主要是从 INTERNET 上下载各类信息,贮藏主要是磁带、磁盘、光盘等,生产增值的多媒体主要是对收集、储藏的各类信息的再一次加工、处理,即:声、像、语言等的加工,图书馆的服务向网络化服务发展。其三,与传统图书馆相比,读者的阅读方式是随时、随地通过计算机终端进行查阅,它不受时间、空间的限制,为读者提供了一种同时集文字、声音、图形、图像、动画等诸多信息的多媒体交互式学习环境。读者通过操作来控制阅读,提高了阅读效率,图书馆的服务方式是在线式的服务方式。其四,变传统的等客户上门的被动服务为走出馆门、走向专业、走向社会的主动服务;尽力推出系列的特色服务:网络预约借书、电话预阅续借、书报刊代复印、定题跟踪、课题查新等服务。其五,图书馆为读者提供各种借阅和信息咨询等服务的方式将发生变化,原有图书馆内完成的服务,将变为馆内和 INTERNET 网上相结合服务方式完成,图书馆管理员的作用是在搞好馆藏资源的同时,更主要的是利用他们的能力来组织 INTERNET 上的信息,利用他们的经验来检索数据,评价有效信息,使网络空间对其他读者来说更便于使用。同时,图书馆管理人员将建立 INTERNET 上的许多主题指南、导航站点、智能化搜索引擎,便于读者使用。而读者在联通 INTERNET 下任何一台计算机下都可直接查阅 INTERNET 网和本馆的电子书刊资料,这将大大地减少读者到馆的服务及图书借阅工作量,同时读者对电子图书的使用也不存在独占、超期、破损等问题。借助信息高速公路,可实现图书资源的全球共享。从而使图书馆的服务向引导、咨询、研究型方向发展。对于以上一系列的变化和发展,我们应有充分的认识,只有认识到了变化和发展,才能应对变化和发展,从而搞好读者服务工作。

二、转变图书馆服务方式之对策

1. 加大现代化设备在图书馆的引入和应用

在现代技术条件下,图书馆人员的知识结构将发生重大变化,将由单一的图书馆、情报学向复合型的人才发展,他们将是有较高的外语知识、懂专业、熟练地计算机操作和网络基础知识及具备在网上有熟练检索信息技巧等知识的人来担任网络参考咨询服务。网络参考咨询服务是从传统参考咨询发展而来,它继承了传统参考咨询从图书文献资料中获取信息的服务方式,并于新兴的先进的信息存取技术相结合,创造一种新型的获取信息的服务方式。熟悉和掌握先进的网络知识和使用技巧是开展参考咨询的前提,也是对读者进行宣传教育的基本内容。因而,首先要引进人才,引入图书、情报、信息管理、外语、计算机等方面的高水平人才;其二,对引进人才和现有人员进行培训,使他们充当网络参考咨询人员,从而加强读者服务工作;其三,全面提高人员综合素质,树立读者至上、服务第一、急读者之急、想读者之想,树立全方位服务的思想;其四,图书馆中各种现代技术的充分使用,读者在这个过程中需要掌握使用和查询图书馆的各方面知识,因而,必须加强读者利用图书馆知识的培训,办各种怎样从图书馆获取信息、计算机知识、信息技术、网络技术、网上数据库检索技巧的培训班,使读者尽快学会使用图书馆和利用图书馆,这将有助于进一步发挥图书馆的教育职能。

总之,网络参考咨询人员还必须在实践中,探索和积累经验,寻找最便捷的获取信息的方式,捕捉最新和最有价值的信息,有了这样的信息专家就可以将传统的参考咨询服务项目如专题检索、科技成果查新、课题跟踪服务等在网上开展起来,并借助网络工具传给用户。从而在人才上对读者服务工作有保障,使服务向网络参考咨询服务方向发展。

2. 建立多项专题数据库

图书馆可在保障教学的同时,建立专题数据库。其一,根据学校的专业和科研方向有侧重地引入各种数据库并连网、建立各种数据库的在线服务和镜像服务;其二,引进文献信息资源加工、生产设备,开发信息资源;其三,可有效地组织开发网络信息资源还可以通过建立"镜像"专业、专题数据库来完成,就是咨询馆员将精选出来的有价值的网上信息系统合法地备份下来,去粗取精建立各个专题数据库,为本地区、校内专业、专题的读者提供信息精品,从而为他们节省上网时间和费用。

3. 积极主动"上门服务"

当前高校图书馆服务方式主要是"等客上门",而不是积极主动地"上门服务";服务方式封闭、被动,馆藏资源的利用率底下,因而必须改变封闭、僵化的管理体制,转变旧的服务方式和方法,为新的服务方式和方法,主动深入到专业和企业单位去了解读者(用户)需求,急读者(用户)所需、急读者(用户)所用,树立主动服务的新观念,培养和掌握善于从一般事物中捕捉信息的能力,提升服务水平。例如:随着教学方法的改革,教师将会更多地组织学生进行专题学术讨论。一所大学必须有丰富多彩的系列讲座和学术报告,每次精彩的报告、讲座必然汇聚一批读者,聚焦一个专题,指向一批相关资料,图书馆馆员应该敏锐地抓住这一点组织工作,如果想要有效果和优势,必须与讲座、报告的组织者密切合作。图书馆要有学术讨论室并且配备相关课题的文献供学生查阅。

4. 深入读者群调查、研究

高校图书馆馆员应深入读者群调查、研究、分析不同层次读者阅读心理需求,有针对性地做好不同层次读者对文献的需求特点,通过各种服务方式(网络化、电话等)为读者快速、优质、全面地搞好服务。如,其一,对专家、教授、学科带头人:他们想得到的是教学科研方面的高价值、高层次、高质量的资料信息,图书馆应根据他们的阅读心理收集、整理有深度、广度的国内外的最新学科动态和科研成果,为他们提供服务。其二,中年教师:他们对文献资料的需求具有明显的专业性和时效性的特点。所需的文献内容范围主要集中在专业或与专业相关的资料上。面不广,但要专深、系统、新颖,他们阅读心理表现出强烈的求新、求快的特点,应做好收藏和服务工作。其三,青年教师:他们对文献的需求量很大,内容范围也比较广泛,利用图书资料时间一般比较长,在整体教师队伍中,他们是图书馆最积极、最活跃的信息资料利用者。其四,学生是利用图书馆最多的读者群,是图书馆服务的主要对象。对专业文献的需求一般都是教师指定的或者与专业有关的教学参考书,品种比较单一。但随着年级的增长,他们所需的品种也越来越多,对文献的需求和阅读心理将发生变化,因而,图书馆工作人员因研究读者心理需求,做好文献的收集和服务工作。总之,要根据不同层次读者对文献的需求和专业特点,结合现代化网络设备,对不同读者做好服务工作。

5. 实行一卡(IP 卡)走遍图书馆

由于图书馆的经费不可能保证很高副本量供读者借阅,因此,在管理上图书馆应加强各种学科、专业阅览室的建设,既向藏、阅、借的一体化开放性布局的服务方式转变。同时,变传统的手工查阅卡片目录、手工填写借书证为电脑查询目录,采用激光条码技术、防盗监测技术,使读者查询、借阅快速完成,使用一卡(IP 卡)走遍图书馆,使读者感到方便、快捷。在环境布置上,力求简洁明快,充分体现现代文化氛围,使读者感到亲切。

总之,要以读者的不断需求为中心,树立读者至上、服务第一的思想,以读者为中心,以信息资源建设、开发为基础,藏、用并重为方针,以网络化、数字化发展为方向,以提高馆员业务素质为动力,向一切信息的需求者进行多层次、全方位的服务。只有这样,图书馆的服务方式才能由传统服务向自动化、网络化、数字化服务方式的转变,才能适应时代的变化。

第八章

高校大学生阅读现状分析及对策

在现代信息环境下,网络阅读以其新颖的形式而成为越来越重要的阅读方式,传统阅读的垄断地位已不复存在。调查表明近年来我国国民网上阅读率正在迅速增长,上网率从 1999 年的 3.7% 到 2005 年的 27.8%,7 年间增长了7.5 倍,每年平均增长率为 107%,传统阅读正面临极大的挑战。

第一节　社会阅读现状

社会阅读是指除在校学生外,全社会每一位有阅读能力的人员,读书、报、刊等出版物(含电子版)的一种阅读。社会阅读的形成不仅是终身教育的实践,而且是社会、经济、科技发展的基本要求,也是社会成员中个人素质提高的必然要求。为适应现代化建设的不断发展,建立学习型社会最简单、最有影响力的方式就是推广社会阅读。

一、我国社会阅读现状的具体表现

1. 阅读时间减少

据第四次"全国国民阅读调查"结果显示:我国 2005 年有 51.3% 的人连一本图书都没读过,这一比例首次超过半数。与前几次调查结果相比,个人读书时间形成了负增长。有些人想读书,时间不允许的情况客观存在,但更应予以重视的是阅读尚未成为中国人基本的生活方式之一。

2. 国民读书的功利性目的走强,消遣娱乐性目的呈上升态势

从我国读者的阅读目的来看,由于浮躁的社会风气、急功近利的学习心态,带有功利性目的的读者偏多,这就在很大的程度上扭曲了我们阅读习惯的养成。第四次阅读调查显示,2005 年 55.3% 的人都阅读过杂志,超出阅读图书的比例其中阅读文化娱乐和文学艺术类成为阅读率最高的前三类杂志。

3. 国人的图书馆意识不强,利用图书馆的能力低

在世界发达国家,从小就培养孩子的读书的习惯并学习利用图书馆获取信息和知识的能力。而目前我国图书馆事业虽然得到了长足的发展,但毕竟我国社会经济发展水平还没有达到应有的高度,图书馆普及率低、人们还没有认识到图书馆对他们的生产、生活的重要作用,更没有养成经常和长期利用图书馆的良好习惯。据抽样调查,一般社会公众利用图书馆或情报部门解决问题的比例仅占 5% ,这也从一个侧面印证了我国图书馆意识的淡薄。

二、传统阅读正面临挑战

古今中外,最优质的文明成果、最有创造性的思想都是靠书籍这种形式记录和传承下来的。如果不读书,这些东西不可能被接收,一个人不可能任何事情都直接去体验,必须接收间接的经验,通过书本等载体吸纳他人的成果,才有可能往前推进一步,文化上每一个进步都不是天上掉下来的。

根据最近这几年的调查数据,我国国民的阅读率持续走低,新华书店、民营书店的图书销售也在走下坡路,虽然每年的图书产量越来越多,每年至少在几十万种以上,但真正的有效阅读,变得越来越稀罕。这给我们传递出这样一个信息:我们的传统阅读已经出现危机。

互联网科技的发展使人们获取信息的方式和渠道变得前所未有的高效和便捷,传统的阅读习惯正面临电子化阅读的强力挑战。如今,面对日益增长的知识焦虑,人们更多地使用移动电子设备、利用碎片化的时间展开阅读。

我国国民阅读率低的原因是多方面的。

生活节奏紧张,没有时间阅读,据调查,每年连一本书都不读的、基本不读书者在回答原因时,选择"没时间"的占 43.7% ;同时我们这个社会进入了一个新的信息时代,人们可以通过电视、网络等方式获得比传统的阅读更多更快的

信息。自然地,信息渠道的多元化和娱乐方式的多样性是导致阅读率下降的一个主要因素。

我们承认我国的阅读量的确比发达国家少,这与我国的人们对阅读的理解和教育制度以及生活水平相对较低有关。首先,从教育制度来看,没有真正做到"培养学生爱好的和兴趣的"素质教育。其次,人们对传统的阅读的真正意义和好处没有了解。最后不得不说的是,我国的生产力水平比较低,图书馆馆藏量和阅读的方便等条件都不如发达国家。

第二节 高校大学生阅读现状

读书可丰富有限人生,读书可涵养民族气节,读书可铸就国家的文化根基。读书对于个人和国家的影响都是十分巨大的。

阅读是一种高度个性化的内在的智性活动。阅读不仅可以增长知识、智慧,还可以缓解或消除心理疾患,促进大学生身心健康发展。高校图书馆要以提高学生阅读能力为出发点,以培养学生素质为目的,利用新技术、新方法进行数字化阅读管理,更好地发挥自身的教育职能。[1]

一、大学生阅读需求发生变化

随着媒体技术的发展,阅读中传者与受者之间的关系有了很大变化,受众之间存在互动,阅读信息方式和信息出版渠道均趋于多样化,大学生的阅读需求和阅读方式也随之发生了变化。[2]

以兰州城市学院图书馆为例,2014 年 10 月,教育部对兰州城市学院本科教学工作进行合格评估,针对图书馆文献资源建设,教育部评估专家的反馈意见是,图书馆的基础设施和文化氛围很好,但存在两个问题,其中之一就是生

---

① 刘英梅:《全媒体时代大学生阅读环境分析》,载《图书馆建设》,2012 年第 3 期,第 77 – 80 页。

② 刘英梅:《全媒体时代大学生阅读环境分析》,载《图书馆建设》,2012 年第 3 期,第 77 – 80 页。

均图书借阅量及专业图书借阅均偏低,这也是国内高校的普遍现象。在之后一年多的时间里,该校馆通过提升管理和服务等措施,不断地引导广大学生多读书、读好书,取得了较好的成效。具体统计数据如表8-1、8-2所示。

统计全校大学生整体及分专业的借阅量,分析不同专业读者借阅书籍的方向爱好,协同各二级学院教师推出相关专业书目,引导广大学生阅读专业书籍,充实自身专业技术知识。

表彰"十佳读者",公布零借阅学生所属的院系人数,同时放宽学生的借阅册数,倡议更多大学生充分利用馆藏资源。

加大宣传力度,增强馆藏资源信息平台的多元化。开设了"兰州城院图书馆"微信平台,从而使图书资源信息更加快速、便捷传递于读者。

举办了读书月等系列活动。2015年起,将每年的4月和10月确定为读书月,举办了丰富多彩的读书活动。如第八届大学生读书节,优秀读书笔记评选与展示,书签设计比赛,"声随影动"配音大赛,教室文化创意展,"我为书狂"读书演讲比赛,"我是学霸"读书知识全能挑战赛,"书库寻宝大赢家"检索大赛等。

成立了读书班委会,旨在加强学风建设,以点带面,创建校园良好读书氛围。见图8-1、表8-1。

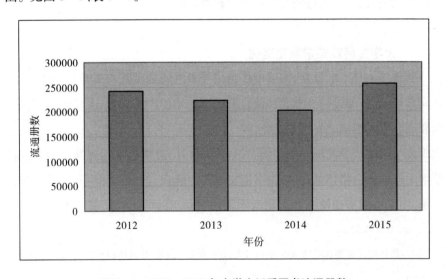

图8-1 2012—2015年大学生纸质图书流通册数

表 8 - 1　2014—2015 年大学生纸质图书借阅分类统计

分类号	分类名称	2014 年		2015 年	
		流通数量	百分比	流通数量	百分比
A	马列主义	683	0.68%	656	0.51%
B	哲　学	6208	6.16%	7771	6.05%
C	社科总论	2551	2.53%	3189	2.48%
D	政治法律	1436	1.42%	1751	1.36%
E	军　事	218	0.22%	297	0.23%
F	经　济	3648	3.62%	6169	4.80%
G	文科教体	4081	4.05%	5653	4.40%
H	语　言	8391	8.32%	10127	7.88%
I	文　学	44863	44.49%	58566	45.58%
J	艺　术	3601	3.57%	5005	3.90%
K	历史地理	12286	12.18%	14296	11.13%
N	自科总论	175	0.17%	180	0.14%
O	数理化	3730	3.70%	4125	3.21%
P	天文地球	258	0.26%	420	0.33%
Q	生物科学	167	0.17%	235	0.18%
R	医药卫生	524	0.52%	563	0.44%
S	农业科学	44	0.04%	77	0.06%
T	工业技术	6938	6.88%	8154	6.35%
U	交通运输	381	0.38%	344	0.27%
V	航空航天	9	0.01%	17	0.01%
X	环境劳保	141	0.14%	246	0.19%
Z	综合图书	483	0.48%	618	0.48%
合计		100816		128459	

　　由表 8 - 1 绘出大学生纸质图书学科分类借阅分布图,时间分别为 2014 年和 2015 年,见图 8 - 2、图 8 - 3。

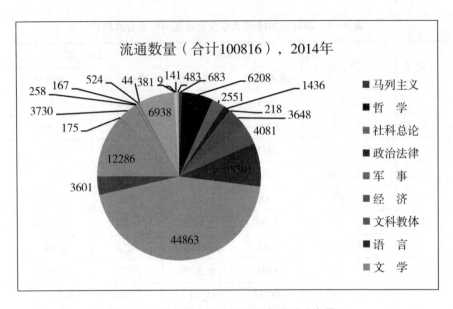

图 8-2　2014 年大学生纸质图书学科分类借阅

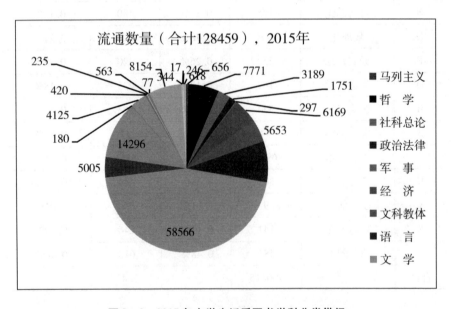

图 8-3　2015 年大学生纸质图书学科分类借阅

由图 8-1、表 8-1、图 8-2、图 8-3 我们看出,2012～2014 年,大学生图书借阅量逐年递减,至 2015 年有明显回升,并显现在经济、文科教体、艺术、天文地球等方面,说明大学生阅读领域有拓宽,这符合当代大学生蓬勃向上、博学多钻的积极健康态势。

二、大学生阅读存在的问题

近年来,高校图书馆积极响应联合国教科文组织向全世界发出的"走向阅读社会"的号召,大力开展大学生阅读推广活动,致力于阅读社会的构建,取得一定成效。但也发现,部分活动存在整体性、持久性不强,活动形式、内容单一雷同,阅读推广现状不容乐观。鉴于此,作者尝试通过对兰州城市学院大学生阅读现状进行调查研究,探索高校图书馆阅读推广工作的有效之路。

2016 年 3 月 8 日,调查在校本部和培黎校区同时进行,分别涉及文、理、工、管理、艺术学科,对 10 个学院 540 名二至三年级的大学生进行了阅读心理抽样问卷调查,调查结果见表 8 - 2、8 - 3、8 - 4、8 - 5、8 - 6,具体分析如下:

1. 关于阅读方式

表 8 - 2 喜欢的阅读方式

	纸质阅读	电脑阅读	手机阅读
大学生人数	346	15	179

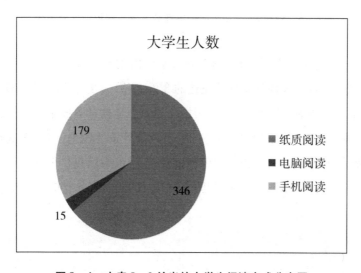

图 8 - 4 由表 8 - 2 绘出的大学生阅读方式分布图

2. 关于对数字资源的应用

表 8 - 3　图书馆数字资源检索或下载情况

	经常	偶尔	几乎不浏览图书馆网站	不知图书馆网站有免费论文、图书、学习视频
大学生人数	38	198	196	108

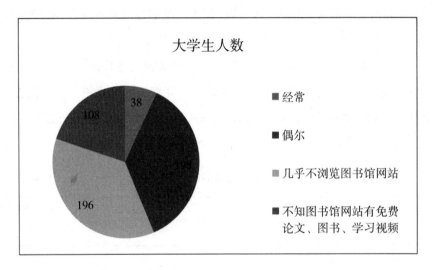

图 8 - 5　由表 8 - 3 绘出的图书馆数字资源应用情况分布图

从以上表图可以看出,纸质图书是大学生的主要阅读方式。在计算机技术、网络资源和数字媒体技术如此发达的今天,多数大学生仍然坚持阅读传统的纸本图书,原因有以下几点:①我国传统的中小学教育养成了学生阅读纸质图书的习惯;②许多大学生来自农村,由于经济等条件较差,利用先进技术设备进行阅读受到限制,缺乏相关知识和技能;③学校虽已提供较多较好资源设备,但从宣传、指导、培训等方面看,图书馆开展的阅读服务有待深入改进。

3. 关于阅读地点

表 8 - 4　阅读时喜欢选择的地方

	图书馆	教室	宿舍	书店	家	书摊
大学生人数	162	138	172	10	50	2

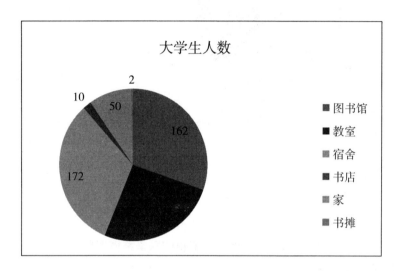

图 8 - 6　由表 8 - 4 绘出的阅读时喜欢的地方分布图

从表 8 - 4 以及由该表绘出的图 8 - 6 可以看出,近三分之一的大学生选择在宿舍阅读,这些大学生喜欢自己的小环境,随意休闲地阅读。而大学生中另外的 30.3%,则喜欢在图书馆阅读。因为高校图书馆有适合大学生阅读的丰富文献,有安静、优雅的阅读环境,有良好的阅读氛围,大学生容易进入阅读状态。虽然知识传播和获取渠道日益网络化、多样化,但是图书馆仍然是大学生学习的主要场所,为大学生所喜爱。

4. 关于前往图书馆的频率

表 8 - 5　一个学期去图书馆的次数

	3 - 5 次	10 次左右	20 次左右	40 次左右	60 次左右	80 次及以上
百分比	20.5%	18.8%	28.1%	9.8%	7.0%	15.8%

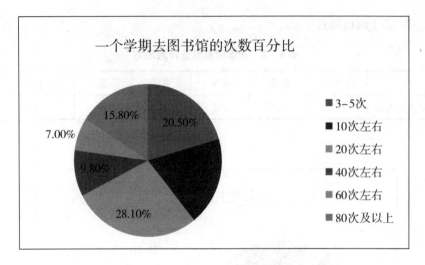

图 8 - 7　由表 8 - 5 绘出的一个学期去图书馆次数百分比分布图

如表 8 - 5 以及由该表绘出的图 8 - 7 所示,大学生前往图书馆频率较大的是:平均每星期 1 次,约占 28.1%;其次是:一个学期仅去 3 - 5 次,约占 20.5%,去 80 次及以上,约占 15.8%;平均每星期 2 次、3 次,则分别约占 9.8%、7.0%。总体看来,大学生前往图书馆的频率整体偏低。

5. 关于课外阅读

表 8 - 6　除教材外,其他图书阅读的情况

阅读频率 百分比	日阅读	经常性阅读	间断性阅读	零星阅读	几乎不阅读
百分比	3.5%	14.8%	58.1%	18.5%	5.1%

表 8 - 6 及由该表绘出的图 8 - 8 反映出,除教材外,近 60% 的大学生是间断性阅读,且日阅读趋近几乎不阅读,二者分别为 3.5%、5.1%,经常性阅读又趋近于零星阅读,二者分别为 14.8%、18.5%。大学生课外阅读的数量和连续性都不够理想。

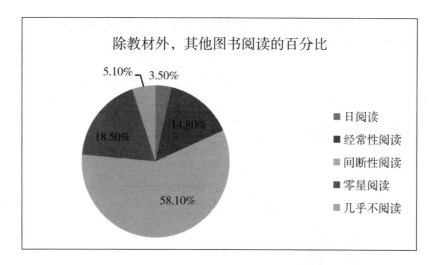

图 8 - 8　由表 8 - 6 绘出的除教材外其他图书阅读的情况

三、大学生经典阅读现状

马克思指出:"人们创造自己的历史,但是他们不是随心所欲地创造,并不是在他们自己选定的条件下创造,而是在自己直接碰到的既定、从过去继承下来的条件下创造"。①

经典阅读与当代生活相连接,具有现实意义。阅读经典著作的过程也是思考、理解、诠释经典与当代生活相联系的过程。②

2016 年 11 月,作者对兰州城市学院 960 名大一学生进行了调查,数据显示,近一半的学生表示如果有机会的话,十分愿意读经典图书;对培黎校区部分大二、大三、大四学生调查得知,大多读者表示在其阅读书目中,经典著作只占一小部分,另外有一定比例学生,尚未读过经典书目。针对教育部推荐大学生阅读经典书目 100 本、推荐大学生阅读中华文化相关书籍(31 本)、推荐大学生阅读外国文化相关书籍(24 本)的纸质图书借阅情况,2017 年 3 月,本人通过图书馆金盘图书管理系统软件进行了调查,结果见表 8 - 7、表 8 - 8、表 8 - 9。

---

① 马克思恩格斯全集(第 4 卷),人民出版社 1975 年版,第 109 页。
② 王荣:《当代大学生传统经典著作阅读现状探析》,载《思想政治教育研究》,2015 年第 2 期,第 95 页。

表8-7 "教育部推荐大学生必读书目100本"与校内热门排行100本

	教育部推荐必读书目	校内热门排行	图书
	借阅册数	借阅册数	总借阅册数
2012年-2016年	6731	14811	457727
占图书总借阅册数的百分比	1%	3%	

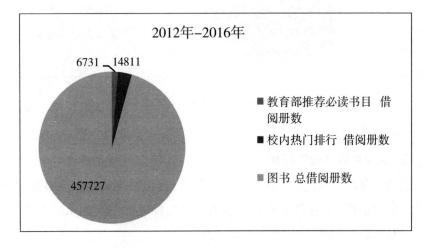

图8-9 由表8-7绘出的"教育部推荐大学生必读书目100本"
与校内热门排行100本近五年借阅情况比较

表8-8 教育部推荐大学生阅读中华文化相关书籍(31本)近五年借阅情况

书 名	2012年—2016年		2016年		备 注
	总借阅人次	年均借阅人次	借阅人次	与5年平均数之差	
1.《论语》	210	42	46	4	
2.《老子》	190	38	33	-5	
3.《庄子》	113	22.6	23	0.4	
4.《诗经》	130	26	25	-1	
5.《黄帝内经》	49	9.8	2	-7.8	
6.《孙子兵法》	209	41.8	44	2.2	

续表

书　名	2012 年—2016 年		2016 年		备　注
	总借阅人次	年均借阅人次	借阅人次	与 5 年平均数之差	
7.《十八家诗钞》					无馆藏
8.《宋十大名家词》	0	0	0	0	
9.《古文观止》	127	25.4	31	5.6	
10.《史记》	206	41.2	65	23.8	
11.《世说新语》	138	27.6	38	10.4	
12.《茶经》	11	2.2	3	0.8	
13.《中国通史》	491	98.2	72	−26.2	
14.《西厢记》	165	33	35	2	
15.《元曲三百首》	19	3.8	1	−2.8	
16.《三国演义》	354	70.8	33	−37.8	
17.《红楼梦》	345	69	39	−30	
18.《水浒传》	104	20.8	15	−5.8	
19.《幽梦影》	3	0.6	0	−0.6	
20.《菜根谭》	177	35.4	34	−1.4	
21.《园冶》	10	2	4	2	
22.《围城》	291	58.2	43	−15.2	
23.《吾国吾民》					无馆藏
24.《中国哲学史新编》	28	5.6	23	17.4	
25.《毛泽东早期文稿》					无馆藏
26.《志摩的诗》	34	6.8	5	−1.8	
27.《朦胧诗选》	36	7.2	8	0.8	
28.《中国美术名作欣赏》	0	0	0	0	
29.《在历史的表象背后》	2	0.4	0	−0.4	
30.《社会发展三形态》	2	0.4	0	−0.4	
31.《周国平文集》					无馆藏
合计	3444	688.8	622	−66.8	

表8-9 教育部推荐大学生阅读外国文化相关书籍(24本)近五年借阅情况

书　名	2012年—2016年		2016年		备　注
	总借阅人次	年均借阅人次	借阅人次	与5年平均数之差	
1.《圣经故事》佚名	181	36.2	19	-17.2	
2.《古希腊神话与传说》[德]斯威布	58	11.6	3	-8.6	
3.《莎士比亚选集》[英]莎士比亚					无馆藏
4.《新教伦理与资本主义精神》[德]马克斯.韦伯	19	3.8	5	1.2	
5.《论法的精神》[法]孟德斯鸠	42	8.4	3	-5.4	
6.《西方哲学史》[英]罗素	72	14.4	9	-5.4	
7.《精神分析引论》[奥地利]弗洛伊德	20	4	4	0	
8.《家庭、私有制和国家的起源》[德]恩格斯					无馆藏
9.《社会契约论》[法]卢梭	90	18	29	11	
10.《西方美术名作二十讲》[中国]傅雷					无馆藏
11.《丰子恺谈音乐》[中国]丰子恺					无馆藏
12.《红与黑》[法]司汤达	591	118.2	102	-16.2	
13.《简.爱》[英]夏洛蒂	77	15.4	6	-9.4	
14.《国富论》[英]亚当·斯密	565	113	162	49	
15.《经济学》[美]萨缪尔森	113	22.6	25	2.4	

续表

书　名	2012 年—2016 年		2016 年		备　注
	总借阅人次	年均借阅人次	借阅人次	与 5 年平均数之差	
16.《历史的地理枢纽》[英]哈·麦金德	3	0.6	0	-0.6	
17.《欧．亨利短篇小说选》[美]欧．亨利	7	1.4	0	-1.4	
18.《海权论》[美]马汉	0	0	0	0	
19.《科学的历程》[中国]吴国盛	22	4.4	0	-4.4	
20.《增长的极限》[美]丹尼斯．米都斯等	3	0.6	0	-0.6	
21.《物种起源》[英]达尔文	3	0.6	0	-0.6	
22.《大陆和海洋的形成》[德]魏格纳	0	0	0	0	
23.《第三思潮:马斯洛心理学》[美]马斯洛					无馆藏
24.《全球通史》[美]斯塔夫理阿诺斯	409	81.8	77	-4.8	
合计	2275	455	425	-30	

　　尽管多数大学生对经典著作是基本认同的,态度是较为积极的,但存在知行不一的状况。

　　由表 8 - 7、图 8 - 9、表 8 - 8、表 8 - 9 可以看出:在教育部推荐大学生阅读100 本经典书目中,借阅量明显偏低。近五年,经典书目借阅册数仅占图书总借阅册数的1%,而校内自行热门排行100 本图书借阅册数占图书总借阅册数的3%;教育部推荐的中华文化书籍的阅读量也较低,近五年累计借阅为3444人次,并且2016 年的借阅量竟然小于过去5 年的平均数(过去5 年的平均借阅量为688.8人次,而2016年的总量为622人次,减少66.8人次),《宋十大名家词》和《中国美术名作欣赏》甚至为零借阅;教育部推荐的外国文化相关书籍也面临类似问题,近五年累计借阅为2275人次,2016年的借阅量也小于过去5年的平均数(过去5年的平均借阅量为455人次,而2016年的总量为425人次,减少30人次),说明情况在逐年恶化,《海权论》和《大陆和海洋的形成》也为零借阅。阅读能力退化、无暇阅读及疏远名著,已成为一种突出现象,大学生对经典著作的实际阅读量不容乐观。

第三节　大学生阅读推广的思考与对策

从问卷调查数据我们看到,半数以上大学生还没有形成持续性阅读,大学生读书风气弱化,阅读状况令人担忧。与大学生交流座谈进一步了解到:在阅读习惯方面,少数为精读,大多为跨章节阅读,部分学生则是翻页浏览的浅阅读。我们必须进一步思考对策,鼓励学生借阅书籍、充分利用数字资源,引导学生热爱阅读、有效阅读。

一、关于大学生阅读问题的分析

1. 功利性、实用性阅读成为当代大学生的首选

现代生活节奏加快,在巨大的就业压力下,许多大学生进入大学后,为了适应社会对人才的高要求,一心把学习重点放在提升自身实用性技能上,一切向就业看齐。在这种心理驱使下,大学生阅读主要着眼相关各种证书和就业指导的书籍。另外,在高校课程设置中经典阅读没有足够的分量,专业课程较多,学生自由支配的时间偏少,难以从阅读经典中获得短期明显的功效。

2. 呈现出浅阅读的习惯和消遣娱乐的阅读心理

大学生课外阅读呈现为快餐化、通俗化方式,这些学生感性阅读甚于理性阅读,泛读甚于精读,倾向于休闲娱乐的表层浏览,不做深入思考而采取跳跃、碎片、浅思维式的阅读。部分同学看似夸夸其谈、无所不知,其实却缺乏深入的、系统的、一贯的思考。还有为泡沫性阅读:人家读什么,我读什么,自己不

经过选择,媒体上、社会上流行的就是好的,凡是流行的就一定要去看一看,不管这个东西有无文化含量,对自己是否有益,都可以不管。这些同学在很大程度上,阅读带有消遣色彩,更加注重娱乐体验,直接影响阅读其他书籍的乐趣,挤压了阅读经典书目的时间。

3. 对经典缺乏必要的敬重,原典的意蕴和艺术魅力遭遇消解

近年来,选择电子阅读、网络在线阅读、手机阅读、手持阅读器阅读,成为当前大学生主要的阅读方式。在享受网络带来的方便快捷、丰富多彩、开放共享等完美体验时,有些大学生因过于依赖网络而渐渐养成了搜索式、标题式、跳跃式等阅读习惯,理性思考淡化、缺失。有的大学生则热衷于从声像感官刺激中猎取趣味情节,陶醉于在流行音乐、漫画、悬疑、偶像剧、畅销书刊等包围中寻求精神慰藉,它降低了对阅读品位和质量的关注,偏离原典且深度阅读能力衰退。

4. 图书馆提供的经典书籍有待丰富和优化

大学图书馆的藏书量及其质量直接关系到在校大学生获取知识的便捷程度,尤其是经典文化类的书籍,提供优质达标图书,满足在校学生对经典文化的精神需要,显得更为重要。

二、大学生阅读推广对策

高校阅读推广,须对愿景、总体思路和主要目标等进行系统的分析、设计、执行、控制及反馈。阅读推广模式应该具有明晰的系统构架,主要应包括约束性模式、开放性模式、派生性模式三类①,见图 8 - 10。

---

① 张勇、荣翠琴、王玲:《试论高职院校图书馆的阅读推广模式——以成都航空职业技术学院图书馆为例》,载《大学图书馆学报》,2014 年第 2 期,第 64 - 67 页。

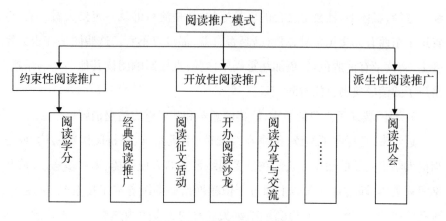

图 8 - 10   阅读推广模式构架

1. 实施阅读认证制度

(1)韩国江原大学毕业资格认证之读书认证的设立①

江原大学是位于韩国江原道省会春川市的一所国立综合性大学。在校本科生约 2 万人左右。该校从 2001 年开始对新入校的本科生实行毕业资格认证之读书认证制度。至此该校毕业资格认证从外语认证、计算机认证两个领域扩展为外语认证、计算机认证、读书认证三个领域。学生可以自主选择其中的两个,也就是说最少要通过两个以上的毕业资格认证考试才能毕业。学校对毕业资格认证考试三个领域都设立了各自的最低标准,即使修满学分,如果不能通过毕业资格认证考试中的两个也不能准予毕业。

将阅读提到与学习外语、计算机同等重要的高度并纳入毕业资格认证管理运营机制,由此可见,江原大学对大学生阅读教育的重视程度。而三个认证任选两个的政策既减轻了大学生的考试负担又起到了积极地"干预"和"影响"大学生的阅读兴趣和阅读行为的作用

(2)西南大学"读名著拿学分"政策②

为全面提升本科教育质量,推进本科教学内涵式发展,加强大学生文化素

---

① 王慧秋、陈明华、孙志梅:《大学生毕业资格读书认证制度及其运营——一种颇有创意的大学生阅读教育促进机制》,载《图书馆杂志》,2008 年第 11 期,第 43 - 45 页。

② 刘志忠:《西南大学"读名著拿学分"的政策分析》,载《教育与考试》,2013 年第 1 期,第 57 - 59 页。

质教育,将通识教育与专业教育、科学教育与人文教育相结合,促进学生全面发展,2012 年 9 月 29 日,西南大学颁布了《西南大学本科生阅读名著考核与管理办法(试行)》(西校[2012]364 号)(下称"读名著拿学分"政策)。该政策规定"读名著分为精读和泛读。精读要求学生在所推荐的 120 本书籍中,在本专业领域以外每个大类选 1 - 2 本(种),共计 10 本(种)书籍进行阅读。每读一本(种)书,要求撰写不少于 1500 字的读书笔记或小论文,或创作 1500 字以上的文学作品,并参加精读书籍结业考核。泛读指学生在校期间,读完至少 30本(种)所推荐本专业领域以外的书籍,读完每本(种)书时,需撰写不少于1500 字的读书笔记或小论文,或创作 1500 字以上的文学作品,经所在学院(部)及主管部门审核通过,可以申请领取学校制发的《西南大学名著阅读 A 级证书》"。

(3)浙江财经学院读百本书学分认证①

浙江财经学院从 2001 年起实行阅读学分制,规定完成读百本书活动获得与专业教学有同等效力的 3 个学分,具体阅读活动采用 100 分制管理,学生在四年中完成所选的 20 本精读书和 8 篇读书心得笔记,分值为 80 分,剩余 20 分可通过参加读书活动,发表文章,获竞赛奖等多种渠道获得。积分满 100 分的,获得 3 个规定学分,作为其毕业的必备条件,学习期满未取得该学分的学生不得毕业。

(4)成都航空职业技术学院图书馆学分制自主阅读选修课②

成都航空职业技术学院在阅读推广的系统构建中,特别设置了基于学分制的约束性阅读推广。该校引入"超市经营"模式设置了学分制自主阅读选修课。"超市型"自主阅读选修课程设计遵循"跨专业拓展、尊重学生兴趣、强调自主性"的原则,将阅读选修课程分为 A 类(马克思主义、列宁主义、毛泽东思想、邓小平理论)、B 类(哲学、宗教)、C 类(社会科学总论)、D 类(政治、法律)、F 类(经济)、J 类(艺术)、K 类(历史、地理)、N 类(自然科学总论)八个子课,

---

① 李莉:《大学阅读教育模式运行中的问题及其完善思路——以浙江财经学院读"百本书"学分认证为例》,载《图书馆理论与实践》,2012 年第 1 期,第 94 - 96 页。

② 张勇、荣翠琴、王玲:《试论高职院校图书馆的阅读推广模式——以成都航空职业技术学院图书馆为例》,载《大学图书馆学报》,2014 年第 2 期,第 64 - 67 页。

学生选课好似在超市选择商品,可以根据自己的专业背景、兴趣爱好选择某个子课,修完该子课,即可视为完成大学生自主阅读选修课程学分,该选修课为2学分。

自主阅读选修课程的主要运行模式强调学生约束下的自主,以课程学分约束阅读行为,但阅读过程自主,即不安排学生集中学习,具有较强的灵活性,学生可以自主安排学习时间。在课程运行过程中,安排指导教师负责现场辅导,辅导主要分为对学生学习本类课程的学习方法及要求进行指导,对学生在学习中的问题进行答疑,对学生撰写论文给予指导。

2. 拓展阅读空间,优化阅读设备

拓展学校空间,把图书馆打造成学习交流中心、知识交流中心和文化传承中心。高校应该努力创设良好的阅读经典氛围来吸引和引导学生阅读经典著作,增强其人文素养。比如可以举办一些大型校园读书计划,组建各类读书小组和读书会、读书征文、影评影展,激发学生对经典阅读的兴趣,促进学生对知识、智慧的思考与追求。拓展网络空间,全媒体时代的图书馆不仅要给大学生创造适宜阅读的物理空间,而且应该把阅读空间共享与现代科技相结合,读者在网络上交流信息,空间共享讨论、互动,让大学生感觉到学术活动的感染力与生命力。①

扩充现有的关系数据模型,增加对非格式化数据处理的能力。加强全媒体数据库的建设,提供更全面的数据与读者之间的交互。加强学科导航建设,节省大学生阅读时间。及时更新阅读设备,增加阅读设备的数量和品种是图书馆发展的长期艰巨的任务。②

3. 加强阅读服务管理

阅读服务就是协助大学生了解阅读素材的内容和阅读方法,如读者可以到图书馆现场借阅纸质图书;也可以利用24小时自助借阅机查阅并借还纸质图书;可以利用自助漂流机下载或传递拥有知识产权的图书和论文;可以到图

---

① 王荣:《当代大学生传统经典著作阅读现状探析》,载《思想教育研究》,2015年第2期,第95-97页。

② 刘英梅:《全媒体时代大学生阅读环境分析》,载《图书馆建设》,2012年第3期,第77-80页。

书馆利用手持阅读器一次获得数以百计的图书;也可以在同一物理空间阅读纸质图书、看电视新闻、听数字讲座、查数据库文献、在网上咨询专家、欣赏展览网页。阅读服务也随之细化,如用户咨询服务和推送服务可以分为个体推送服务、群体推送服务、正式服务和非正式服务,服务对象可以分为手机用户、手持阅读器用户、传统用户。① 另外,还应该进一步提高图书馆馆员的业务素养,高效指导、引导学生参与到阅读活动中来,真正成为校园阅读文化的工作者和建设者,努力为读者提供满足个性化需求的阅读指导服务。

读书育人是高校图书馆的责任和不懈追求。激发大学生阅读积极性,提升大学生阅读能力与素养,是高校图书馆核心服务之一,更应是其深化读者服务的方向。②

图书馆的功能也不是一个简单的服务与被服务的关系,它必须彰显其存在的社会意义与价值。③

高校图书馆必须转变服务理念,转变重藏轻用的思想,注重读者服务研发,使服务方式多样化、人性化、效益化,进而推动图书馆工作系统性可持续发展。

4. 认真做好阅读导读工作,提高读者的阅读质量

一些大学生到图书馆之所以觉得"没什么书好读"或者"不知道读什么好",很重要的一个原因是图书馆的导读工作没有做好。由于图书内容的复杂性,使图书馆员如何发挥正确的导读作用显得十分重要。因此,图书馆员必须使自己具备较高的政治思想素质,博览群书,不断提高自己的科学文化素质。在导读过程中采取富有诱导性、灵活性的方法,在了解和研究读者需要的基础上,利用主动、及时、有效、科学的导读方法,引导读者读好书。尤其网上导读这一方面,图书馆大有可为。随着计算机、多媒体、互联网技术的发展,网上阅读的时空界限大大扩展了。网络阅读指导也需要"推荐网站"和"专题网络"资

---

① 刘英梅:《全媒体时代大学生阅读环境分析》,载《图书馆建设》,2012 年第 3 期,第 77 - 80 页。

② 李宝琴、史惠媛:《基于大学生阅读现状与高校图书馆阅读推广工作的调查与思考》,载《黑龙江高教研究教授》,2014 年第 7 期,第 125 - 127 页。

③ 邓红一、李泓江:《论图书馆的文化性质与其新功能拓展的关系》,载《中华文化论坛》,2012 年第 6 期,第 130 - 132 页。

源导航,帮助读者选择经典书目优秀期刊,提高文化内涵,增强专业素养。

构建全民阅读、终身学习的学习型社会,不是一朝一夕的,而是一条漫长的道路。在这一过程中,高校图书馆的职能将随着社会需要而拓展,不仅是提供图书情报的机构,也是推动大学生阅读的中心场所。

三、高校经典著作阅读模式的构建

1. 注重经典著作课程与文化经典导读相结合

20 世纪初,哥伦比亚大学设立了"文学人文"和"当代文明"两门本科生必修课。"文学人文"是侧重欧洲文学名著的教育,"当代文明"是着重帮助学生构建哲学和社会理论基础,两门课都涉及很多西方传统经典。[①] 这种阅读经典的传统一直有效延续至今。

我们也可以借鉴国外的做法,在高校中安排经典著作课程,既给学生阅读经典著作提供支撑点,进一步引导和激发学生阅读经典的浓厚兴趣,又得以人文教育深化。此外,我们也要在其他人文课程中渗透对经典著作导读的内容,让学生多形式接触"原典",提升学生自主思维,升华其思想体验,真正实现重知又重行,既"授人以鱼"又"授人以渔"。[②]

2. 强化互联网平台,构建理想阅读生态

充分利用互联网,将经典阅读以数字化的网络导航、在线导读、网络培训、图书馆网站等为平台,以引导读者开发和利用网络、信息资源为目的,针对网络信息资源进行收集、组织、排序,使之形成一个网络导引系统,以读者的阅读需求提供导读服务,在读者与资源之间,在推荐与提供的过程中架起一座桥梁,将"人性化"和"网络化"服务的理念注入整个导读工作之中。[③]

3. 发挥移动图书馆效能,做好大学生经典阅读引导工作

利用移动图书馆提供"经典书推荐"、"信息推送"等功能模块,有计划地落

---

① 王荣:《当代大学生传统经典著作阅读现状探析》,载《思想政治教育研究》,2015 年第 2 期,第 98 页。

② 王荣:《当代大学生传统经典著作阅读现状探析》,载《思想政治教育研究》,2015 年第 2 期,第 98 页。

③ 戴晓芹、朱晓薇:《高校大学生经典阅读的现状及对策》,载《当代图书馆》,2015 年第 1 期,第 33 页。

实本校大学生必读书目。为大学生提供经典著作"全文阅读"、"精彩篇章"和"名家导读"等链接。高校移动图书馆应开辟相应的阅读交流讨论区,增强读者之间的交流与互动,大学生可随时发布自己的阅读感受,也可查看其他读者对本书的评价。

4. 提高经典书籍的数量与质量,充分显现经典的教育效益

图书馆的核心资源就是藏书,大学图书馆经典书籍的建设直接关系到该校学生人文素养的提高,同时也是影响该校综合实力的重要因素。图书馆要有计划、有针对性地实施和完成纸质及电子经典书籍数量与质量的采购,追求大而精的藏书目标,为更好培养学生传承文化、开创未来提供良好服务效益。

第九章

高校图书馆社会化智能化与大学生
信息素养教育

高校图书馆是知识的集合,是资源的共享,是将各类馆藏资源社会化的机构。高校图书馆社会化服务是时代发展的呼唤,也是自身增加服务难度,实现可持续发展的需要。高校图书馆社会化智能化有利于人类社会的共同进步、资源的更高效利用、知识的广泛传播,是时代赋予图书馆的重大职责。

第一节 高校图书馆的社会化服务

2002年教育部颁布的《普通高等学校图书馆规程》,明确指出高校图书馆是"学校信息化和社会信息化的重要基地","有条件的高等学校图书馆应尽可能向社会读者和社区读者开放。"从而在制度、政策上确立了高校图书馆社会化工作的可行性,必将推动高校图书馆的社会化工作,促进高校图书馆改变服务观念,走向社会寻求发展空间,为社会进步和经济发展服务,是高校图书馆适应社会发展需要的必然结果。

一、高校图书馆社会化服务的意义

近年来随着国家对教育投入加大,高校图书馆通过图书馆自动化基础管理平台,海量存储平台,电子资源平台,信息资源加工平台,信息传递(包括网络、网站、数字化参考咨询的建设)平台及管理、通讯、环境建设、安全、防火、防盗等方面自动化管理的建设,初步形成了以图书馆为中心的校内数字化文献信息资源中心,为今后高校图书馆知识创新服务体系的形成进行了有效的探索和实践。但随着改革的不断深入和市场经济在高校的渗透及为构建社会主义和谐社会提供智力支持,高校图书馆如何以自身优势,为学习型社会全面学习和终身学习提供知识资源服务,要求高校图书馆要在保证和优先满足教学、科研的需求的同时,不断深化改革,解放思想,树立竞争意识、创新意识,改变那种传统、封闭、内向型服务模式,把服务向社会延伸,向开发型、外向型发展。最大限度地为社会民众提供知识服务,已是高校图书馆寻求再发展唯一出路,也是和谐社会文化建设的需要,是社会民众享受高校改革成果的需要,也是社会对高校图书馆的呼唤和期待。

随着我国教育体制改革的深入,高校正面临体制转化,高校工资分配制度改革和人事制度改革的大力推进,这些都直接影响着高校图书馆的经营管理机制。市场经济运行机制对高校的渗透,自主办学、招生就业、成果转化等运行机制,对部分高校产生生存危机,图书馆自然也就不能置身其外。过去,后勤也是高校的重要部分,现在,后勤社会化、市场化已成为现实。居安思危,高校图书馆必须及时调整自己的办馆理念和运行机制。从社会发展的历史可以看出,任何一个机构的存在与发展都是与特定的社会需要紧密相连的,高校图书馆也不能例外。只有利用自身优势,在社会化信息服务中走出一条成功的道路,使之成为社会发展不可或缺的组成部分,在满足高校教学科研服务的同时,采取灵活、多样的经营管理模式。按照市场经济规律,为自己创造经济效益的同时也为社会创造财富,才能立足于社会,才能健康、持续的发展。从而,更好地发挥自己的服务功能。否则,将被社会所淘汰。①②

二、高校图书馆社会化服务是时代发展的需要

信息时代的到来,不仅对社会各行各业产生强大的推动力,而且也促进了

---

① 董宇昭:《社会信息化进程中高校图书馆的信息服务》,载《图书馆学刊》,2006 年第 4 期,第 42 - 43 页。

② 周华生,郑瑜等:《制约高校图书馆知识服务社会化的问题及对策》,载《现代情报》,2006 年第 5 期,第 35 - 37 页。

图书馆事业的发展。高校图书馆具有高学历的专业馆员队伍、设备先进、馆藏丰富、信息检索自动化程度高、电子信息网发达等优势,完全有条件有能力向社会开放。这样做既能发挥图书馆的社会效益,又可创造良好的经济效益,它是高校图书馆扩展其发展空间途径之一。

1. 高校图书馆社会化服务是公众日益增长文化需求的补充

社会化信息服务使高校图书馆能直接接触社会,了解社会需求,既提高了图书馆的知名度,同时也提高了图书馆的社会地位和影响力,它为馆员接触社会提供了机会,它使馆员的社交能力和公关能力得到锻炼,强化了馆员的信息服务意识,激发起馆员的成就感和责任感,增强馆员对图书馆事业的热爱。通过信息服务社会化,使馆藏资源得到深层次开发利用,实现学校与社会的资源共享;通过信息服务社会化,使高校图书馆信息工作直接参与社会信息传输和咨询,图书馆的信息服务工作更具有针对性和实效性。所以说,高校图书馆信息服务的社会化,是图书馆社会效益和经济效益的进一步发挥,是社会经济发展的需要,是增强自身发展能力的需要。

2. 高校图书馆社会化现状的分析

据《中国统计年鉴》资料统计,我国人口总量及其分布数据可以发现,我国信息资源的分布极不平衡,一是信息资源高度集中于大城市和东南沿海地区,广大的中西部地区及农村缺乏足够的信息资源积累,占我国人口70%的农村社区基本上生活在信息资源贫困线以下;二是信息资源高度集中在文化、科技、高等教育等系统,面向中小学生、城市普通居民和商人的信息资源相对不足。目前,我国高校图书馆配有先进的信息服务系统和设备,如汇文、ILAS系统等、多媒体阅览室、在线咨询技术平台等。但令人遗憾的是高校图书馆的综合资源优势并没有得到充分发挥。全国高校图书馆的文献利用率不足30%,图书使用率大约在0.3～0.5次之间,即年平均每8本书中才能有1本1年使用1次,而俄罗斯年均为1.4～3次,美国、英国、德国等国家的高校图书馆文献使用率则更高。影响文献利用率的因素是多方面的,主要原因是我国高校图书馆在长期为教学科研服务中,人们逐渐形成了这种观念:高校图书馆仅为本校的师生服务,这实际上是对图书馆职能定位的误解。所以说,过去到高校图书馆读书查资料只是本校师生的“专利”。但现已有例外,如信阳师范学院,信阳市民也可以与高校师生一样走进学校的图书馆尽情"充电",说明高校图书馆开展社会化服务的坚冰已经打破,但这只是刚刚开始。实际上在经济发达国家,大多数高校图书馆是对社会公众开放的。美国高校图书馆被读者称为大学里的公共图书馆,如俄亥俄州大学图书馆,学校没有围墙,任何人可自带书包进图书馆看书、复印。日本、德国等许多大学图书馆也全方位向市民开放,与公共图书馆并没有明显的界限,完全打破了高校图书馆与公共图书馆的壁垒。随着人们物质生活水平和文化素质的提高,积极健康的学习和生活是百姓的新追求。而到图书馆去查阅资料,了解信息又是健康生活的重要内容。高校的科学文化氛围、优美的环境和众多的资料吸引百姓进入高校图书馆学习。例如,德国法兰克福大学图书馆校内服务量占 60%,社会服务量占 40%。①②

3. 高校图书馆服务社会的途径与方式

图书馆服务的最高境界是"在任何时候,任何地方,向任何人提供他想得到的文献信息"。高校图书馆资源的丰富和资源利用率不足,与社区信息资源贫乏具有互补性。现在,我们必须明确的不是要不要面向社会提供服务的问题,而是如何根据已有条件,面向社会提供服务的问题。因为,高校图书馆有责任为社会服务。

(1)高校图书馆服务社会首先要明确目标和计划

高校图书馆社会化服务工作的开展,各校要根据自身实际情况进行,不应一哄而上,条件具备的可以先走一步,并要争取学校对此项工作的支持,其次要根据自己的特色和方向,选定有业务专长的人员组成相应的部门(信息服务中心、参考咨询部门),制定短期、中期、长远规划及发展目标,衔接该部门与其他部门业务之间的关系,落实服务内容和岗位职责,为开展社会化服务打好基础工作,在开始社会化服务时,可从具有的特色服务和优势方面进行,从自身熟悉业务开始,先易后难,以点带面做起,逐步稳妥地开展社会化服务。

---

① 张康康:《高校图书馆开展社区信息服务九步曲》,载《情报探索》,2007 年第 8 期,第 21 - 22 页。

② 王胜生:《高校图书馆社会化若干问题讨论》,载《图书馆》,2007 年第 5 期,第 81 - 83 页。

（2）以点带面服务于社会

高校图书馆社会化服务工作开始不宜求全、求快，要稳步推进，量力而行，将服务控制在本馆的承受力所允许的范围之内，要根据自己的特色和优势，选择1~2个项目作为试点，以点带面为社会读者服务。

（3）建立区域内图书馆联盟，共享资源，促进社会化服务

我国的图书馆体制是多元等级结构，按行政隶属关系可划分为公共图书馆系统、高校图书馆系统、科研图书馆系统、中小学图书馆系统等。图书馆往往在纵向领域较易形成联盟，如全国目前形成CALIS等之类的全国、地区性文献信息资源保障体系。但在横向方面，只有少数区域内，由当地政府或文化系统出面，形成一定区域的资源共建、共享局面。但多数区域往往缺乏统一领导，相互之间的协作多处在封闭毫无联系的状况，高校图书馆可先从这方面入手，选择交通方便，范围先不易过大（10~20公里之内）区域内，主动深入科研院所、企事业、中小学、社区、乡村等图书馆、资料室、文化站建立起资源共享网络系统，通过资源共享系统，建立文献信息的互传业务和多共享机制的服务体系，为区域内读者提供网络咨询服务。

（4）发挥资源优势，面向区域提供服务

高校图书馆可根据自己馆藏资源的特色，对区域内读者需求做深入研究，尤其要准确把握读者的兴趣爱好、年龄、职业、文化程度等，把馆藏特色和读者的需求联系起来（即娱乐、消遣，学习、教学、研究等），以此作为开展服务的出发点。面向区域内的机关、科研院所、厂矿企业、社区、乡村和对口部门、个人发放阅览借书证，并可酌情收取少量的管理费和手续费。利用网络不受时空限制、方便、快捷的特点，开展手工借阅和网上借阅服务。同时，高校图书馆每年都有学生毕业，这些毕业生毕业后就成为社会读者，高校图书馆是否能把这些潜在的读者转为现实读者，回答是肯定的。高校图书馆可以借鉴英国大学图书馆的经验，即本校毕业生的借书证在其毕业后并不收回注销，而转成社会（外来）读者借阅卡。这样，毕业生在走上工作岗位，只要有文献信息需求，就能想到母校，图书馆通过服务的延伸，通过文献传递，让毕业生感到离校不离馆。他们如果成功，就会给母校带来新的研究项目和捐款。更重要的是这些毕业生是社会需求的体现者，是图书馆和读者沟通的重要桥梁，是图书馆对外

宣传的重要资源。当然,在条件具备的情况下,开展流动书车服务企业和社区及参加三下乡活动,从而促进社会主义文化事业的大繁荣。①

三、高校图书馆社会化服务拓展了图书馆职能

1. 进一步发挥软件设备优势

提高基层文化中心管理水平可和软件公司及基层信息中心(中小型图书馆、企业资料室、社区、乡村文化站)效能,对经济条件困难的基层文化中心只需购入自动化集成系统所需的用户数,进行远程托管和管理,把基层信息中心作为自己的系统中的分馆进行管理,这样在建库和资源的享用方面都共享总馆数据,提高建库质量。而基层信息中心只需投入少量设备就可实现场馆的自动化、网络化、数字化、智能化,而不需要投入软件、服务器等设备,从而大大节省经费的投入,对高校图书馆来说其软件、设备的利用率大大提高。也可和一定区域内图书馆之间加强各种资源的协作与共享(人、设备、资源)。如:在一定区域内的图书馆或多或少都有一定数量的存储设备,由几 TB 到几十 TB 不等,但各馆还都是不够用。因而,在一定地域的图书馆可以协作实现设备上的共享,对各馆所订的相同数据库,各馆可和数据商协商,把各数据库分别装在不同馆来访问,实现设备上的共享,对各馆来说可以省很多设备经费,对数据商来说减少维护量,而把更多的经费投入到文献资源的建设上来。并可利用数字化加工设备为基层信息中心加工特色数字化资源,如开展高速扫描或数据加工等业务,从而提高基层信息中心的数字化程度,更好地为社会服务。同时,把图书馆作为信息加工、处理、检索、服务、网络教学的实习基地,为社会读者参观、学习之用。这是高校图书馆今后软件系统、设备、网络设施等资源充分利用的最有效方式,也是高校图书馆利用自己优势资源,开发、提高基层文化中心管理水平最有效方法,也是快速实现基层文化中心自动化、网络化、数字化、智能化最有效的途径。

2. 进一步发挥人员、技术优势

图书馆馆员通过图书馆自动化、网络化、数字化、智能化的建设,熟练应用

---

① 周国忠:《高校图书馆服务社会化之我见》,载《重庆图情研究》,2006 年第 1 期,第 19－21 页。

大量先进技术和设备,并积累了丰富的经验。如何使各馆建设中积累的经验和技术在图书馆社会化服务中发挥出来,帮助区域内的图书馆、资料室、社区文化站在自动化、网络化、数字化、智能化建设中不走弯路,又好又快发展起来,是高校图书馆在社会化服务进程中值得深思的问题。如:某图书馆作为ILAS 各种版本的代理,先后对省内、外 7 家图书馆进行了方案论证、软件代理、网络建设、硬件购入、书目数据库建设、软件升级、培训等项目的完成,并经常对前来咨询、学习的图书馆给予各个方面咨询和解答,从而使该馆在省内、外图书馆界产生了一定的社会效益。从中我们得到启示,高校图书馆在社会化服务进程中,是完全有能力帮助本行业、本地区图书馆、资料室、社区文化站在现代化建设中制定方案、论证项目,技术咨询、人员培训等项目的完成。从而加快这些基层文化信息中心现代化建设的步伐。

3. 开展信息代理服务

我国中小企业发展较快,数量已经超过 1000 万家,占企业总数的99.15%,工业总产值和利税占全国总数的 60% 和 40%,提供了 75% 的城镇就业机会,出口总额中约 60% 来源于中小企业。由此可见,中小企业量大面广,已成为我国经济发展的主力军。但中小企业往往因资金和人才短缺、科技薄弱、信息不灵、管理水平低等原因,发展受到制约,信息的满足率不足 30%。其中对市场信息把握率只有 35%,对产品在行业中所处位置的信息把握率只有25%,对竞争对手相关信息的了解和掌握则更少,不足 20%,只有不到 10% 的企业能够通过自身的力量获得自己所需要的信息,处于严重的信息"营养"不良状态。而企业未来的竞争之一是信息的竞争,信息是提高企业经济效益的最有效的法宝。当前,许多企业在激烈的市场竞争中已认识到信息的巨大作用,信息意识不断提高。高校图书馆可主动与当地企业集团联合,以企业财力为后盾,收集、整理企业所需的有关技术经济信息、经济决策信息、管理信息、市场供求信息、政策措施、实践经验、热点问题、同行企业的发展态势、经营管理、科技发展、新产品开发和市场占有率等等信息,为企业生产和决策服务。在这方面图书馆可以尝试,主动与当地企业进行接洽,探讨开展馆企联合的途径。针对这种状况,图书馆在知识服务时必须做好下面几点:(1)高校图书馆信息服务人员应主动深入基层,调查中、小型企业的现状和信息需求,为他们提供信息代理服务,成为该企业的信息代理人。(2)为企业提供市场调研,将用户的需求信息提供给企业。(3)为企业科研项目开发提供国内外产品样本、专利文献、标准文献、科研立项、产品调研、课题论证、专利申请、科技定题、外文资料翻译等信息服务。4)把本校的科研成果、产品、专利信息等提供给企业。同时,把企业需求的项目信息提供给高校,做科技需求和成果转化的中介人,帮助企业适应瞬息万变的市场,使其少走弯路。同时,促进高校科研成果的转化进程,使高校图书馆在社会化服务获得更大的社会效益和经济效益,从而得到各方多赢。

4. 开办内容丰富的系列讲座为社会读者服务

图书馆可依靠自身或学校的资源优势、人才优势、环境优势,紧跟社会热点,举办各种类型的讲座、培训班等;开展有意义的文化活动,如组织读书会、艺术展览、科普展览、诗歌朗诵会等,其主要目的在于向社会进行宣传和展示先进文化。①

高校图书馆拥有丰富的馆藏资源和人才优势,但社会对高校馆的多种服务功能并不了解,原因当然是多方面的。但其中一个重要的并常常被我们忽略的因素,就是很多图书馆在社会上不善于宣传自己,这种只注重投入和开发而不对外进行宣传和利用的陈旧观念必须改变。因此加强图书馆的自身宣传工作是一项十分紧迫的任务。为适应社会化服务的需要,可以采取灵活的多样形式进行宣传。如:图书馆宣传日、读书节、新闻报道、展览、接待参观、提供咨询服务、有奖征答、赞助公益活动、向社会发放图书馆通讯,利用图书馆主页和社会网站的互相链接等。在运用这些手段时,图书馆应与新闻媒介搞好关系,充分利用宣传媒介具有面对公众、传播迅速、对图书馆报道评价有一定权威的特点来影响、引导读者,建立良好的社会关系,最终塑造出高校图书馆的良好形象。②

① 周华生、郑瑜:《制约高校图书馆知识服务社会化的问题及对策》,载《现代情报》,2006年第5期,第35－37页。

② 董宇昭:《社会信息化进程中高校图书馆的信息服务》,载《图书馆学刊》,2006年第4期,第42－43页。

5. 有效促进图书馆专业队伍建设

服务往往是针对用户特定问题进行分析、诊断、解决，馆员对用户提出的问题经过对现实馆藏、虚拟馆藏资源进行检索、鉴别、筛选、整合后，提供给用户重组的知识产品。这与服务者的知识结构、心理倾向及对问题的认知度有极大的关系。因而，传统的一次性学校教育已不能满足知识更新的要求，馆员必须树立终身受教育的观念，在服务中不断学习新知识、新技术和各类专业知识，不断提高处理问题的能力，形成强有力的信息服务队伍，为社会服务。

总之，当今信息社会，以知识、信息为基础的服务业已成为经济生活中最有活力、增长最快的行业，而高校图书馆与其他众多的社会信息服务机构相比有其优势，它既拥有高学历人才保障、长期积累的完备系统文献信息资源，又具有先进的设备、完善的网络体系及实力强大的信息资源开发能力。在参与社会化服务竞争时，要充分利用自身的优势，利用网络环境下的文献信息服务手段，稳定地逐步扩大学校图书馆服务对象群体，以优异的高质量的信息服务赢得社会用户的承认。为此，我们必须千方百计地利用各种服务手段和公关手段，向社会读者提供全方位、深层次的信息服务，主动参与竞争，在社会服务过程当中充分体现自身的价值。①

第二节　高校图书馆智能化建设

随着科学与技术的发展，高校图书馆将逐步改变其传统的服务方式，代之新的以计算机、网络、数据库等为主的服务模式，这就要求图书馆必须以智能化的研究为基础，进而在图书馆智能化的基础平台上，研究、探索以网络为基础的数字参考咨询服务模式的构建。然而，由于所处区域、经济水平等条件的差异，各高校图书馆的具体情况不尽相同。从调研来看，高校图书馆如何进行智能化建设，如何确定图书馆智能化建设的发展战略，如何正确实施相关战略，如何在图书馆领域进行广泛协作与协调，最终实现智能化图书馆建设之目

---

① 姚冀越：《对新时期地方高校图书馆社会化信息服务工作的探析》，载《科技情报开发与经济》，2006 年第 6 期，第 13 - 14 页。

标,并在逐步完成智能化建设的过程中,如何从传统服务方式向新的网络化、数字化、虚拟化、共享化、智能化等的服务方式转变等问题,应是高校图书馆人探索、研究、实践的重要课题。

一、高校图书馆智能化建设的发展战略

图书馆智能化是指综合采用电子信息、计算机和现代通信等技术,对图书馆建筑内的设备进行自动监控,对信息资源实施科学管理以及提供优质高效信息服务通道的现代化工程。从图书馆楼宇的整体出发,既考虑图书馆内部各业务功能的专业化、计算机化,又考虑图书馆建筑物本身管理的自动化与网络化,形成一种高度集成的计算机网络系统,是建筑技术与信息技术在图书馆业务中的有机结合。通常具备三大功能:楼宇自动化(Building Automation 缩写 BA)、通信自动化(Communication Automation 缩写 CA)和办公自动化(Office Automation 缩写 OA,包括图书馆业务管理和服务的自动化),即人们通常所说的 3A 智能化。

从高校图书馆近年来的建设调研总结来看,高校图书馆智能化建设战略主要是:一个突破,两项要求,三项长期,四项功能,五项建设,六个目标,十个转变。

1. 一个突破

建立数字图书馆的雏形为突破口,逐步实现图书馆的智能化建设。

2. 两项要求

对高校图书馆馆员来说,图书馆智能化是便于收集、加工、管理、服务、控制、运行、维护的各种系统和通信设施,能以较低的费用及时与外界取得联系,如各种信息数据库、书店、兄弟馆、消防队等;对读者来说,智能化图书馆是以网络为基础,能全面、方便、快速获取信息的场所,而且还是一个有利于提高工作效率、激发创造性的环境。

2. 三项长期

高校图书馆智能化实现的基础是建设一个全能化图书馆,在当前资金不是很充裕的情况下,全面实现图书馆的 3A 智能化是有难度的。

(1)它是图书馆长期建设的方向;

(2)它是图书馆长期建设的目标;

(3)它是长期统筹实施的工作。高校图书馆不可能等到资金全部到位再去智能化建设。因此,在统筹、规划图书馆智能化和明确智能化建设的目标基础上,可根据资金多少和建设项目的轻重缓急,分步实施图书馆的智能化建设,最终实现完全智能化。

3. 四项功能

(1)便捷功能:包括图书自动化集成管理、通信自动化、计算机网络、服务等系统;

(2)舒适功能:包括空调通风、供热、给水、电力供应、闭路电视、多媒体音响、智能卡、停车场管理与娱乐管理系统等;

(3)安全功能:包括防盗报警、出入口控制、闭路电视监视、保安巡视管理、电梯安全与运行控制、周边防卫、火灾报警、消防、应急照明、应急广播、应急呼叫等系统;

(4)可用功能:包括共享设备和服务设施是否方便馆员和读者的使用。原则上,这些服务功能可根据各个图书馆需求的不同和投资的多少等因素进行适当增减,构成一个实用、高效、先进的智能大厦。①

4. 五项建设

建立五个平台,形成数字图书馆的雏形。即:一是信息传递;二是图书馆自动化综合管理;三是海量存储;四是电子资源;五是信息资源加工等平台,形成高校图书馆智能化管理的环境,进而探索在智能化环境下图书馆知识服务模式的建立。

6. 六个目标

(1)能够提供"全、便、快"和高度共享的信息资源保障系统;

(2)确保增强工作效率和舒适的工作环境;

(3)高效节能,节约费用,减少管理人员;

(4)适应业务管理工作的发展需要,具有可扩展性、可变性,能适应环境变化的工作多样化;

---

① 卢仕严:《图书馆智能化的规划、目标和实现》,载《图书馆学研究》,2000年第5期,第43-46页。

（5）各种系统设备管理维护方便、安全可靠；

（6）投资合理，达到短期投资、长期受益的目的。

7. 十个转变

（1）图书馆的管理方式向着自动化、网络化、数字化、智能化的方向转变，管理成本和管理人员逐渐下降；

（2）图书馆文献的载体在保持原有载体的收集，向光盘、数字化资源库、音视频库及网络化等载体转变；

（3）图书馆文献的加工手段向自动化、网络化、数字化、智能化的方向发展，文献的加工从书目向文摘、全文、多媒体方向及网上资源转变；

（4）文献不仅是收集、加工，而且向制作、提供本校特色自主知识产权的方向转变；

（5）图书馆在保持原有文献的储藏方式，向着光盘、海量存储、异地存储等多重方式的方向转变；

（6）从传统的手工检索向计算机检索和智能化检索方向变化，逐步向统一检索、智能检索方向转变；

（7）高校图书馆在逐渐发展成为校内文献资源中心的同时，向着学科、专业文献中心转变；

（8）图书馆的服务向着文献传递、信息导航、数字参考咨询、资源共享、多元化、个性化、智能化、人性化的服务方式转变；

（9）需求的方式通过电话、E-mail、BBS、QQ、FTP、虚拟咨询台、网络传递、在线（互动）等服务方式转变，图书馆从文献的保障向着文献保障和素质教育双重功能转变，服务不再是单纯的文献服务，而是引导读者如何使用、利用网络化资源，文献服务向着知识服务深层次方向发展；

（10）图书馆从单纯的服务性，向知识型、社会型、效益型的方向转变。

二、高校图书馆智能化建设中服务模式的形成

图书馆结构化综合布线系统支持下列业务：高速和宽带的通信业务、多媒体通信业务、智能化通信业务、个人通信业务、可靠和保密的通信业务、无线网接入等。

1. 信息传递平台

图书馆自动化、网络化、数字化的发展,使高校图书馆业务管理和大量信息服务工作需要通过高速通信网络来完成,这就决定了图书馆智能化需以高速通信网络为基础,而建立和引进的大量馆藏数字化资源需要一个网络上的窗口为读者服务和咨询,图书馆须建立自己数字参考咨询系统(网站)来为读者提供图书馆的网上服务;在馆藏资源不能满足读者需求时,需要图书馆与其他信息单位之间建立的网络共享机制来获取,这就需要图书馆建立资源的共享机制来满足读者需求;读者需要图书馆为他们提供上网、检索、欣赏音视频资源的场所,因而建立网络信息检索室是提供数字化资源的有效途径。以上建设统称信息传递平台建设,它是网络化服务的基础,也是智能化建设的基础。

为了便于读者利用图书馆,应把图书馆的基本情况、基本要求、服务项目及对应的服务机构与人员告诉读者,建立灵活多样的联系方式。为便于读者利用图书馆的馆藏文献,应把图书馆的纸本型文献与布局及服务窗口告诉用户,并告知如何查找这些馆藏文献。为便于读者利用图书馆的数字资源,应把数字资源告诉读者,尤其是如何使用数据库。为了便于读者自助学习,应把最新的检索技术和手段告诉读者。为便于读者利用图书馆,图书馆应帮助读者掌握必需的技能,为此咨询系统应设立培训园地,介绍信息检索策略与技巧、各种数据库的使用方法和计算机网络技术等知识,为他们快速高效地利用所需的信息资源提供一切条件。

服务项目类目的设置要同时体现信息保障原则。信息保障原则要求所设置的类目要有合适数量的信息。用户保障原则要求所设置的类目要有足够数量的用户访问,否则就失去了设置的价值。参考咨询服务应从静态向动态再向交互式、合作化和高智能化发展,以适应用户越来越个性的信息需求,最大可能地利用图书馆及网上的信息资源。①

2. 资源共享平台建设

读者对资源的需求往往是千差万别的,而单个图书馆收藏的文献资源往

---

① 张冬云:《数字参考咨询系统构建探讨》,载《数字图书馆论坛》,2005 年第 8 期,第 18 – 19 页。

往不能满足读者的个别需求。在读者提出需求后,图书馆能否满足读者需求,如何为读者提供文献资源的线索或找到它,是衡量图书馆和图书馆人员知识服务的一个重要标志。因此,和国家、部、省、信息中心文献建立资源共享机制对图书馆来说显得非常重要,和国家图书馆、OCLC、CALIS、NSTL 国家科技图书文献中心建立文献共享机制,对高校图书馆来说就是非常必要的,它是解决本馆文献资源收藏不足的重要途径,也是共享机制建立的必要基础。

为使到馆读者有效地利用图书馆的数字资源,图书馆建立网络信息检索室,组建有几十台到上百台电子阅览,为读者提供网上数据库的检索服务环境。

3. 自动化综合管理平台

图书馆自动化综合管理平台有办公平台(OA)、消防自动化系统(FAS)、防盗报警、门警系统、温控系统(多在南方高校图书馆)、图书馆业务管理平台,即:图书馆自动化集成系统组成,它是实现图书馆业务、读者服务管理的自动化基础环境,在此不再详细赘述。

为了加快各种载体数字化信息资源的收集、存储、应用,高校图书馆建立海量存储平台,引进光盘服务器、NAS、SAN 等架构存储系统,从而保证本馆数字化资源的存储。

4. 电子资源平台的建立

近年来国家对教育的投入加大,高校图书馆根据各自办学特色和规模的不同引进了大量数据库,主要有:CNKI、维普、万方、人大报刊复印资料、学位论文、国专利说明书、网上报告厅、ASTP、EI、Elsevier(SDOS)、PQDD、Sprint – Link 等数据库及书生、超星、方正等电子图书,并和 CALIS、国家图书馆、中科院信息系统、NTSL、OCLC 等建立联系,使专业范围基本覆盖所有学科。从而搭建了图书馆电子资源平台,满足了学校教学、科研的发展需要,能为广大校师生提供信息查询、查新、定题、文献传递、文献讲座等需要,使图书馆成为名副其实的文献信息管理中心。同时,利用统一检索平台、e – shot 等系统,实现异购数据库统一检索及跨网段检索,并对各数据库进行分类、标引、管理,使图书馆网页的功能进一步增强和细化,功能更加完善。

5. 信息资源加工平台

在数字化资源加工技术的不断发展和各高校馆拥有大量特色文献,高校馆在硬件上引入服务器和高速扫描仪,在软件上引入书同文、方正德赛(DESi)等公司的数字化软件系统解决各式各样的文献资源数字化,这些软件符合电子资源国际标准格式和 CALIS 特色资源建设标准。对数字资源进行数据加工,并加密处理后在网络上安全发布,可供指定范围内的读者使用。因此,各馆在引入后,深度开发了博士、硕士、本科生等论文、会议文献、教师论著、学生考卷、校学版块,对这些资源进行数字化加工意义非常重大,它将为国内外读者提供各校自主知识产权的特色数据库,为资源的共享做出贡献。

三、高校图书馆智能化模式形成中的问题

高校图书馆经过近年来的建设,各图书馆智能化的程度有了不同程度的提高,但总体来说:只是基本上形成了数字化图书馆建设的构架和雏形,具备了网络化、数字化、智能化的服务基础,服务随着图书馆智能化建设的不断深入而发展、创新。在发展过程中应做好以下几个方面。

1. 加强高校图书馆之间的各种资源的协作与共享(人、设备、资源)

现多数高校馆或多或少都有一定数量的存储设备,有几 TB 到几十 TB 不等,但各馆还都是不够用。因而,同一地域的高校图书馆可以协作实现设备上的共享,对各馆所订的相同数据库,各馆可和数据商协商,把各数据库分别装在不同馆来访问,实现设备上的共享,对各馆来说可以省很多设备经费,对数据商来说减少维护量,而把更多的经费投入到文献资源的建设上来。

2. 加入 CALIS 提供的子项目建设,积极利用 CALIS 提供的对外服务

能够加入 CALIS 子项目建设的馆应尽快加入,加入不了的应积极利用 CALIS 提供的对外服务:(1)公共目录检索系统;(2)联机编目;(3)集团采购;(4)文献传递;(5)数字图书馆解决方案;(6)中文资源导航;(7)西文资源导航。

网络环境下,高校图书馆网上检索已从单馆系统进入多馆系统,网上也提供了多种商业性数据库,不同的数据库有不同的检索界面和检索方法,用户在使用中很不方便,这就要求图书馆有统一检索平台来实现。没有开发和引进的可以通过美国 Z39.50 信息检索协议国家标准,实现跨系统统一检索。因一

般高校馆没有能力和所需经费的支持其后续工作的不断发展,可引进 CALIS 统一检索平台或清华同方的统一检索平台。

3. 加快高校专题数据库和全文数据库的建设与引进

丰富馆藏资源,开发的重点放在本校特色专业、专题的数据库建设上,在建设上最好建立原文数据库,并在建库过程中采用相关标准和友好的检索界面,便于读者使用。但是全文数据库的建立,对图书馆来说要引入高速扫描仪和相关软件及设备维护和耗材(费用较高),且一个馆员一天只能做 1 本书或 1 -4 篇论文,且加工质量较差,加工中又要拆、装所加工的文献,对图书馆来说,人力、财力投入极大。因而,建议没有做或准备做的图书馆,要和相应文献的数据库公司合作,利用数据库商全套系统化、标准化、专业化的生产机构来完成本校特色文献全文的数据库建设工作,图书馆馆员把好质量关。这对图书馆来说,即可节约人力、设备的投入,又可腾出人员来,做文献收集、整理和服务工作。

4. 加大引进数据库的二次开发及网上信息资源

有系统性分类、加工、导航工作,自建、开发具有检索功能的网络资源导航数据库,开发、收集、整理、适合本校专业、专题网上信息资源,建立到数据库中,并及时报道收集最新网上信息,便于读者更准确地利用网上资源,提高网络资源的利用率。如:高校图书馆自主研制和开发教学资源信息管理系统,河海大学、理工大学研制、开发的教参系统把教务系统和图书馆书目数据库、电子图书进行有机的链接,只要学生选课后,所选该课的教学参考书就会出现,该教学参考书和图书馆系统的书目数据库及电子资源链接,学生就可知道该课程在图书馆有纸本书还是有电子书,并告知馆藏位置及借阅情况,身受广大师生欢迎。高校自建校内精品课程课件和数据库培训教程多媒体课件,上网共师生自学之用。所有这些服务都说明高校图书馆的服务模式从被动向主动转化,从守着图书馆向走出图书馆的服务,并主动为教学、科研服务,使图书馆在学校的地位不断提高,不断地改变图书馆的传统服务模式,不断探索和创新图书馆的服务方式。

5. 引入或开发网上信息咨询系统

建立咨询表单、常见问题回答系统 FAQ、在线式(互动)咨询系统,对没有系统的可先利用聊天软件、网络白板等实现与读者的在线咨询服务。

加强数字参考咨询服务中的网页建设,使参考咨询的页面更加人性化、直观、便与读者使用。同时网页要有英文版,使世界看到本校的发展和全球信息资源的共享和服务。如:CALIS 网页有中文、繁体中文、英文、日文版。

6. 加强图书馆人员网络服务业务培训

网络信息服务模式与传统图书馆服务模式存在着很大程度的不同,对从事网络服务的人员进行业务培训是提高其网络服务质量与效率的有力保证。培训内容一是培养网络资源的检索整合能力;二是有关网络与计算机技术的知识培训;三是加强英语学习,提高为全社会用户服务的意识。①

四、高校图书馆智能化效能未来展望

高校图书馆这些年的发展,在文献的保障率方面已基本能够满足本校教学和科研,但深层次、网络化的知识内含的创新服务对图书馆来说仅仅只是开始。今后高校图书馆将是:网络化信息资源对社会开放,图书馆通过认证系统区分校内读者和社会用户,校内读者仍是图书馆的主要服务对象,享有免费使用资源的权力。另一部分社会用户,他们通过认证后只能享受部分馆藏资源,要想得到进一步的文献服务必将会是有偿的服务。

知识导航系统、知识问答系统、知识传播系统、知识推送系统、知识重组系统将会使读者便于得到信息、在得不到或出现问题时,通过互动平台得到解决或通过自助系统进行学习,也可通过图书馆的自动推送系统。读者的计算机、手机可到得到所需信息,文献信息的需求和检索向人工智能方向发展,知识需求的跟踪、使用、分析、统计等功能将是智能化。馆员的服务将是辅助式服务和更高层次的知识服务。

高校图书馆将会引入电子商务的用户认证系统,采取电子货币结算方式,有偿服务通过电子货币完成。

高校图书馆馆员对网络化资源的收集、整理、加工将显得更为重要,咨询馆员既是某个专业、专题知识创新服务者,还是收集、整理、加工数据库的建设

---

① 张素敏、祖力纳:《我国公共图书馆网络服务模式研》,载《图书馆学研究》,2003 年第 10 期,第 39－44 页。

者,只有咨询馆员才熟悉该专业、专题各种资源和最新发展状况,他们将会成为该领域发展的信息专家。

总之,未来高校图书馆发展仍离不开图书馆的本质功能,即收集、传播、应用与创造。因此,图书馆智能化建设不能脱离用户的知识活动,必须融入用户的知识的全过程,在这个过程包括知识内容、用户和环境。就是要构建一个实体与虚拟融为一体的全面、系统、持续的知识共享空间,用户、内容、过程融为一体,图书馆将成为一个容纳用户、内容和过程的机制和空间。它将以系统化、数字化的学术信息资源为基础,以先进的数字图书馆技术为手段,建立包括文献获取环境、参考咨询环境、教学辅助环境、科研环境、培训环境和个性化服务环境在内的六大数字服务环境,以人为中心,提供数字化、集成化、开放化的科研空间;提供开放的知识组织服务机制、揭示和组织科研中的各种要素;提供开放的知识发现机制,通过知识和数据挖掘工具发现知识对象中的点和关系;提供知识管理平台,对知识对象进行组织、链接和管理,在此基础上支持多向的、交互的知识交流;提供多种新型知识服务模式。为高校教学、科研和重点学科建设提供高效率、全方位的文献信息保障与服务。

第三节　高校图书馆与大学生信息素质教育

十九大报告指出:"青年兴则国家兴,青年强则国家强。青年一代有理想、有本领、有担当,国家就有前途,民族就有希望。中国梦是历史的、现实的,也是未来的;是我们这一代的,更是青年一代的,中华民族伟大复兴的中国梦将在一代代青年的接力奋斗中变为现实"。教育事业科学发展必须坚持以人为本,全面实施素质教育,促进学生全面发展。为此,我国高等教育要增强对大学生开展信息素质教育的紧迫感。大学生是我国未来人才队伍的主力军,承担着现代化建设的重任。他们信息素质的高低将直接影响着我国"中国梦"实现的步伐,大学生信息素质教育及其意义是为了培养新世纪所需的人才,对大学生进行信息素质教育是很有必要的,也是十分迫切的。

信息素质教育可以概括为:文化素质教育、思想道德素质教育、身心素质教育、业务素质教育、信息素质教育这五方面,其之间既相互渗透,又各有侧重点,德育教育重在培养高尚的思想品德,身心教育强调的是强壮的体魄和健全的心理,文化素质教育是通过对学生人文社会科学和自然科学知识的教育和学习,促使其文化知识水平和艺术鉴赏力不断提高,最终促进其综合素质的提高。信息素质教育是素质教育向全社会延伸并得以持续终身的保障,是信息社会的产物。

　　大学生信息素质教育还是一项创造性的活动,在整个综合教育体系中,尤其是在创新人才培养方面占有重要的地位,是创新人才培养的主要内容之一。因而,对大学生进行信息素质教育具有十分重要的现实意义。而作为"人类知识的宝库"高校图书馆,是素质教育的重要基地,是开阔学生视野,陶冶情操,培养审美情趣,获取知识的有效途径,特别是在全面推行素质教育的今天,起着举足轻重的作用。

一、信息素质的内涵与教育特点

1. 信息素质内涵

　　信息素质(Information literacy)这一概念,最早是在 1974 年提出的,并被概括为:"利用大量的信息工具及主要信息源使问题得到解答的技术和技能"。1979 年美国信息协会把信息素质解释为:"人们知道在解决问题时利用的信息的技术和技能"。随着人们对信息素质的认识不断深化与总结,信息素质被理解为:"在信息社会里,个体成员在获取和利用信息的过程中,所具备的多项基本条件及其有机构成"。[①]

　　信息素质的内涵包括四个方面:(1)信息意识。指人们对情报现象的思想观点和人的情报嗅觉程度;是人们对社会产生的各种理论、观点、事物、现象从情报角度的理解、感受和评价能力。具体来说它包含了对于信息敏锐的感受力、持久的注意力和对信息价值的判断力、洞察力。(2)信息能力。也可以说是信息技能,包括确定信息需求的时机;选择信息源高效获取信息、处理评估信息、有效利用信息的能力。(3)信息道德。指人们在信息活动中应遵循的道

---

①　左红娟:《高校图书馆在大学生信息素质教育中的作用》,载《高校图书馆工作》,2004 年第 2 期,第 42 – 43 页。

德规范,如保护知识产权、尊重个人隐私、抵制不良信息等。(4)终身学习的能力。获得终身学习的能力是信息素质教育的目标。

2. 信息素质教育特点

(1)公平性,即面向社会全体,让每一位学生有机会接受教育、有机会得到发展。

(2)合理性,即力求每一位学生在德、智、体、美等方面全面发展。

(3)主动性,即让学生积极主动发展,培养学习能力和开拓创新精神。

二、高校图书馆开展大学生信息素质教育的优势

1. 图书馆为大学生信息素质教育的提高提供了资源保障

高校图书馆根据本校的办学宗旨、办学特色,有目的、有计划、系统地、长期地对文献资源收集,形成各自的馆藏资源特色和学科门类其全、内容丰富、层次分明的文献信息资源,不仅有图书、期刊、报纸等纸质文献,而且还有光盘、磁带等电子文献,以及各种类型的数据库、网络数字据库等,使纸质文献和电子文献,馆藏实体资源和网络虚拟资源形成互补,而这些丰富的馆藏资源包括人类在科学、哲学、教育、艺术、诗歌、戏剧等各个领域文献,其中充满了真理、智慧、美德等。这些文化精髓通过阅读和学习,能逐渐完善自身知识结构,也能帮助学生不断了解新信息、新技术。还能扩大知识面,陶冶情操,培养积极向上的健康人格和思想品德修养。同时,丰富的信息资源可以为学生提供符合实际的就业指导及开设相应的心理咨询室、辅导室,帮助学生在遇到思想困惑或是心理障碍问题时可以获得指导,从而不断提高大学生的心理素质,使大学生身、心在德、智、体、美等方面得到全面发展。

2. 图书馆为培养大学生的信息素质教育创造了良好的育人环境

高校图书馆在地理位置大多处在学校中心,是高校人文景观之一,从聚集人气、营造氛围、扩大影响面来说,都是十分有利的,是一所高校向公众投递的第一张名片,是高校的精神实质和深刻内涵的外在表现。馆、内外优雅整洁环境,有利于大学生素质的培养。图书馆要利用这些得天独厚的有利条件,有目的、有计划、有组织地开展形式多样的文化活动。如:举办各种类型讲座、展览、书评、读书比赛、文学、音乐等鉴赏性演讲等活动。学生在完成本专业学业之余,接受到多方面文化艺术修养的熏陶,对增强知识的更新能力和速度、开阔视野,提升人

格修养,以达到精神、文化、知识等方面和谐统一地发展。可见,客观环境、信息资源、地理位置上的优势,为大学生创造了信息素质教育环境。如:某馆开辟出一块休闲阅览区,在休闲阅览区装饰名人字画,摆放了花卉盆景,配备沙发、报纸和饮水机等,供读者看书疲倦时欣赏休闲之用,而清晰美观的各类的室内外告示、意见箱、数据库介绍、新书通报、数据库讲座通知、标牌,标识、整齐划分,为图书馆营造了庄重宁静、奋发向上的学习氛围,整齐有序书籍和宽敞明亮的大开间阅览室,使大学生会自觉和不自觉地保持清洁和阅后书刊主动书归原位。报告厅、放映厅举办素质教育专题讲座、报告会,放映相关的影片、录像片,丰富了大学生的课余文化生活,给学生以"润物细无声"的感染和熏陶。能激发学生的读书兴趣,培养学习的主动性,有利于扩大学生的知识面。馆外草坪、花池、绿树成荫,休闲小凳错落有之,成为校内读者休闲与愉悦的科技广场,每年的全校学位授予就是在图书馆前的草坪上,学校的科技展等、迎新和学生的各种活动等都在图书馆门庭就在图书馆前的广场上,让人眼花缭乱,大饱眼福,受益匪浅。充分体现了图书馆在环境育人方面的作用。事实证明,高校图书馆为培养大学生素质教育创造的良好环境是学校其他单位、团体无法替代的。它的影响力不仅仅限于校园,还将由每年一批批走向社会各个领域的大学生辐射至全社会,推动整个社会的发展进步。

3. 图书馆为大学生信息素质教育提供了人才保障

近年来,高学历、多学科和训练有素的人才不断充实到图书馆队伍中来,使图书馆队伍的文化知识结构发生了深刻的变化,也使图书馆具有了开展更高层次服务的人员条件。他们不仅懂图书情报知识,还有学科知识背景,计算机、外语水平普遍较高。并全面了解学校的专业设置与馆藏资源,精于信息的选择、收集、整序、加工,熟悉各种信息资源和网络资源、电子文献的检索方法。在信息素养教育过程中,图书馆员充当的是一种信息导航者的角色,帮助读者获取所需信息,也可利用其丰富的检索经验和技巧,以科学的态度、创新的精神运用网络,对信息进行搜索、甄别和分析,帮助毕业生获取和掌握最新的就业、创业信息,使学生少走弯路,当好创业参谋。同时,又具备相当的学术研究能力,是文献信息的加工员和信息资源的开发员,他们是高校图书馆对大学生进行素质教育的重要人力资源。

三、高校图书馆开展大学生信息素质教育方法和途径

1. 加强信息道德教育，提高大学生综合素质

21 世纪以来，全球进入空前的创新密集和产业振兴时代。世界各国纷纷将发展教育、开发人力资源作为重大国家战略，人才竞争空前激烈。培养学生成为具有高素质和创新精神人才，对于建设创新型国家至关重要。大学生作为特殊的社会群体，本身存在着许多特殊的问题，如对新的学习环境与任务的适应问题，对专业的选择与学习的方法问题，理想与现实的冲突问题，人际关系的处理与学习、恋爱困挠以及对未来职业选择等等。种种心理压力积压在一起，久而久之，会造成心理上的障碍。作为天之娇子，心理健康更是学业成就、事业成功、生活快乐的基础。马克思说："书是人类进步的阶梯。"一本优秀的图书能陶冶学生的情操，净化学生的心灵，优秀的图书是大学生成长中不可缺少的精神食粮。馆员要懂得配合社会主义、爱国主义和集体主义和"中国梦"的宣传教育活动，针对新时期、新观念、新理想的实际出发，有计划、有目的为他们采集大量思想健康，内容丰富多彩各种书籍，报刊和有关视听资料，加强对优秀图书的推荐、宣传、辅导工作，并通过开展新书通报、新书热门书推荐、书评等宣传，引导学生多读书，读好书。

大学生面临学业压力、经济困难、环境不适、人际关系以及就业等多方面的问题，会不同程度地出现焦虑、抑郁、苦恼、挫折、委屈、失衡等各种心理问题，这些心理问题可以说或多或少地伴随着大学生活的全过程。

大学生解决心理问题有多种途径，途径之一：就是到图书馆寻求答案。因为高校图书馆的人文社会科学文献不仅可以使学生获得知识，而且可以获得心理抚育，尤其是中外名著、艺术类图书、图片等杂志报纸及大量的音像制品，包括各类影视片、光盘光碟等，特别是各种心理保健刊物提供的见解，可以供他们阅读、参考、借鉴。途径之二：网络时代，电脑、手机以成为大学生必备的工具，他们往往通过电脑、手机在网上咨询、聊天，获得同情、开脱和抚慰。这种通过阅读、咨询的方法，在解答困惑，增进自信，培养对生活的适应能力，强化自我意识，改变行为和改善人际关系等方面，已被大多数专家学者和学生所认同。高校图书馆要凭借其丰富的馆藏资源，积极地、有意识地适应大学生心

理健康自助教育的需要,创造条件,开展"阅读与咨询的治疗"服务,使图书馆服务工作向更深层次拓展,促进大学生树立正确世界观、人生观、价值观,在不知不觉中培养敏锐的观察力和分清善恶、是非、美丑的判断力,在潜移默化中形成美好的品德,提高学生的综合素质。

2. 加强信息专业素质教育,提高大学生的信息获取、利用能力

高校图书馆对大学生信息素质培养在专业方面包括图书馆学、情报学、计算机基础、多媒体知识、文献检索知识等。在对大学生进行信息素质培养中,应从实际情况出发,分阶段、分层次、有步骤地进行。如:针对一年级学生是图书馆入门教育,帮助他们了解图书馆的基本情况、服务内容和工作流程,向他们介绍利用图书馆的方法等。开设"怎样利用图书馆"的知识讲座,传授一些图书馆学、文献学、信息学知识,介绍目录、索引等中文基础工具书使用,进解计算机文献信息查询系统的应用技能等。教学手段以课堂讲授、集中答疑、操作训练和参观图书馆为主。

着重培养学生良好的学习习惯、学习兴趣和最基本的信息获取能力与信息接收意识。对二、三年级的学生则要以发现、分析、重组信息的能力培养为主。对不同层次的文献信息具有一定的鉴别能力,使其掌握一定深度的文献资料,对自己所学专业的现状及其发展方向有较全面的了解,学会利用一次、二次、三次文献知识,掌握利用计算机、查阅电子文献和获取网上信息的技能,进行专业类检索工具书和信息资源利用能力的培养。教学内容包括检索途径、检索利用策略、专业信息的收集、整序、鉴别,并侧重于计算机检索。计算机检索教学主要包括信息检索原理、文献存储自动化、计算机检索策略的制定、定题分析、选择数据库、主题词选择与确定、进行逻辑提问、计算机检索系统等,教学手段以课堂教学与讨论、专题教学实践等为主,让学生根据自己的专业确定一个专题,围绕选题,步步深入地检索各类工具书、数据库和从网上检索各类信息。对信息进行分析、筛选后整理出一份文献调研报告及一份专题综述。

着重培养学生的信息能力的应用及学习的主动性。针对高年级和研究生阶段的学生,因为他们面临毕业论文设计和走向社会进行实际工作,完成高质量毕业论文需要查找收集大量的信息资料。所以必须强调信息意识和信息分

析能力的培养,应对他们进行信息理论、学科史教育,结合专业学习进一步培养学生的信息能力与素养,培养学生专业学习中信息收集、利用与评价的能力,使他们能够承担研究课题,为重大理论研究、应用提供信息依据。教学内容包括:信息理论、文献评价。同时,向他们开设各种高层次的主题讲座,如:举办"毕业论文写作指导"讲座,向他们通报,介绍到馆的最新的数据库及获取、处理和利用信息中所存在的问题,开设系列讲座,如"网络信息资源获取与文献传递"讲座,"电子期刊、图书检索与利用"等讲座。不断更新他们掌握最新信息的方法和途径,最大限度地提供学科领域的前沿信息。

另外,组织在校大学生参加信息知识大奖赛,图书馆定期举行短训班、经验交流会、信息周等活动,图书馆可以开设信息咨询台,专门为学生答疑解惑。结合学生读者服务工作,图书馆利用自身的场地、人员优势,指导学生学习信息处理、加工的过程,在实践中帮助学生有意识地运用归纳、演绎、分析、综合等处理网络信息资源的能力,结合所学专业,主动获取信息,对专业信息有更全面、更深刻的了解,为大学生走向社会打下坚实的基础。总之,要通过多种渠道的宣传,使图书馆、电教中心、计算机中心、网络中心、信息管理教学单位及教务管理等部门形成素质教育的合力,全面加强大学生的信息素质,提高大学生对信息素质教育的理念和重要性的认识。①②

3. 发挥信息在现代媒体中的传播作用,构筑全方位开放的网络空间

现代传媒一般来说是指以互联网为基础、兼有电视、广播、手机、报纸、期刊等多种元素在内的信息传播系统的总称,相对于以往的传播媒介来说,它的传播速度更快、信息承载量更大、传播的方式更多样、传播的范围更广泛、影响力和控制力也更大。为图书馆知识传播提供了多维、立体的现代传播方式,促使知识传播的过程顺利通畅,使知识传播的主体和客体之间呈现一个丰富多彩的世界。在这个世界中,知识需求者与传播者之间可以充分展示不同的内心世界、不同的心理和不同社会群体的理想,让他们在实施显性知识传播的过

---

① 左红娟:《高校图书馆在大学生信息素质教育中的作用》,载《高校图书馆工作》,2004年第 2 期,第 42 - 43 页。

② 李章平:《高校图书馆的素质教育职能》,载《西南农业大学学报(社会科学版)》,2003年第 3 期,第 92 - 94 页。

程中,不断挖掘隐性知识,在潜意识层面进行价值设计以创造出更多的物质文明和精神文明。

主要通过导航服务,建立现代传媒平台和开展大学生网络素养教育相结合,以信息导向来提高服务质量。构筑起全开放、全方位、全接触的网络空间,对涉世不深、难辨是非、网络素养不高的大学生,图书馆应积极配合学校相关职能部门,对大学生在网络上的政治观念、国家观念、道德观念等加以引导。正如美国知名管理学家彼得·圣吉指出,这些年,电视上与科学有关的节目几乎从主流电视频道消失;新闻节目被各类利益群体控制,充斥着各种刺激感官的内容,或者是表达特定的政治观点。从根源上看,是与市场经济体制内生的功利性特点所决定的。因此,面对高校人才培养文化环境的缺陷,需要高校图书馆在环境育人、信息育人、服务育人中,帮助大学生牢固树立正确的世界观、人生观和价值观,使之成为国家经济建设所需要的高素质人才。

4. 加强大学生就业创业信息整合,建立就业创业信息库

近年来,高校扩招,全球经济的不景气,使大学生就业创业已上升为社会问题,同时,也成为高校重之由重的工作。图书馆应充分利用网络信息平台,广泛收集、整合就业创业信息资源,建立大学生就业创业信息库,为学生提供最新就业创业政策信息。同时,开辟就业创业指导性质的有关图书、报纸、杂志类的文献信息阅览室,开展职业规划、求职应聘、应试面试、简历写作的各类引导讲座和辅导等。使大学生认清就业创业形势,客观地分析自己的优势、劣势和发展潜力,了解职业需求,调整就业预期值,确立合理的就业创业目标,减少就业创业的盲目性,对大学生进行心理疏导,提高就业创业的成功率。图书馆是大有可为的,因为,大学生获取知识的途径有三种,一从课堂上老师传授,二是图书馆,三是网络,而图书馆和图书馆网络的信息资源是学生在大学期间主要的信息来源渠道,也是大学生信息意识、信息能力、信息道德、终身学习的能力的培养者。①

总之,在高校的全面素质教育中,图书馆大有用武之地,做好素质教育工作,对图书馆的工作是一种创新,图书馆要加大资金投入,添置各种供信息服务与开

---

① 李泳:《高校图书馆在大学生素质教育中的作用》,载《农业网络信息》,2012年第11期,第69-70

发的各种设备,供学生复印、上网查询,下载,存贮信息等。针对素质教育,加强和联合电教中心、计算机中心、网络中心、信息管理教学单位及教务管理部门等,集中力量开发特色数据库,把学校发展过程中的历史沉淀如:学校的发展史、学科的发展史,学校的先进人物事迹、学科带头人、成果、课件、教材、论著等技术资料收集、整理、加工成数字化信息,供本校师生查阅、学习和使用。使图书馆形成基于校内各种信息资源的新型"信息中心",为大学生信息素质教育、服务提供更好的环境和条件,便于师生使用。在服务上,把服务从信息资源的服务上转变到对人的个性、精准、高效的智能化服务上,在服务模式上,应更新服务观念,变革服务方式,拓宽服务领域。通过建立信息共享空间,将静态的馆藏信息与动态网络信息资源有机结合,全面启动网络文献传播、网络追踪查询、远程登录下载、手机服务等现代化服务方式及不断更新和建立图书馆主页或网站,开通网上咨询服务、专题讨论、网络导航、BBS、微信、微博等服务项目,拓宽服务范围,养成读者利用信息能力,从而充分发挥高校图书馆在信息素质教育中的作用,为实现伟大"中国梦"培养高素质的创新人才。

第十章

高校图书馆与校园文化建设

第一节　弘扬科教文化优势，促进图书馆全面发展

近年来，随着计算机技术、网络技术、通信技术、数据库技术等的迅速发展，很多图书馆已从传统图书馆向自动化、网络化、数字化、智能化的方向发展，这些图书馆在人员、资源、技术、设备、环境等方面建立了一定的优势，并取得了进一步发展。文中就如何使这些优势在图书馆的创新服务中发挥等问题进行了论述。

随着计算机技术、网络技术、通信技术、数据库技术的发展，条件好的图书馆已完成本馆自动化集成系统的中央数据库建设，并引入了诸如镜像数据库、网络数据库及数字化加工系统和各种网络资源整合、共享、网络咨询平台等，向着智能化建设的方向发展；在软件系统上有国内外研制的各种集成系统，在硬件上有高中低档的各类小型机、服务器、双机容错系统、光盘服务器、磁盘阵列、NAS 系统、SAN 光纤存储等设备、高速扫描仪及大量网络设备。由于各种管理系统、软件、硬件的引进和完善，图书馆员们在掌握和完成本馆的自动化、网络化、数字化、智能化的过程中，学习和掌握了各种新技术，使图书馆的服务方式、方法、服务层次上都有了较快发展和提高。那么，这些已发展起来的图书馆，如何在做好图书馆自身服务对象的服务的同时，利用自己的人员、技术、设备、信息资源等优势，为本地区、本行业将要发展和正在发展中的中、小型图

书馆的自动化、网络化、数字化、智能化的建设中发挥作用。笔者认为在这些方面是大有作为的。它有助于本行业、本地区内图书馆的迅速崛起,有利于资源建设联合、协调、共享,有利于硬件设备和技术层面的共享,有利于服务方法、方式、服务面改变和扩大,有利于网络化的服务快速形成,有利于图书馆之间的多赢。因此,笔者认为已发展起来的图书馆应认识和发挥自己的优势,为图书馆事业全面发展做出自己的贡献。

一、管理软件优势

已发展起来的图书馆往往有优质的管理软件,可以利用自己建设和使用软件的经验,和软件公司签订合同,作为该软件公司在本行业、本地区的代理商,通过代理,为本行业、本地区的图书馆代理软件及安装、培训和解决今后运行中的技术问题。软件公司一般愿意该地区有他们的软件代理商,对图书馆的业界人员从事代理工作更加认可,因为,他们懂图书馆的业务又懂计算机、网络知识。对被代理的图书馆来说,他们更加相信已在使用该软件的同行,同行因先使用有一定的实践经验,能帮助他们解决实际工作中遇到的实际问题,使他们无后顾之忧,由此在代理和培训的服务中创造社会效益和服务效益;这将是图书馆之间创新得新的经济增长点。

二、设备优势

先进图书馆可和软件公司中小型图书馆协商,对经济条件困难的中、小型图书馆只需购入所需的用户数,进行远程托管和管理,把中、小型图书馆作为自己系统中的分馆进行管理,这样中、小型图书馆在建库和资源的享用方面都共享总馆数据,提高了建库质量。中、小型图书馆只需投入少量设备就可实现本馆的自动化、网络化、数字化、智能化,而不需要大量投入软件、服务器等设备,从而大大节省经费,对图书馆来说其软件、设备的利用率可大大提高。也可利用数字化加工设备为中、小型图书馆加工特色数字化资源,如开展高速扫描或数据加工等业务。

三、人员、技术优势

发挥人员、技术优势,帮助本行业、本地区图书馆在现代化建设中制定和论证项目，共同完成项目。在这方面已有一些成功的先例，某图书馆作为ILASII 各种版本的代理，先后对省内、外 7 家图书馆进行了方案论证，软件代理网络建设、硬件购入、书目数据库建设、软件升级培训等项目的完成，并经常对前来咨询、学习的馆提供各个方面咨询和解答，对这些馆的发展起到了很大促进作用。

四、资源优势

充分发挥已有知识版权的自建库数据，为本行业、本地区的图书馆资源建库提供数据共享。如：在中、小型图书馆建库过程中将本馆所建的标准数据库资源与它们共享，加快图书馆资源建库工作。

通过合作，协调本行业、本地区在传统文献和数字化资源中的集中采购、联合采购、组团购买、共享等。

联合本行业、本地区的馆实现统一编目、分散流通的管理体制，形成本行业、本地区的联合目录，首先在本行业、本地区实现信息资源共享。

五、服务优势

先进图书馆可以帮助后进图书馆承担起中、小型图书馆难以完成的服务项目：如：项目论证、开题、立项、鉴定、跟踪等的服务。

与国内、外的国家级、部级、地区级建立资源互传等业务，如：提高资源的查全率、查准率，为资源在国内的获取建立多共享机制的服务体系，保障资源只要有就可从多共享机制的服务体系中获取，从而保障资源获取 100% 的服务效益。

中小型图书馆在数字化资源引进方面由于资金、使用的用户等问题，往往是既是引进了，也由于用户少，而不能很好得发挥作用，因此，笔者认为中、小型图书馆在数字化资源建设方面应加强专题数据库和国内外参考型（只有题录或摘要型数据库）的数据库（这些数据库通常来说价格较低），把资金重点放在自身的特色建设上和建立国内外文献互传等的业务上，这样中小型图书馆的用户在本地查到需求信息的题录之后，通过建立文献信息的互传业务和多共享机制的服务体系就可获取原文或所需的服务，从而实现网络化、数字化的服务。节约了经费的投入,取得质量较高的服务和效果。这对各方面来说,都是互赢。

总之,先进图书馆要在服务上不断创新,把自己的优势转化为社会价值。促进中小型图书馆的发展。先进图书馆还可以增加自身的经济效益,这是一个互动互赢全面发展的思路。

第二节 图书馆与高校校园文化建设

2002 年教育部颁布的《普通高等学校图书馆规程修订稿》中指出,高校图书馆是学校的文献信息中心,是为了教学和科学研究服务的学术性机构,它与师资、教学设备并称为现代化大学的三大支柱,也称为学生的第二课堂。随着我国高等教育研究的不断深入与开展,图书馆文化影响整个校园文化的开展,高校图书馆文化建设已成为促进校园文化建设热点问题之一。当前,从中央、教育部到学校领导等很重视大学文化建设。胡锦涛指出:"全面提高高等教育质量,必须大力推进文化传承创新。"大学的文化传承创新最终要体现在育人上,即培养大批能有效传承和创新中华文化的高素质人才。教育部副部长杜玉波和周远清会长都从文化建设的角度分析和提出了提高高等教育质量的理论与方法,这些都是目前教育教学工作的最新理论基础,需要我们深入研究并贯彻落实。面对如此形势,结合当前我馆面临旧馆改造和新馆建设来临的有利时机,提出在借鉴和学习国内外图书馆的建设的经验基础之上,通过图书馆物质文化、精神文化、制度文化、环境文化、服务文化的建设,来进一步提高广大师生的信息素质和文化素养更好地服务于教学、科研更好地服务于师生等问题进行研究,对丰富图书馆学研究具有一定的理论价值和实践意义,对促进校园文化建设和繁荣校园文化具有重大和深远的历史意义。

一、校园文化与图书馆文化的内涵

1. 校园文化内涵

校园文化泛指学校的整体文化,以校园师生文化活动为主体,以学校校园精神为底蕴,是学校校园所有成员在长期的办学过程中集体形成的学校物质文化和精神文明的总和,是一种持久的文化现象和精神氛围。从狭义上来说,校园文化是相对课堂文化而言的课外文化,包括舆论风气、人际关系、校园环境等等。有学者认为校园文化也可分为物质文化、组织制度文化和精神文化3类。精神文化是校园文化的核心和灵魂,物质文化是基础,组织制度文化是精神和物质文化的中介。也有学者更具体地将大学校园文化分为以下3类:校园环境文化、校园文化活动和校园精神。校园环境文化具有广泛的内涵,不仅包括校园的总体规划、校园的绿化和美化,各种教学办公设施,文体活动设施等基础装备,还包括各种学习生活制度,行为规范等规章制度文化。校园环境文化是校园文化发展的前提条件,是校园文化活动和校园精神赖以生存和发展的必要基础,它体现了大学理想和人文精神。校园文化活动主要指为实现学校的各种职能和自身发展完善而开展的一系列活动。如学术交流、社会实践、讲座报告等等。校园文化活动是校园文化的最生动具体的表现,是校园文化得以产生和不断创新发展的源泉。

2. 图书馆文化内涵

图书馆文化在图书馆学术界流行两种观点,一是认为图书馆文化是建立在图书馆实践基础上,随着图书馆的不断发展而逐渐形成的,属于意识形态领域,具有非物质的特征;二是认为图书馆文化是图书馆在长期的历史发展过程中逐渐形成的,受一定历史阶段社会政治、经济、文化等因素的影响,为图书馆人创造的物质成果和精神成果总和。总之,图书馆文化也是由精神文化、制度文化和物质文化3类。其中,精神文化是图书馆文化的核心和灵魂,主要包括图书馆形象、图书馆精神、图书馆价值观、图书馆哲学等;制度文化是图书馆文化的保障,为图书馆文化健康、快速地发展护航,主要包括综合性制度、行政管理制度、业务管理制度等;物质文化是图书馆文化的基础,是图书馆文化体系中的最表层,包括馆藏文化、馆舍文化和环境文化等。做到了三者有机统一,就能快速、全面地掌握图书馆文化的内涵。①

---

① 王盟燏、丘秀文:《从文化三个层次谈高校图书馆文化和校园文化的共建》,载《科技情报开发与经济》,2011年第35期,第75-76页。

二、图书馆文化建设在校园文化中的地位、作用及联系

1. 图书馆是校园文化最大的传播场所

高校图书馆有独特的文化环境和丰富的信息资源,地理位置大多处在学校中心,从聚集人气、营造氛围、扩大影响面来说,都是十分有利的。图书馆要利用这些得天独厚的有利条件,有目的、有计划、有组织地开展形式多样的文化活动。如:举办各种类型讲座、展览、书评、读书比赛、文学、音乐等鉴赏性演讲等活动。使学生在完成本专业学业之余,接受到多方面文化艺术修养的熏陶,增强知识的更新能力和速度、开阔视野,提升人格,以达到精神、文化、知识等方面和谐统一地发展,都是十分有利的。可见,客观环境、信息资源、地理位置上的优势,决定了图书馆成为校园文化的活动中心。

2. 高校图书馆在支撑校园文化发展中具有不可替代的作用

高校图书馆文化从物质文化看,图书馆馆舍环境优雅,拥有丰富的各类载体文献信息资源、先进的电子计算机设备,功能强大的网络覆盖和传输、专业的馆员队伍等,为支撑学校教学、科研发展提供了物质基础,也为图书馆向师生的文化传播、信息需求提供了条件和手段,是学校的文献信息中心,能较全面地支持和服务于不同类型的校园文化。从高校图书馆精神文化看,图书馆蕴藏有丰富知识内涵,在潜移默化中将课堂教学、思想教育、修身养性与情趣、爱好等方面融合起来,对于激发学生的潜能,树立正确人生观、培养品德、陶冶情操、拓展知识和全方位育人等方面,起到了启蒙和不可替代的作用。

3. 高校图书馆文化建设与校园文化建设息息相关、相互促进

高校图书馆以信息资源、设备、建筑物等作为物质文化的载体,以高校图书馆成员的个体行为方式及其内在的价值观和价值取向等为精神文化载体,共同构成大学校园文化中的图书馆文化。而图书馆正是通过优雅的自然环境、富有艺术感染力的现代化馆舍建筑、先进的设备、丰富的馆藏文献、科学的管理、完善的各项规章制度和优良的服务等来营造美的文化氛围,将学生引向无限的思维空间,在知识的海洋中遨游,汲取知识,净化心灵,在感受美、欣赏美的同时创造美。这种陶冶和导向作用,是通过长期润物细无声的潜移默化的方式下熏陶而养成的,对大学教育和校园文化所传达出的精神,有着不可低

175

估的作用和影响。校园文化离不开图书馆知识信息的传播,知识是校园文化活动不可或缺的精神食粮。因此,图书馆文化建设与大学校园文化建设息息相关,相互发展、密不可分。

三、国内外高校图书馆文化建设之比较

在欧美国家,图书馆在文化建设上有立法保障,图书馆经过长期建设在一定区域内形成了中心馆、主题分馆、附属分馆、图书馆分送中心、阅览中心、移动图书馆分馆、寄存站式的金字塔式集中管理的服务方式,还对服务区域的人口、配备的服务人员、馆舍都有明确的规定,在图书馆的建设上基本已经形成了统一规划、统一管理、统一服务等。并把以人为本的思想贯穿在整个的服务过程中。读者第一、服务至上的理念,在英国各大学图书馆得到了充分体现。他们非常重视为读者提供各种咨询服务。各馆均有相当数量的参考咨询人员,从事读者导读、咨询、资料利用讲座、定题服务、组织学术报告会等工作。他们在馆际互借和文献交流方面服务周到,读者可在整个欧洲查询所需的文献,提供整个欧洲任何一个图书馆的复印文献或电子文献。他们充分考虑读者的需求,处处为读者着想。读者可以带包进出各开架阅览区,可以很方便地就近免费复印所需的资料。多数图书馆还为读者准备了单人间学习室、双人或多人间研讨室等。剑桥大学图书馆服务以人为本,一切为读者着想。无论大学总馆、大学专业图书馆,还是学科系研究中心,都实行藏、借、阅一体化的布局,采用全部开架的服务方式。国外大学图书馆馆藏资源、数字资源丰富,都有非常人性化的设施,为读者的学习、研究乃至生活提供了良好的环境。在服务上充分体现大学是为社会服务的教育职能,对所有读者服务平等对待,不仅对校内读者还对所有的社会读者开放,使所有馆藏信息资源达到最大限度开发和利用,带来的不仅是社会效益也有经济效益。由此形成的欧美大学图书馆特有的文化,集中体现为充分、高效的使用、开发各类资源和设施、服务中处处以人为本,一切为了读者的服务精神等。

国内高校图书馆文化建设相对欧美,由于图书馆建设没有立法,建设相对滞后。但近年来,在国家大力发展教育的形式,高校的合并、新建项目如雨后春笋,图书馆也迎来了旧馆改造、新馆建设的高潮,国内高校图书馆借鉴和学

习国外图书馆的建设的经验,特别是在图书馆的文化建设和服务中,借鉴、吸收国外图书馆的经验,创新适合国内高校图书馆发展的新路,树立以人文本,一切为读者服务的管理经验和精神,引进先进技术创新图书馆的服务。纵观当代各国图书馆文化,无一不具有本国特色。这是由各国不同的历史、文化、社会、经济等的原因决定的。图书馆文化作为一种管理原理,是具有普遍性的,可以超越国家民族的界限,但是,作为一种管理实践,却是不能超越国家民族界限的。如果把我国的历史文化背景与美、英等国作一翻比较,就不难发现,它们之间有社会政治制度的差异、民族文化历史的差异、社会经济发展水平的差异等等。因此,我们不能照搬欧美图书馆文化,只能采取以我为主,博采众长,融合提炼,自成一家的方针,从我国的土壤中创立出具有中国特色的图书馆文化。①

四、加强高校图书馆文化建设的建议

高校图书馆的资源、服务潜移默化地影响着学生的全面发展。高校图书馆文化建设必须围绕着时代对高校工作的要求,以培养人才,提高学生整体素质为出发点。为此,必须加强图书馆文化建设(物质文化、精神文化、制度文化、环境文化、服务文化)的同时更要对内加强和提高图书馆员工的综合素质(包括思想素质、职业素质、业务素质、文化素质)教育,对外组织开展文献信息宣传、推荐、导读、各种学术讲座等文化活动,在活动中坚持正确的引导方向,利用良好的馆风、馆貌潜移默化地开展人文素质教育,真正寓教育于各类活动之中。把高校图书馆服务的育人功能、开放度、方便度、发展度、满意度作为图书馆核心工作来抓,促进图书馆文化在校园文化中起到引领作用。为此,应着重抓好以下几个关键环节。

1. 高校图书馆馆藏资源文化建设定位和特色

高校图书馆馆藏资源文化建设是图书馆建设的核心和赖以生存的根本。近年来,由于高校的扩建和扩招带来校师、生人数的激增,高校领导也在研究给各自高校的办学目标准确定位问题,出现研究型、教学研究型和教学型大

---

① 丛敬军:《关于我国图书馆文化的思考》,载《图书馆学研究》,1993 年第 2 期,第 11 - 12 页。

学。与大学办学密切相关的图书馆也应明确相应的定位,如某大学图书馆把本校区图书馆定位为研究型图书馆(研究生、博士生为主),把分校区图书馆定位教学型图书馆(本科生为主)。而高校有理、工、农、医、综合性大学之分,相应的图书馆在收藏文献时就体现了各自的特色。如:对于某高校要建设成为"具有一流的工科、坚实的理科、特色的文科国内高水平教学研究型大学"的奋斗目标,该图书馆的馆藏文献建设和收藏如何体现特色建设就是需要研究的问题和方向。

2. 做好资源长期规划和发展研究

网络时代,图书馆如何进一步做好馆藏文化的建设。首先,图书馆应改变过去传统订单订书的传统模式,主动向读者靠拢,定期进行读者需求的调查和统计,按照学校办学方向,有计划、按比例地采集各种类型、各种载体的文献资源。其次,从高校图书馆文化建设的角度以及图书馆文化建设在促进学校特色建设中应有的作用来看,仅仅满足于一般化的馆藏够用还不行,还应该规划建设特色鲜明、内容丰富、兼具实用与收藏的各种载体文献资源,形成数目可观、系统完善、类目完整的馆藏模块,充分挖掘收藏的历史及研究参考价值和教学、科研的使用价值。譬如一所工科院校,若能在馆藏建设中,有意识地对某个专业,或某个研究课题的信息资源进行全面收藏,就能形成自己的馆藏特色。在如,数字文化资源的迅速发展,图书馆应研究纸本资源和数字资源建设的比例(如音、视频、数字资源、纸本资源的经费比例等),也是现今图书馆研究重点问题。同时,任何一个图书馆,其规模再大、经费再多,也无法收集齐全所有的出版物,更不用说还有许多非正式出版的文献资料和大量的网络资源。只有全社会的图书馆分工合作,共同建设,才能有相对完整的文献资源的收藏体系。而读者需求的多种多样,任何一个图书馆也无法完全满足。只有全社会的图书馆实行互借共享,才能使读者的文献需求达到相对最高的满足率。因此,共享、合作及加入各种文献信息资源保障体系也就是研究的问题之一。而有了资源保障,才能支撑学校教学和科研发展,才能在继承和发扬民族优秀文化和社会主义先进文化方面承担起社会责任,才能充分体现高校图书馆内在的精神动力并促进校园文化建设和繁荣。

3. 加强图书馆的数字文化建设

从目前来看,数字化图书馆建设已成为高校图书馆发展的根本趋势。数字资源除本身的信息功能外还呈现出丰富的文化内涵。高校图书馆必须在管理和服务上,利用先进的理念和技术实现个性、精准、高效的智能化服务。在保持图书馆1.0、图书馆2.0网络服务功能的同时,向图书馆3.0发展,实现电子资源的跨平台聚合和智能搜索,使各种数字资源数据库、特色数据库、馆藏图书系统、随书光盘系统、视频VOD点播系统、课件数据库等聚合于同一个平台,为用户使用带来方便。图书馆还要重视开发多个平台下为用户拓展各个终端上的用户服务,针对不同终端的特点开发有特色的个性化服务内容。也要围绕用户对用户群进行管理,调查、分析用户群的成分结构、发展变化,关注他们的需求。建立虚拟社区、博客、微博等实时咨询,在第一时间解决读者的问题;开通短信服务平台,实时、方便地与读者交流和互动,将与读者有关的信息及时传递给读者,拉近读者与图书馆的距离;发展信息共享空间吸引读者,采用技术手段进一步净化网络空间,为读者营造优良的网络文化环境。研究使用web3.0技术下,数字化、网络化的第三代图书管理系统、移动图书馆、电视图书馆的应用等。满足本校师生对信息的个性、精准、高效的智能化服务需求外,积极探索服务学校周边及社区的需要,为社会公众提供服务。因为,随着学校与社会的往来越来越紧密,网上阅读、借阅和使用电子资源的需求凸显,公众需要高校的优质资源服务于社会,这就要求高校图书馆认真思考这一问题,规范网上读者服务程序,扩大高校图书馆在社会公众的文化影响力。

4. 加强图书馆文化环境建设

通过图书馆建筑外形个性化,内部装修风格化,兼具现代化的设备等各种物化形态体现环境氛围,创建一个具有广泛的教育功能、稳定和谐、健康向上的环境。具体来说就是加强馆舍馆容的建设,如图书馆建筑必须体现思想、风格、风采、个性、美感,内涵厚重的文化神韵,在精神上给人以民族、传统与时代完美结合的宁静肃穆、博大崇高的感觉。对馆内的书刊架位、阅览桌椅、电脑设备、花草绿叶等景观进行科学、合理地布置,设计要服从于功能,配合工作流程使人感到实用舒适、朴实高雅、简洁大方,给读者以亲切、方便的服务,符合图书馆功能和文化的要求,将以人为本的理念更多地渗透到图书馆环境文化建设中去。如藏、借、阅、检一体化的书库布局可以更好地服务读者；总还书处的设立方便了读者的还书；更多更新的信息共享空间的不断设立和投入使用，使读者通过网络和外部世界更加紧密地联系在一起。宽敞洁净的图书借阅场所，减少了高度以方便读者浏览的书架，明晰醒目的藏书分类，温馨可人的读者提示，悬挂的名人语录，书法绘画作品，四季点缀的鲜花绿树等等，营造了一种和谐宁静的读书氛围。通过这些匠心独具的环境设施使读者通过视觉感受到与书香相伴的浓郁的文化氛围，使读者在受到文化熏陶的同时感受到身边环境带来的精神愉悦，从而更好地沉浸在读书学习的意境里，让知识蕴含书籍中，文化洋溢书本外。①

　　5. 加强图书馆精神文化建设

　　图书馆精神是图书馆在发展过程中，为实现图书馆的价值体系和社会责任而为用户提供信息服务的过程中所形成的一种群体意识，它是经过较长时间自觉培养而形成的。图书馆精神，是图书馆的精神支柱和精神动力，又是图书馆文化诸项内容中的最高层次。图书馆精神可以把图书馆群体中不同层次的员工的不同态度和思想倾向，统一到图书馆的整体观念上来。如体现在图书馆的实际工作中就是"四爱"，即爱校、爱馆、爱书、爱读者。因此，要加强图书馆精神文化建设，首要的就是加强制度文化建设，主要包括日常行为规范、部门岗位职责、业务工作细则、奖惩制度、图书借阅规则等各项管理制度。并实施制度文化时，充分体现人文关怀，以人的健康、自由、尊严作为建设制度文化的出发点与归宿点，要在图书馆管理及服务中营造人文关怀氛围，倾注人文情怀，弘扬人文精神，以实现图书馆制度文化和人文关怀的和谐统一。其次要对内在图书馆中开展图书馆工作人员的综合素质教育（包括思想素质、职业素质、业务素质、文化素质）及对外的文献信息宣传、推荐、导读、各种学术专题讲座等文化活动，坚持正确的引导方向，利用良好的馆风、馆貌潜移默化地进行人文素质教育，真正寓教育于各类活动之中。是图书馆精神在校园人格风貌和群体意识的集中表现，是校园文化中精神文化的中坚和核心。这种"图书馆精神"一旦形成，就能对校园人产生不可抗拒的影响力，并且有持久的继承性。

---

　　① 周杨娣：《高校图书馆的文化建设》，载《当代教育》，2010年第13期，第60-61页。

只要置身于这种精神氛围之中,就能充满激动与兴奋,并在无意中受到感染。由此,可以看出,图书馆精神文化与校园精神是相辅相成,互为主客,共同发展的。①

6. 强化图书馆的教育职能

高校图书馆教育是一种课堂教育的延伸,是正规教育的一种补充.是学校教育所不能替代的。其本质属性是图书文献的集聚和知识信息的传递,时代赋予它具有学术性、教育性、服务性等职能,就其教育职能而言:

(1)图书馆是学生素质教育的"第二课堂",它具有主动性、灵活性和广泛性特点。

(2)图书馆肩负着课堂教学不能完成的学生素质教育的任务。

(3)图书馆为学生提供了"环境育人"的氛围。

(4)图书馆员是素质教育的工作者和信息的导航员。

(5)图书馆的文献资源为学生素质教育提供了"文献育人"的知识源泉。

(6)图书馆的计算机、网络为学生提供了"信息育人"的信息资源和快速获取信息的手段。可见,图书馆对读者,尤其是对大学生正确人生观的塑造、品德的修养、情操的陶冶、文化的积累、知识的拓展等都会产生潜移默化的影响,它对一个人的成才起着至关重要的作用,是当前高校综合素质文化教育的主要基地,也是继续教育、终身教育的基地。②

7. 发挥图书馆在现代媒体中的文化传播作用

现代传媒一般来说是指以互联网为基础、兼有电视、广播、手机、报纸、期刊等多种元素在内的文化传播系统的总称,相对于以往传播媒介来说,它传播速度更快、信息承载量更大、传播的方式更多样、传播的范围更广泛、影响力和控制力也更大。为图书馆知识传播提供多维、立体的现代传播方式,使知识传播的主体和客体之间,知识需求者与传播者之间,实现显性知识传播的过程中,不断挖掘隐性知识,在潜意识层面进行价值设计以创造出更多的物质和精

---

① 朱红:《浅谈如何构建高效图书馆和谐文化》,载《中小企业管理与科技》,2010 年第 5 期,第 143 页。

② 陆琦:《高校图书馆文化建设简论》,载《陕西教育学院学报》,2006 年第 2 期,第 107 - 110 页。

神文明。主要通过导航服务,建立现代传媒平台和开展大学生网络素养教育相结合,以信息导向来提高服务质量。构筑起全开放、全方位、全接触的网络空间,对涉世不深、难辨是非、网络素养不高的大学生,图书馆应积极配合学校相关职能部门,对大学生在网络上的政治观念、国家观念、道德观念等加以引导。正如美国知名管理学家彼得·圣吉指出,这些年,电视上与科学有关的节目几乎从主流电视频道消失;新闻节目被各类利益群体控制,充斥着各种刺激感官的内容,或者是表达特定的政治观点。从根源上看,是与市场经济体制内生的功利性特点所决定的。因此,面对高校人才培养文化环境的缺陷,需要高校图书馆准确定位文化引领功能并开展文化育人服务,使之更好地为大学生健康成长营造优良环境,帮助大学生牢固树立正确的世界观、人生观和价值观,使之成为国家经济建设所需要的高素质人才。

总之,从高校图书馆文化建设来看,图书馆的制度文化建设将是根本保障,只有建立、健全、相应配套、规范的制度,才能保障图书馆物质文化、精神文化、环境文化、服务文化顺利实施。才能进一步提高广大师生的信息素质和文化素养,更好地服务于教学、科研,更好地服务于师生,使图书馆文化在校园文化建设中发挥引领校园文化建设的作用。

第十一章

现代图书馆信息系统的安全

第一节　网络安全服务机制

随着计算机技术、网络通信技术等的迅速发展和普及,越来越多的图书馆实现了自动化、网络化、数字化、智能化,由传统的图书馆向着以计算机应用为代表的现代化图书馆的方向转变。图书馆的大量数字化资源的引入和建立及镜向站点的连接,人们对网络资源的依赖越来越大,计算机管理、网上信息查询和网络文献的共享和共建等已经成为当今图书馆工作的典型特征。网络系统安全运行就显得极为重要,如何确保网络畅通及网络上的大量信息资源免遭破坏,而又在万一发生故障时,能迅速恢复网络系统的正常运行,并尽可能减少数字资源的损失。网络安全问题已成为当前数字化图书馆建设的重要课题之一。

一、网络安全的含义①

网络安全是一个涉及计算机科学、网络技术、通信技术、密码技术、信息安全技术、应用数学、数论、信息论等多种学科的边缘学科。网络安全重要性是

---

①　叶中杰等:《计算机网络安全技术》》,科学出版社 2003 年版,第 1 页、第 3 页。

不言而喻的。

计算机安全的主要目标是保护计算机资源免受毁坏、替换、盗窃和丢失。计算机资源包括计算机设备、存储介质、软件、计算机数据等。

网络安全从本质上来讲就是网络上的信息安全，它涉及的领域相当广泛。从广义来说，凡是涉及网络上信息的保密性、完整性、可用性、真实性和可控性的相关技术和理论都是网络安全所要研究的领域。下面给出网络安全的一个通用定义。

网络安全是指网络系统的硬件、软件及其系统中的数据受到保护，不因偶然的或者恶意的原因而遭到破坏、更改、泄露，系统可连续、可靠、正常地运行。网络服务不中断。

网络的安全措施一般要分为三类：逻辑上的、物理上的和政策上的。面对危害计算机网络安全的种种威胁，仅仅利用物理上和政策上的手段是十分有限和困难的，因此也应采用逻辑上的措施，即研究开发有效的网络安全技术，例如，安全协议、密码技术、数字签名、防火墙、安全管理、安全审计等，以防止网络上传输的信息被非法窃取、篡改、伪造，保证其保密性（Secrecy）和完整性（Integrity）；防止非法用户（或程序）的侵入，限制网络上用户（或程序）的访问权限，保证信息存放的私有性（Privacy）。除了私有性和完整性之外，一个安全的计算机网络还必须考虑通信双方的身份真实性（Authenticity）和信息的有效性（Available）。

网络安全就是要保证网络上存储和传输信息的安全性。为了解决这个问题，国内外很多研究机构在这方面做了很多工作，主要有数据加密、身份认证、数字签名、防火墙、安全审计、安全管理、安全内核、安全协议、IC 卡（存储卡、加密存储卡、CPU 卡）拒绝服务、网络安全性分析、网络信息安全监测和信息安全标准化等方面的研究。

二、Intrans 网络安全需求

参照 ISO7498－2 提出的安全服务，Intrans 网络安全需求主要有以下五项。

1. 身份认证

身份认证是授权控制的基础，身份认证必须做到准确无二意地将对方辨

别出来,同时还应该提供双向的认证,即互相证明自己的身份。

网络环境下的身份认证更加复杂,主要是考虑到验证身份的双方一般都是通过网络而非直接交往。大量的黑客随时随地都可能尝试向网络渗透,截获合法用户口令并冒名顶替,以合法身份入网。

2. 授权控制

授权控制是控制不同用户对信息资源访问权限,对授权控制的要求主要有:

(1)一致性,也就是对信息资源的控制没有二义性,各种定义之间不冲突。

(2)统一性,对所有信息资源进行集中管理,安全政策统一贯彻。

(3)要求有审计功能,对所有授权有记录可以核查。

(4)尽可能地提供细粒度的控制。目前很多系统的访问控制实际上还是基于 UNX 文件系统的模式,不能很好地满足安全需求,需要进行扩充。

3. 数据加密

数据加密是大家所熟知的保证安全通信的手段。由于计算机技术的发展,传统的加密算法被不断破译,促使更高强度的加密算法问世。目前加密技术主要有两大类:一类是基于对称密钥加密的算法,也称私钥算法;另一类是基于非对称密钥的加密算法,也称公钥算法。两类都已经达到一个很高的强度。

4. 数据完整性

数据完整性是指通过网上传输的数据应防止被修改、删除、插入、替换或重发,以保证合法用户接收和使用该数据的真实性。

5. 防止否认

接收方要对方保证不能否认收到的信息是发送方发出的信息,而不是被他人冒名、篡改过的信息。发送方也会要求对方不能否认已经收妥的信息,防止否认对金融电子化系统很重要。电子签名的主要目的是防止抵赖、防止否认,给仲裁提供证据。

三、信息系统安全体系结构①

一个三维的信息系统安全体系结构,反映了信息系统安全需求和体系结构的共性,如图 11 - 1 所示。

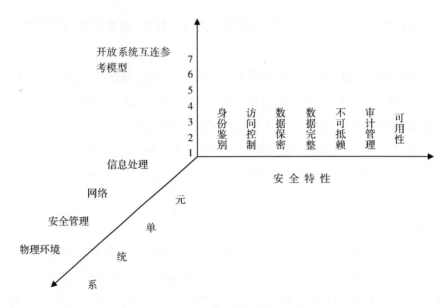

图 11 -1　信息系统安全体系结构

图中的三维特性分别是安全特性、系统单元及开放系统互连参考模型。

安全特性是基于 ISO7498 - 2 的 5 种安全服务,包括身份鉴别、访问控制、数据保密、数品完整、不可抵赖以及审计管理及可用性。不同的安全政策、不同安全等级的系统可有不同的安全特性需求。

系统单元包括信息处理单元、网络系统、安全管理及物理和行政的环境。信息处理单元由端系统和中继系统(网桥、路由器等)组成。端系统的安全体系结构要支持具有不同政策的多个安全域,所谓安全域是指用户、用户的信息客体及安全政策的集合。通过物理和行政的安全管理体制提供安全的本地用户环境以保护硬件;通过防干扰、防辐射、容错、检错等手段实现硬件对软件的

---

① 胡道元:《计算机网络》,清华大学出版社 1999 年版,第 327 -328 页。

保护;提供用户身份认证、访问控制等机制实现软件对信息的保护。

第二节　图书馆网络系统不安全分析及其策略

众所周知,高校图书馆网络在整个图书馆系统正常运行、电子阅览室正常使用、馆藏数字资源的正常获取等方面发挥着不可替代的重要作用。因此,构建和提高和保障高校图书馆网络安全体系,在确保高校图书馆网站、网络以及信息系统安全方面有着不可替代的重要作用。高校图书馆网络安全,是指网络上的信息安全,即为数据处理系统建立以及其在技术和管理方面所采取的安全保护措施,从而在增强高校图书馆内部资源密集度、关联紧密性、层次进行的基础上,保障计算机软件、硬件和数据等资源不因受到偶然或者人为的破坏、损伤和外泄。因此,在高校图书馆网络安全体系构建过程中,教师应在完善原有网络安全的基础上,及时更新、提升图书管理系统,从而确保图书网络安全体系的稳定性、层次性和科学性。

一、图书馆系统不安全因素

1. 网络设备

图书馆网络设备包括:服务器、工作站、存储设备、硬盘、路由器、交换机、集线器、调制解调器、UPS 和稳压电源等计算机设备、通信设备、电源的安全。要求每天24 小时服务的情况下,各种设备、各种数据库系统、网络等,在用户访问和为用户提供服务时,各种设备运行是正常、安全、可靠的,这就要求维护人员要定期对各种设备的零部件的性能和可靠性进行检查维护,如对各种设备的定期除尘、UPS 的定期充放电,设备的使用寿命等引发的故障等,同时,要防雷击、防毁、病毒感染和防信息泄露等。此外,还要对其所处的物理环境有较高的要求。除防水、防火、防震、防盗等常规要求外,对环境的温度、湿度、空气质量、静电和电磁干扰等物理条件有严格要求。物理环境不佳容易产生各种各样的设备故障及安全隐患,加速设备的老化与损伤,甚至会破坏计算机网络系统,造成无法挽回的损失。

2. 操作系统安全

操作系统的作用是实现网络系统的协调工作,统一管理网络系统资源,控制网络用户对网络系统的访问及数据的存取。图书馆实用的操作系统主要集中在 UNIX 和 windows 系列的系统,操作系统的安全是直接影响整个网络系统的正常运行的核心,它的不安全因素主要是本身未修补软件安全漏洞、登录密码过于简单或未修改、权限设置、误操作和黑客攻击、病毒等原因引起操作系统故障。

3. 应用软件系统安全

应用软件系统安全是指各种类型的应用管理程序,应用程序安全主要来自软件设计时所采用的安全机制,如模块执行权,工作人员代码和密码的设置与管理等。其安全主要是本身软件设计的有缺陷,其次是病毒破坏软件系统。

4. 数据安全

图书馆的各种数据库是图书馆网上服务的生命源,是图书馆自动化、网络化、数字化、智能化的前提,是图书馆网络化服务和共享服务的宝库,如何使其在存储和传输信息中安全,保密、完整、可用、可靠、不可否认等。其中,安全是指数据集数据在传输中的各个组成部分不受偶然的或恶意的原因而遭到破坏、篡改和泄露,并且确保数据的存储和传输中完整、连续的正常运行的机制,并一旦在数据确实遭到破坏时,利用备份机制和策略恢复数据库的完整性是解决图书馆数据安全的核心所在;保密指信息不泄露给未授权者;完整指信息结构和内容的逻辑完整;可用指信息可被授权者正常使用;可靠指系统在规定时间和条件下,完成规定功能的概率;不可否认指通信双方都不可否认曾发生过通信的内容等。[①]

5. 网络运行安全

网络运行安全是指保障信息处理、信息接收等全过程中的安全。首先是所有的设备正常运行,其次是连接的各种设备的安全,是指设备和远程子网及数据资源在与其他网络处于连接状态的安全,它是运行安全的前提;其次是传输安全,是指通过本地网和公共网进行传输过程中的安全。此外还有应用安

---

① 陈静科等:《数字图书馆的网络安全与防范》,载《情报杂志》,2003 年第 5 期。

全,是指通过网络系统处理文档、作业、交易过程的安全。①

二、图书馆网络安全威胁主要成因分析②

图书馆网络面临的威胁主要分为两方面:一是对图书馆信息资源的威胁;二是对网络设备的威胁。这些威胁的产生有运行环境不稳定因素、有网络系统自身漏洞等。具体表现:

1. 运行环境不稳定因素

运行环境的安全是保证整个图书馆网络系统安全的重要前提。而运行环境,即图书馆工作场所(机房、电源、电磁波干扰、防火防潮、接地系统等)、网络设备(磁盘阵列、服务器、交换机、终端 PC 机等)这些外部环境,若有任何环节出现问题,哪怕是细微环节出现问题都将会给图书馆网络安全埋下隐患。

2. 网络系统自身漏洞

由网络系统自身漏洞引发的安全隐患:

(1)图书馆网络拓扑结构的日趋复杂化,增加了网络系统的脆弱性和网络安全防范难度。

(2)内网使用与 Internet 一样的 TCP/IP 协议。由于并非为安全通信设计,故攻击者易利用 TCP/IP 的安全漏洞对内网实施欺骗攻击,像路由欺骗、RIP 欺骗、ICMP 攻击和 ARP 欺骗、嗅探攻击等。

(3)补丁管理的滞后性,致使网络系统在面临攻击时,往往会引发新的安全问题。

3. 人因失误

目前占网络安全问题80%的信息泄漏事件、盗窃和黑客破坏等大都是由人因失误所致。著名的前黑客凯文·米蒂尼(Kevin Mitnick)曾说过,尽管很多公司采取了安全防护措施,但这些安全措施在网络犯罪面前仍然显得不堪一击,原因在于他们忽略了网络安全最为薄弱的环节——人的因素。网络安全

---

① 潘春华:《浅谈数字化图书馆局域网的安全及策略》,载《现代情报》,2004 年第 7 期,第 82－83 页。

② 高宏、王西芳:《现代图书馆网络安全隐患及防范对策》,载《河南图书馆学刊》,2011年第 1 期。

最薄弱的环节并不是系统漏洞及安全产品漏洞,而是人的漏洞,人为因素成为突出的安全因素,致使无论系统的功能多么强大或者配备了多么先进的安全设施,都有可能会因人因失误,而管理上缺乏全面、细致、严格、有效的内部网络安全管理制度与之配套,带给图书馆网络安全的危险难以估量。

4. 计算机病毒

计算机病毒是一种人为编制的程序,它能在计算机系统运行的过程中自我精确地复制到系统文件或有修改地复制到其他程序体内,给计算机网络系统带来某种故障或使其完全瘫痪。近年来,随着木马技术的成熟,病毒发展日益智能化,单一形态的恶性程序愈来愈少,许多恶性程序不但具有传统病毒的特性,更结合了"特洛伊木马程序""计算机蠕虫"形态,其伪装术和入侵手段更为高明。近年来图书馆网络计算机系统病毒感染机率数量呈倍数增长,致使图书馆网络成为病毒攻击和破坏的重灾区,有时甚至造成整个业务系统的瘫痪。

三、图书馆网络系统的安全策略

1. 有效设置各级用户账号权限

图书馆局域网中,操作系统集中在 Unix、WindowsNT、win2000 server 系统,正确有效地设置各不同组、用户账号的权限,是确保网络安全的首要因素。Unix、WindowsNT、win2000 server 系列的访问权限分为:读取、写入、读取及执行、修改、列目录、完全控制等。在默认的情况下,大多数的文件夹和文件对所有用户(Everyone 组)是完全控制的,这根本不能满足不同网络的权限设置需求,所以还应根据应用的需要进行重新设置。如:用户口令不能显示在显示屏上;口令长度应不少于 6 个字符,口令字符最好是数字、字母和其他字符的混合;有些用户口令必须经过加密,尤其是利用浏览器来管理图书馆网站的账户的口令更应该加密。经过加密的口令,即使是系统管理员也难以得到它,用户还可采用一次性用户口令也可用便携式验证器(如智能卡)来验证用户的身份;在服务器端进行相关设置,关闭 FTP,TELNET 及禁止客户端 PINC 服务器,防止其端口被扫描,不让黑客们知道服务器的相关信息。而对所有的操作系统而言,几乎都存在安全问题。因此,及时对操作系统不断升级和给操作系统打补丁是保证操作系统安全的重要一环。①

2. 应用软件的安全

主要是设计者漏洞和软件本身的缺陷引起的安全问题,主要由设计者来解决。同时,对图书馆系统和一些信息资源的访问,要严格设置信息资源发布系统对资源访问账户的设置项,比如图书馆引进的各种数据库系统中,对系统限制的用户可访问资源的时间设置、IP 范围、对访问用户的审计、在多次输入口令不正确等情况时,认为是非法用户的入侵,给出报警信息或定期、不定期地更改比较重要的密码等。

3. 数据备份管理

数据备份是图书馆保护网络安全的一项重要措施。兰州理工大学图书馆有两种操作系统的服务器,在 SCO Unix 5.06 系列的服务器上(图书馆自动化集成系统)采用双机容错磁盘阵列系统,备份策略采取:每天在 1:00 磁盘阵列上完成自动打包备份,在 1:30 将自动备份文件利用网络传到 1 台专用异地备份机上,在 2:00 异地备份机自动恢复备份数据(该机以配置为可运行的主机),在晚 10:30 之后重复 1 次上述循环,这样每天进行 2 次自动备份和恢复,而维护人员手工控制备份盘容量不超过 85% 既可,在双机容错系统中 1 台服务出现故障,另 1 台服务器接管作为主机,当在双机容错磁盘阵列系统完全发生故障,不能使用时,维护人员只要将客户端的连接的 IP 地址改为异地备份机地址,系统就可恢复正常工作。而在 Windows server 系列的服务器上采用磁盘备份工具对数据文件每日定时进行自动备份。每两天手工进行 1 次异地备份。具体做法是将最新的数据文件利用网络传输至 1 台专用备份机上,同时也备份 1 份到可移动硬盘上,并对服务器作了定期的 GHOST 备份。这些措施为整个网络系统和数据安全提供了保证。

当前,必须要认真地做好硬件装置以及软件等的安全措施,认真地开展数据备份活动,做好使用者的管理以及培训等等工作,只有这样才可以改变以往的被动的局面。只有这样才可以合理地开展信息服务活动,实现图书馆应有

---

① 潘春华:《浅谈数字化图书馆局域网的安全及策略》,载《现代情报》,2004 年第 7 期,第 82－83 页。

的价值和意义。①

4. 客户端备份

对不同网端不同型号的客户机做不同的网络镜像 ghost 备份文件和本机 ghost 备份文件,这样即使客户端完全瘫痪或出现各种问题不能及时解决时,可在极短的时间内(一般在半小时内)利用 GHOST 备份文件恢复系统,从而确保客户端系统的正常运行。

5. 采取有效的防病毒措施

对于计算机病毒,我馆采用以防为主,以治为辅,尽量做到防患于未然。对不同网端的服务器、客户端分别安装了诺顿、江明、瑞星杀毒软件,每周升级。并由专人负责收集病毒信息,及时提醒网管人员注意。

6. 运用 VLAN 技术来加强图书馆内部网络管理

VLAN 技术的核心是网络分段。根据不同的应用业务以及不同的安全级别,将网络分段并进行隔离,实现相互间的访问控制,可以达到限制用户非法访问的目的。如兰州理工大学,其校园网分给图书馆二个网端,图书馆技术部在查询系统中,把 202. 201. 33. 128 – 202. 201. 33. 252 段,作为图书馆自动化管理系统和办公及 OPAC 查询系统,把 219. 246. 112. 1 – 219. 246. 112. 128 段作为电子阅览室,这样,不同的网端承担了不同业务。同时,图书馆内部可使用代理服务器进行图书馆内部业务系统的划分,根据不同业务划分内部地址端的管理,权限、访问限制等。使图书馆管理更加安全。

四、高校图书馆病毒防范

高校图书馆网络信息安全体系是一个动态的过程。随着网络技术的不断发展,高校图书馆信息网络安全将面临更大更多的挑战。只要网络安全威胁存在,网络信息安全研究就不能停止。无论现在或将来,高校图书馆要保障网络信息安全必须居安思危,防微杜渐跟踪最新动向确保图书馆网络信息体系安全运行。②

---

① 李巨伟:《现代图书馆网络安全问题分析》,载《黑龙江科技信息》,2012 年第 12 期。
② 谭世芬:《高校图书馆网络信息安全体系构建——以河北医科大学图书馆为例》,载《产业与科技论坛》,2014 年第 8 期。

一些图书馆的调查结果表明,当前安全管理工作存在的主要问题:一是用户安全意识薄弱,对信息网络安全重视不够,安全措施不落实,导致安全事件的发生。从发生安全事件看,一是未修补软件的安全漏洞;二是登录密码过于简单或未修改;三是数据备份机制和策略含有待加强等及技术防范措施比较薄弱。如何建立完整的信息网络安全保护策略、规范的管理制度和体系的技术防范措施,加强用户安全防范意识和基本的安全防范常识,加强网络安全的思想教育是非常重要的。要在图书馆全体职工进行专业素质教育、职业道德教育的同时,加强网络安全意识教育,制订机房和数据文件服务器等设备的安全管理措施、磁介质管理措施、外来磁盘管理措施等。在管理上,分别建立系统维护制度、工作人员管理制度和读者管理制度。要明确分工责任,对于系统运行情况要求书写系统运行日志,做到使用有记录,故障有登记,发现问题及时上报部门负责人及馆长。在工作人员管理制度中,明确严格的操作规程,杜绝非法操作等。同时,对读者进行有关网络安全的法律、法规、规章的制度进行宣传教育,让读者知道如何使用密码、管理文件、收发邮件和正确地运行应用程序等。使图书馆系统安全管理工作逐步走向规范化、制度化,建立起比较完善的技术防范体系。①

1. 防范病毒是确保图书馆网络安全的一个重要环节

图书馆信息系统若不采取病毒预防措施,一旦计算机病毒进入系统后,小则破坏工作站操作系统,大则攻击服务器导致整个信息系统的数据丢失、服务中止、系统瘫痪。现代图书馆从采购到验收、典藏,从分编到流通都要依赖于计算机应用系统,如果出现因病毒引起的网络安全问题,不但图书馆的日常业务工作不能开展,还可能因为数据的丢失造成经济上、人力上的损失,后果不堪设想。因此,防范病毒也是确保图书馆网络安全的一个重要环节。

首先,要做到图书馆局域网与外网的物理隔离,这可以最大限度地减少病毒的入侵。其次,在图书馆服务器上安装网络版防病毒软件,定期执行病毒扫描,及时清除病毒感染和扩散的隐患。另外,各工作站最好不要轻易使用来历不明的各种软盘,一定要使用,须先病毒扫描后再打开。往往图书馆局域网中

---

① 陈静科等:《数字图书馆的网络安全与防范》,载《情报杂志》,2003 年第 5 期。

的病毒都是因为工作站用户无意中把病毒带入系统,并在网络中快速自动复制传播造成的。再次,病毒的产生总是先于防病毒软件的更新,所以图书馆必须保证安全的数据备份,如果系统被破坏得无法正常工作,那么只要重装系统,一切又可恢复正常。

2. 加强安意识,提高信息网络病毒防御[①]

计算机网络病毒,是一种具有自我复制性能力的程序,具有较强的破坏性、传播性和潜伏性。因此,其在扩散层面、控制难度和传播速度上也存在着破坏力强、传染性高、潜伏性高等特点,其可能通过存储介质受到网络上的攻击,如:电子邮件、木马病毒、恶意网页、网络下载等,这些隐蔽性强、分散性高的网络病毒,很容易使得原本就脆弱的高校图书馆网络安全系统崩盘。此外,由于学生是高校图书馆网络体系的主要使用者,其携带工具的健康与否也直接关系到了图书馆网络安全体系的健康。众所周知,学生在使用图书馆网络时,通常会采用插U盘下载资料、采用云上传等方式来保留住自己需要的资料。由于学生的U盘可能在网吧、论坛等地方下载过资料,U盘自身存在着潜伏的病毒,当学生无意中将U盘插入学校图书馆的电脑时,病毒可能会随之进入到图书馆网络系统中,并在某种条件的激发下爆发出危害。因此,在高校图书馆网络安全体系的构建过程中,加强管理人员的网络安全意识和网络风险防治技能,是提高高校图书馆网络安全体系的前提和基础。在高校图书馆网络安全体系构建实践中,高校应对管理员在业务素养、网络安全意识和网络安全防御措施等方面的培训和提升,从而在网络安全体系出现问题时,图书管理员能做到临危不乱、有理有节的开展网络防治工作。充分利用各软件的安全机制来减少内部网络用户利用系统漏洞实施攻击的机会,尽可能剔除一切潜在性的网络风险和危害。具体运行过程如下:

安全评估——检测病毒是否存在——发现问题——排除程度——未发现问题——进行安全评估——评估系数低——修补程序——再次评估

这种层次分明、区别对待的网络安全体系构建,不仅能有效提升和完善高校图书馆网络安全体系,同时也为图书馆网络体系自身反攻击、反病毒提供了

---

① 吴立华:《高校图书馆网络安全体系的构建》,载《科技传播》,2014年第18期。

良好的途径。

综上所述,我们发现针对安全问题开展的管理活动是所有活动中最为主要的内容,绝不能够有不正确的思想,要从制度上开展工作,结合必要的科技方式,在具体的防治过程中要具备超前思想。

从客观上讲,有图书馆网络中心机房和各工作点设备的安置环境及网络结构设计是否合乎科学,电压是否稳定,机房温度、防漏电、防盗窃的措施;从人的主观上人来看,不合理的使用,没有认真地开展安检活动,从业者的综合素养不高等导致数据丢失。从外部来讲有"黑客"入侵、计算机病毒等都会给图书馆网络带来安全问题。所以,要保证网络安全,从建楼、布线开始就要密切注意环境因素会给网络带来什么不安全的问题。不论是灾害亦或是其他的一些问题,但凡能够预防的,就一定要积极地开展预防活动。

总之,图书馆对网络的依赖会越来越多,依托网络服务的任务越来越重,网络维护和安全显得越来越重要。网络管理人员通过对所有用户设置资源使用权限与口令,对用户名和口令进行加密存储、传输,提供完整的用户使用记录和分析等方式可有效地保证系统的安全。网络人员还需要建立与维护完整的网络用户数据库,严格对系统日志进行管理,并定时对图书馆网系统的安全状况做出评估和审核,关注网络安全动态,调整相关安全设置,做好病毒入侵前的防范。

第十二章

新时代图书馆服务转型与创新

第一节　现代技术驱动下的图书馆服务

网络环境下,信息资源的采购和纯粹服务于读者,已成为图书馆的基础工作之一。正如费孝通先生曾经说过:"以网络为中心的计算机技术、通信技术、信息数字化技术以及计算机国际语言化技术的突破,正将传统的、分离割裂的图书馆推向全球一体化、网络化的新境地"。

一、现代技术下的图书馆变革

现代科学技术改变着人们的生活,网络系统深入各个领域,图书馆在现代技术驱动下发生变革。

信息技术是当前图书馆变革的重要变量参数。利用现代技术,图书馆可开展24/7(每天24小时、每周7天)的服务。Web2.0、多媒体、ICT等技术进一步渗透,博客、在线会议、网络研讨、在线学习等,开始广泛应用于信息素养教育,它可直接获取文本、图像、视频、音频和信息数据。广泛形式的知识传递,使信息素养教育更加生动、活泼,富有成效。例如,世界出版巨头 Nature 推出的学科信息素养教育平台——Scitable,以遗传学为目标的集学习、交流和教育于一体的综合性网络平台,吸引着全球众多教师、学生和科研人员。

"由中国新闻出版研究院组织实施的《第八次全国国民阅读调查》结果显示,2010 年,我国 70 岁以下的人对书籍报刊、数字出版物等各种媒介的阅读率为 77.1%,其中数字化阅读方式的为 32.8%。2010 年数字化阅读方式比 2009 年的数字化阅读增加了 8.2%。"①

中国社科院在《2008 年文化蓝皮书》中指出,未来五年,将有超过 30% 的手机用户通过手机阅读电子书和数字报,2020 年我国数字出版销售额将占到整个出版产业的 50%;2030 年,90% 的图书都将出版网络版本。

传承千年的阅读方式正在发生巨变,移动图书馆成为今后的主流服务方式。

2000 年起,一部分地区建立起图书馆区域协作群体,即图书馆集群,它以现代技术为重要依托,在一定区域内,以个馆为基础,多馆联盟为目标,发展联系紧密的空间集群体。图书馆集群大致分国际、国家、区域模式,以及院校模式。

图书馆集群模式,改变了传统图书馆的工作模式,从而使服务单一、封闭向共建、联盟进行良性运转,实现了集中人、财、物及业务的开放服务,避免了各自为政、互不关联的自闭模式。资源的共享和有效整合,体现了集群服务的网络化与自动化,也满足了用户多元化、个性化的信息需求。

二、图书馆服务功能的重新定位

现代技术驱动下的变革,图书馆快速面向信息港、思想库、知识殿多功能的方向发展,读者和用户在此应得到的是立体的、多方位智慧的集成。因此,图书馆服务功能需要重新定位。

图书馆可面向国家需求,积极关注、支持战略决策,加强战略情报的搜集,及时提供研究者的前沿科学信息,同时结合馆中的学科资源特色和优势,以及地域特点,瞄准国家一带一路重大战略需求,重点做好相关学科领域战略需求的研究和分析,做好基础性、前瞻性的信息服务工作。

比如,根据西部发展战略目标,提供为实现发展所需要的信息资源。结合

---

① 朱宁:《浅谈现代技术驱动下图书馆的变革》,载《商业文化》,2011 年第 6 期,第 407 页。

图书馆学科资源优势,积极将信息中心融入其中,提供路线图战略研究情报支撑服务,加强情报人员自身对不同区域发展态势的梳理能力,更好地完成情报工作对科技战略决策的支撑和参考咨询。

贴近学科,积极为科研人员提供深度服务,为科研人员或课题广泛地收集和筛选资料,开展定题信息服务,参与资料的编译和报道,为项目课题就国内外相关机构的研究成果进行文献计量分析等,这些都是强化、提高图书馆知识服务效率的职能体现。

互联网的信息资源愈来愈丰富,但是人们要准确、快速查找自己所需的信息却越来越困难。如何帮助科研人员及时、准确地获取所需信息,是图书馆的主要任务之一。可针对某课题研究之需要,定制个性化的信息服务。如课题主页多样化设计、数据库便携开发、学科资源有序导航、全文快速传递、查新查重检索等,将相关的资源和服务加以集成,形成虚拟课题图书馆。另外,安排馆员分别负责联系不同学科的单位,并参加相关会议,科学分析信息需求,积极参与组织培训和提供参考咨询的服务链接。

信息素养教育最大变化是由面授教育向在线教育之转变。在线信息素养教育主要为线课程和在线模块两种途径,即是图书馆可运作的服务功能。

在线课程教育是将学习资源和课程资源的数字化、网络化,它是实体课程教育的重要补充,使信息素养教育不受时空和学习者数量的限制,图书馆可向读者提供丰富的教学资源供学习者免费使用。

在线模块教育是指通过设计一定的信息素养教育模型,将信息素养的内容分为几个模块,通过特定的情景设置来开展信息素养教育。图书馆可通过检索、引导模块内容使得学习者在体验和实际操作中提升自身的信息素养。

在信息社会中持续发挥好文化传播功能,图书馆必须创新服务理念、服务内容和服务方式,积极采用新技术、新设备、新手段,不断开创新的发展之路,不断焕发新的希望。要与时俱进,转变服务观念。第一,读者至上理念。图书馆绝对不能以管理为出发点,必须以维护公民基本文化权利为出发点,以服务读者的需求为依归。第二,平等理念。应以平等的心态对待读者,不以职业、年龄、地域、贫富等差别不同对待。第三,公益理念。公益性是图书馆与社会其他信息服务机构重要区别之一。第四,开放理念。大多数图书馆已从重藏轻用到藏用并重再到藏用结合,但开放的理念还需进一步落实到工作之中。第五,竞争理念。要基于共同发展的理念,竞争双方更应相互学习、相互合作,共享技术资源,竞争中推进信息服务事业的进步和发展。

　　在从图书馆传统服务向现代服务转型过程中,人才无疑是图书馆遇到的最大问题。应把好进口关:可以借鉴日本、韩国,建立我国图书馆执业资格认证制度。通过学历和职业能力证书来确定任职资格,缓解或改变图书馆人才队伍良莠不齐的问题。实行业务挂职学习:技术人才较弱的图书馆向重点高校图书馆、省级公共图书馆派出专业人员进行实地挂职学习。可选择派出馆内急需的岗位如从事网络维护、网站制作、数据库开发的工作人员,接收人员的图书馆可安排适当学习人员担任一定的岗位职务,并选派理论水平高、业务能力强的人员作为其导师,通过一定时间的挂职学习,达到锻炼提高的目的。

三、高校图书馆服务转型

　　随着经济社会的不断发展和科学技术的进步,图书馆信息传递、资源管理、服务方式等都将伴随着现代信息技术前进而前进。现代信息技术的发展,也要求图书馆员服务技能有新拓展,在把握读者需求的基础上,提高学科服务的主动性和积极性。

　　1. 特殊需求服务

　　高校图书馆要对学科服务平台的硬件设备进行有效维护和持续更新,为学科服务质量的提升创设良好的物质条件。要重视图书馆馆员的培训与管理工作,提高他们的组织协调能力和专业素质水平,增强图书馆馆员的主动服务意识,进而为学科服务工作提供坚实的人才保障。要为学科带头人提供专业研发项目重点服务,高校图书馆要主动联系院系教学实习环节,根据其目前现状及未来发展的前瞻需求开展特殊服务,提供专门性、针对性、主动性的信息咨询服务,提供期刊信息通报索引、文摘等文献,提升学科服务的整体效益。

　　2. 跟踪性服务

　　高校图书馆要积极改善学科服务手段,凸显人性化功能,实现服务效益化。高校图书馆要实施定期跟踪服务,就学校校科研人员、教师承担的一些科研项目开展深层次信息资源服务,拓宽图书馆学科服务的广度和深度。深入学习了解教研项目的信息需求,根据研究领域,为用户提供专题服务,积极主动及时提供信息服务。图书馆应有相应的学科馆员,在课题立项直至成果鉴定期间,向科研项目人员持续系统地传递最新知识内容,实施跟踪性服务。

3. 延伸服务

延伸服务一是"走出去"。一方面要完善图书馆的网络信息服务,丰富信息资源和网上办事功能,使读者在任何地方都能通过网络享受到图书馆的服务。另一方面要联合社区、企业、机关开展流动图书服务。二是"引进来"。图书馆要善于与社会各界沟通,利用图书馆的馆舍资源开展公益讲座、服务。比如,旨在传播先进文化,创建学习社会,甘肃省图书馆 2010 年 4 月,推出了公益性系列讲座《周末名家讲坛》,用现代技术手段把名家、大家"请"到身边,以视频播放的形式将上海图书馆的精彩讲座展现给广大读者。跨越时空聆听名家讲座,使读者既接受了精神熏陶,又提高了文化品位。2011 年,陕西省图书馆聘请各方专家、教授,推出了"陕图讲坛"系列公益讲座,在传承文明、传递信息,提升公民综合素质方面,起到了很好的社会效益。

4. 技术升级服务

与 web1.0 相比,Web2.0、Web3.0 在应用工具、特点功能、用户角色定位都有了跨越式的革新,见表 12 - 1.

表 12 - 1 Web1.0、Web2.0、Web3.0 维度比较

	Web1.0	Web2.0	Web3.0
应用工具	BBS 论坛,门户网站,搜索引擎	博客 blog,播客,掘客 digg,换客,闪客,维基百科,标签、SNS、即时通讯,聚合 RSS	IMS 的 RSS,IMS/VoIP,在线影音博客 blog,Friend 状态,P2p 档案分享
特点功能	中心化,服务分散,重视编辑	标准化,社会化,分享机制,推荐制,参与体验性	数据驱动,多维化,泛在网络,深度合作,虚拟现实化,数字最大化,开源共享
用户角色定位	浏览	参与	管理

Web2.0 在内容创建、参与性、客户、传播渠道具有革命性的进步,最知名

的如博客(BLOG)、简易信息聚合(RSS)、即时通、维基百科(Wikipedia)、网摘等等。有了2.0后,图书馆可以借助博客、维基等功能丰富的沟通平台,构建知识社区和知识网络,以满足用户更高层次的交流需要,加强与其他类型的图书馆网站、社会性网络服务(SNS)站点之间的互动,鼓励用户根据自己的兴趣和需求发布资源、推荐资源、标引资源、交流反馈,使用户在互动过程中充分发挥创造性。

图书馆在Web2.0的影响下,服务模式已开始变化,图书馆员需要加强对电子资源的内容管理,信息整合和开放是图书馆员在Web2.0环境下的主要工作。Web2.0时代最受读者欢迎的是开放信息平台,读者使用图书馆的自主性增强。① 而今Web3.0时代,搜索引擎再次提高,多种媒体共同参与,信息开放度随之加大,多维化,数字最大化,开源共享。Web2.0和Web3.0在图书馆的应用,使读者的能动性突显,对图书馆员的专业技能提出了进一步的要求。图书馆员的业务重心倾向职业化的思维培养和认知建设,而技能体现在依托新技术的学习与运用。

图书馆员必须迎合工作环境的更新变化,适时调整和改进服务技能,做到乐于学习、善于研究,积极主动尝试用新技术和新方法提升专业服务水平。

第二节　新时期高校图书馆用户需求服务

不管是传统图书馆还是数字图书馆,服务是我们不变的宗旨,也是图书馆永恒的主题。搞好服务的根本是创新,新技术的应用是创新、管理的改革是创新、服务方式的改变是创新。对图书馆来说,要在各种新理念、新技术不断发展和不断被引入的今天,抓住机遇,迎接挑战,最关键的就是要服务创新。把新的理念、新的技术、新的做法应用到提高和创新图书馆的服务上,坚持"以人为本"的原则,深入了解读者需求,充分运用各种服务方式和技术手段,向读者提供全方位、高质量的信息资源服务,靠主动化、个性化的读者服务来使自己

---

① 范并思、胡小菁:《图书馆2.0:构建新的图书馆服务》,载《大学图书馆学报》,2006年第1期,第2版。

不断发展壮大。

一、图书馆的技术创新

在信息技术环境下,信息服务日益竞争激烈的今天,技术创新将成为提高竞争力的决定性因素。技术创新是以用户需求为导向将科技潜力转化为服务优势的创新活动,包括从新思想产生到开发、研制、管理和服务的全过程。技术创新促使新兴服务不断涌现,带来人类生产和生活方式的巨大变化。图书馆技术创新可以理解为以读者需求为导向,以图书馆和图书馆员为主体,以实现社会和经济效益为目标的,在现有图书馆业务工作和信息技术的基础上,通过对国内外相关科技成果的吸收、消化和综合集成,对图书馆现有人才、经费、设施、文献等资源进行优化配置而产生的新思想、新方法、新技术、新产品和服务等。技术创新的主体包括两个层次——图书馆和图书馆员,即图书馆整体的技术创新和个体图书馆员的技术创新,从高新技术研发到常规的工作方法与服务的创新都不应该忽视。技术创新的开展可以有多种形式:引进或采取一种新的服务理念、管理方式或思维模式从而带动图书馆整体工作方法或服务内容的重大变革;创造出新的信息产品和服务方式以满足读者的某种特殊或个性化需求;节省经费和资源的途径,以及充分利用现有资源的方式,如资源共享的新模式、网络免费资源的合理利用;更为合理、科学的工作流程,如文献信息资源的整合,将电子资源整合入图书馆实体馆藏之中,从而在同一个界面上同时检索、利用等。

创新是一种文化,要重视所有员工的创造力,它也是一种组织能力,能够在价值链的各个部分见到创造新价值的可能性。从某个流程、服务、信息产品或有关图书馆活动细节上的补充、修正和合理组合、精简,只要能够创造出满足读者需求的独特价值,从而获得读者的好评,或者改进了内部工作的方法提高了工作效率,都应认为是技术创新。开展技术创新还需考虑健全研究开发机构,给予灵活的管理体制,科学的程序和方法,产学研合作,强化核心技术和引进创新策略等。

二、信息技术发展中的读者需求

现以兰州理工大学图书馆为例:有员工84人,馆藏纸本120多万册,各种中外文数据库26个。2006年达到评估的各项指标,信息资源和服务能够满足教学、科研需要。近年来随着学生扩招、教工人数及专业的增加,服务对象趋向多元化,服务需求个性化。而交叉学科相互渗透,边缘学科的不断涌现,用户信息需求由单一性向综合性转移,逐步渗透到社会科学、自然科学及应用科学等各个学科领域。在这种情况下,为了了解读者需求,图书馆每年都进行随机调查读者需求情况,从随机调查来看,主要有:"部分到馆读者对馆藏布局不熟","图书馆的一些制度不知","希望多增加新书","多购入电子数据库特别是外文数据库","希望在检索纸本图书、期刊书目能连接到馆藏电子资源,在检索电子资源时能得到纸本图书、期刊的在馆信息""希望有书附光盘的查询信息及之后提出在检索到我馆所建的书附光盘书目的同时能下载光盘""读者希望一次检索能得到多个数据库检索结果,而不是一个一个数据库去检索""读者希望不仅在校内能检索图书馆的数据库,还能在国内外的任何地点都能检索到校内数据库""读者希望在办公室、家里检索数据库时得到图书馆的帮助""读者希望能及时了解到图书馆最新收藏的资源信息","读者希望通过网络、E-MAIL、QQ、电话,特别是手机能在任何时候、任何地点得到帮助和咨询"等等问题。针对这些读者需求的问题,图书馆认真分析后认为,读者需求就是服务的根本,要尽馆里的最大财力和人力解决这些问题,在原有的基础上调动人的积极性、能动性,通过开发、引进先进的技术、经验来满足读者不断增长的需求变化,而从近年来的开发、引进、建设来看,主要做了以下方面的工作。

1. 读者对资源的充分享有

兰州理工大学图书馆每年保障生均进书量3册,年进书7万多册,现总量已达到150多万册,数据库每年引进1-3个,现中文数据库20个,外文数据库19个,为了及时让读者了解数据库信息更新情况,节省存储投入,对原有一些镜像数据库改为网络版数据库,本地镜像资源从5T增到10TGB,保持了相对稳定发展态势,读者对资源需求的更新和及时得到了一定保障。并为了保证质量,采取专家选购,读者网上推荐,网上公布采购书刊目录等措施,对数据库的购入采用试用和读者评估的办法,让读者充分参与,从而保证购入资源质量。

近年来,人员保持(80人左右)相对稳定的情况下,服务读者近3万人,为了保障资源的充分利用,首先在建立好保留本书库的同时,对读者加大借阅量,学校正教授每人可借图书、期刊合计 70 册,其他教工、硕博研究生每人可借 64 册,本科生每人可借 60 册,专科生每人 56 册,从而保障了近 5 年来,年借还量在 110－130 万册,网站年访问量 130－200 万次之间,并与甘肃省科技文献共享平台、教育部科技发展中心网站、国家科技图书文献中心(NSTL)、CALIS 联机计算机图书中心、UMI 学位论文的快速文献传递服务(FDDS)、中科院国家科学数字图书馆、中国高校人文社会科学文献中心(CASHL)等建立原文传递服务。从这些年的建设和服务来看,已经能够满足学校的教学科研需求,能做到读者需要什么,就能提供什么,从而有力地保障了学校教学科研的需要。

2. 建立书附光盘数据库

在图书馆自动化系统上,积极开发建立光盘书目数据库,利用已建的书目信息,建立光盘书目信息库,对书目著录信息复制、修改、著录后,加入馆藏条码,审校后,入书目总库(回溯近 5 万多张光盘)。一是把一种中的 1 张或 1 套作为保留光盘(母盘),长期保存,其余像图书一样供读者借阅,若光盘损坏时,用保留光盘刻录补充极大地提高了光盘的利用。二是在存储的容量足够用时,对光盘(母盘)制作可供下载安装的光盘镜像 ISO 文件,上载到 FTP 服务器上,使用 MARC 的 856 的连接,使读者方便地下载光盘文件。同时,探索了使用 MARC 的 856 还可建立校内相关专题资源的全文、摄影作品、字画、音、视频等资料有效连接。

建立镜像电子图书、期刊和馆藏书目系统的连接,揭示馆藏资源的数字化,通过 OpenUrl 协议的开放连接功能,兰州理工大学图书馆和北京方正阿帕比技术有限公司(APABI)合作,通过自动化系统中的馆藏书目记录中追加 856 字段,实现 APABI 教学参考书和纸本图书书目的双向有效揭示,成功实现馆藏图书书目和 APABI 教学参考书的连接及 APABI 教学参考书和馆藏图书书目的连接查看馆藏情况。使读者在纸本图书借完时,可看 APABI 教学参考书。而 APABI 教学参考书由于受设备限制,读者不能随时随地都能看,在看 APABI 教学参考书时,若想了解纸本图书的在馆状况,即可连接查看馆藏收藏情况。同时,在 APABI 教学参考书上开发建立了我校本科生教学参看书系统和 APA-

BI 教学参考书与纸本书目系统的连接,非常方便读者,受到读者的欢迎。并向北京世纪超星公司提供本馆 MARC 数据,构建兰州理工大学读秀知识库检索平台。在期刊方面实现维普的《中文科技期刊数据库(全文版)》和馆藏期刊书目的连接,实现在 OPAC 检索某刊时,若本馆有,会列出本馆刊物的题录和馆藏收藏情况,而在点击此处查看维普电子期刊时,若维普电子期刊有,既显示该刊收藏范围及每种刊的目次,在目次下又可看到刊内某篇文章的摘要,若想要原文,可下载原文,从而提高了馆藏期刊的数字化资源的揭示率和使用率。

3. 在 OPAC 上建立电子资源的链接

对图书馆书目系统 OPAC 系统进行了探索性的研究和开发,针对本科生使用电子资源的情况,有选择地对电子资源进行连接,现对多个电子资源系统通过书目系统 OPAC 可访问电子资源,扩大了 OPAC 功能,方便学生使用电子资源,扩大了电子资源的使用,同时也是对电子资源的一种宣传。

4. 加大网页建设力度,提供多种服务

为了加强数字化信息资源对读者的有效利用,为读者提供检索的信息窗口,图书馆加大网页建设,实现数字化参考咨询服务,网页建设的内容包括:本馆简介、科技查新、数字学堂、网络导航、读者之窗、最新动态、读者指南、读者服务、书目检索、学科导航、电子资源、数字图书馆、我的图书馆、搜索引擎等、读者通过图书馆网页的可视化窗口,访问图书馆,了解图书馆,检索数字化馆藏和虚拟信息,读者也可通过电话、E – mail、BBS、QQ、虚拟咨询台、网络传递对图书馆提出使用中的意见,同时把图书馆的信息服务向网上服务发展,在保持传统服务的同时,探索、创新了新的服务方式,以馆藏信息资源为基础,以学科馆员为中心,利用现代化技术和设备,把单纯借、还、检索服务服务向深层次、网络化服务的知识服务转化,开展课题查新、课题跟踪、定题服务、知识的再次开发等,使服务的方式、方法都发生了巨大的变化。图书馆不仅是信息资源的收藏源,又是知识服务的信息源和知识再次开发的创新源。

5. 提高人员素质,加大读者培训力度

图书馆无论有多么先进的办馆理念、多么先进的技术、设施,都离不开人的执行和操作,要实现创新服务,靠的是图书馆的每一位馆员。近年来,兰州理工大学图书馆把自然减员的职工名额,主要用于引进研究生,通过自己培养和引进的研究生 9 名,主要承担学科馆员工作和文献课教学工作,开设了本科生、研究生文献课及项目查新、咨询等工作。主动深入院系为师生办举办各类讲座,主要有:数据库使用、新生入馆教育、论文写作、专利申请、论文提交、项目立项、软件培训、病毒防治及每周 1 小时的各类专题培训等,使校内读者基本上对图书馆资源熟知,知道自己所需资源在那类数据库中去查。同时,对馆内对职工积极开展送出去,请进来的办法加强职工的岗位培训,外请专家 10 多次,职工培训 40 多次,使职工的业务素质普遍提高,为提供高质量的服务打下了坚实的人员基础。

三、建立参考咨询系统平台

兰州理工大学图书馆引入网格技术,实现资源共享统一平台,引入"网格"技术的清华知识资源共享统一平台,实现馆内各种数据库的统一检索。

1. 建立图书馆咨询台

馆在检索大厅建立咨询台,对到馆的读者遇到的各种问题予以解答,深受读者欢迎。开始时,咨询人员主要是馆内熟悉全馆业务和功能的高级职称人员,随后扩大到馆内中级职称人员和全馆人员,通过咨询台的咨询,使馆内人员了解到各层次读者对信息的需求及对馆内那些方面不了解(馆藏分布、资源状况、规章、制度、建议等),图书馆加以改进。通过咨询,读者了解了图书馆,读者和馆员的距离拉近了,隔阂少了。同时,馆员在咨询中了解到读者的真正需求,使馆员在咨询中实现了再学习、锻炼和提高了馆员解决实际问题能力。

2. 引入 CALIS 虚拟参考咨询系统

分布式联合虚拟参考咨询系统旨在构建一个中国高等教育分布式联合虚拟参考咨询平台,建立有多馆参加的、具有实际服务能力的、可持续发展的分布式联合虚拟参考咨询服务体系,以本地化运作为主,结合分布式、合作式的运作,实现知识库、学习中心共享共建的目的。该系统是沟通咨询馆员与读者的桥梁,通过此平台的建立,真正实现实时地解答读者在使用图书馆中第一时间所发生的问题。咨询员可不受时间、地点的限制,在网上解答读者的疑问,还可通过网络电话、远程视频会议、虚拟实在等技术应用到图书馆信息咨询,从而为实现 24/7 的理想服务模式解决技术上的问题。

3. 提供远程服务与协助

目前,远程求医、远程求知、远程贸易、远程签约、远程教学等已经成为社会发展趋势。因此,图书馆提供远程信息服务应运而生。远程化服务是一种新的服务方式,它改写了文献－馆员－读者的流通方式,进而发展为信息－网络－读者的传输方式,它能提供最直接和最直观的全文信息浏览、数据库下载、信息传递和信息咨询,它是一种集咨询、文献检索、文献提供功能于一体的现代化的服务。

兰州理工大学图书馆引入易瑞授权访问系统,使用一卡通账号管理,实现校内、外用户,在国内外任何地点查询我馆电子资源。方便读者的资源使用,深受住外读者和出差读者的欢迎。扩大了读者使用范围。同时,该馆网络系统部通过电话、远程软件、QQ 远程受控等,积极为读者进行计算机维护、安装、数据库的检索指导等,深受读者青睐。

四、图书馆信息技术服务策略

随着网络的发展,开放链接、网格技术、Web2.0 技术、3G 技术、云计算机技术在图书馆界的广泛应用,为图书馆带来新的发展机遇,同时也带来严峻挑战。图书馆应积极吸收新的思想、新的理念、新的技术,不断创新服务的方式和方法。

1. 引入图书馆 2.0

图书馆 2.0 又被称为 Lib2.0(Library2.0),是 Web2.0 的技术或服务在图书馆信息服务中的应用,也是以用户为中心的新图书馆服务模式,更是研究与改进图书馆数字化服务的一种认识与思考。Lib2.0 的实现是全方位为用户服务和鼓励用户参与的人性化服务,图书馆员的角色定位和知识更新显现着技术创新和服务创新的理念。图书馆作为文献信息中心,更需要有这样一种模式来实现真正的资源共享,以此作为图书馆界未来发展的方向,引领服务创新的潮流。目前 Web 的技术与服务有维基(wiki)、RSS(新闻聚合)、标签(Tag)、Folksonomy(分众分类)、Blog(博客)等已经得到非常广泛的运用,为图书馆 2.0 提供了坚实的技术支持。如:图书馆可以利用维基技术创建网站,其最大特点是允许任何人创建新网页和编辑自己或别人已经创建的网页。也可以构建基于 Wiki 的相关学科主题资源库,选定具体主题,整理相关资源,以飨读者。又如:OCLC 的维基版联合目录 OWC,成员馆的编目员等可以为书目数据库中的书目增加目次、注释与评论。厦大馆编目部维基版主页,集成了部门概况、规章制度、工作量统计等,可实现规章制度的动态维护。维基充分体现了大众的参与精神,充分利用了群体的智能。图书馆利用维基既可促进已有资源的利用,又能发挥众人的智慧为图书馆增加资源,是一种很好的读者参与的信息资源建设模式。上海大学图书馆利用开源软件制作的 RSS 新闻聚合,宾州大学图书馆开辟 PennTags 网络书签服务,用户可以给书目记录加上标签。这种方法有助于强化目录的内容,改善目录的检索。用户浏览网页时在 Tag 收集网站点击某个 Tag 时,只要是和这个主题相关的博客就都可以浏览,以此和同行共同分享,相当于搜索引擎里的关键词。而基于博客的图书馆网站,将整个图书馆网站变成了专题博客群。典型的如 Ann Arbor 区图书馆的博客,该馆主页就是一个博客,聚合各部门博客最新发布的文章。目录、活动、服务及研究各有自己的部门博客,馆员及时发布相关信息,如声音资料博客、影像资料博客、图书博客、游戏博客等。从该网站读者回复数量可以看到,与读者的互动相当好。从以上应用来看 Web2.0 的发展给图书馆带来前所未有的挑战,人们的信息交流和获取、知识创造的方式与环境正在变化,用户需求在不断变化,要实现图书馆的可持续发展,创新是图书馆信息服务的唯一出路。以用户为中心的 Web2.0 现象,正在改变网络上的产生、发布和共享信息的传统观念。信息提供者和信息消费者之间的界限逐渐淡化,网络用户在网络信息的生成、共享和传播方面占据越来越重要的位置,网络技术向图书馆提出了在网络环境下拓展图书馆信息资源,延伸图书馆信息服务,提升图书馆服务水平的可能。在 Web2.0 环境下,图书馆应通过战略性思考、前瞻性布局、滚动性规划来创新网络信息服务。①

2. 引入 3G 技术

3G(3rdGeneration 的缩写),即第三代移动通信技术。相对第一代模拟制式手机(1G)和第二代 GSM、TDMA 等数字手机(2G)。它是一种能提供多种类

---

① 佳音:《应用 Web2.0 核心技术的图书馆信息服务创新》,载《图书馆研究》,2008 年第 3 期,第 98 - 101 页。

型,高质量的多媒体业务,能实现全球无缝覆盖,具有全球漫游能力,与固定网络相兼容,并以小型便携式终端在任何时候、任何地点进行任何种类通信的通信系统。它能够处理图像、音乐、视频流等多种媒体形式,提供包括高速上网、下载、搜索、网页浏览、音视频电话、电子商务、视频社区、监测、定位、控制功能等多种信息服务。

3G 网络的出现,解决了移动信息服务的诸多不足,加强了图书馆与用户之间的良性互动。这就要求图书馆员们不断地学习新知识,掌握新技术,及时适应用户对信息的需求变化,改变服务方式和方法,提高服务质量,更好地满足用户需求。这些服务主要包括:实现适时订购、查重、查错、清点图书,信息定制服务及利用 3G 先进的移动定位技术,根据移动用户所处的地理位置,临近图书馆为用户提供与位置相关的各类信息服务,如馆藏资源检索、域名查询以及生活信息咨询等。此业务还可以扩展到 OPAC 检索定位,目前在清华大学图书馆使用的 Innovation Interfaves 公司的 OPAC 显示馆藏地点平面图的基础上,山东大学威海分校图书馆已经提出图形化显示馆藏位置的 OPAC 改进方法,结合 TD – HSDPA 的移动定位可以确定每一本书的具体架位,并可以在手机终端显示图形化路线图,帮助不熟悉排架方法的读者快速准确索取文献。①

而为支持 3G 用户方便有效搜集、发现和选择利用各种信息资源,数字图书馆应进一步优化自己的门户网站,门户网站的好坏将直接关系到数字图书馆的亲和力,影响它们的使用效果和频率。图书馆需要对信息资源进行深度加工,建立标准化的数据库,提供权威可靠的学科信息导航服务:提供统一的检索平台及交互式智能化数字参考咨询服务体制,创建丰富实用独具特色的主页。同时,要考虑到 3G 用户大部分是使用小屏幕的手机上网,门户网站应该与台式机访问的区别。如简约的构图、明晰的结构、合理的分类,乃至适中的字体将更加适合于为 3G 用户服务的网站。

3. 引入云计算技术

云计算(Cloud Computing)是分布式处理(Distributed Computing)、并行处理(Parallel Computing)和网格计算(Grid Computing)的发展,或者说是这些计

---

① 师晓青、谢军红:《基于 3G 的智能手机移动图书馆创新研究》,载《图书馆建设》,2009 年第 6 期,第 52 – 54 页。

算机科学概念的商业实现。云计算是虚拟化（Virtualization）、效用计算（Utility Computing）、IaaS（基础设施即服务）、PaaS（平台即服务）、SaaS（软件即服务）等概念混合演进并跃升的结果。它具有超大规模、虚拟化、可靠安全等独特功效；云计算的基本原理是，用户所需的应用程序并不需要运行在用户的个人电脑、手机等终端设备上，而是运行在互联网的大规模服务器集群中。

随着云计算市场的发展，软件服务（SaaS）商将会研发更多可供图书馆选择的系统，作为图书馆基础管理的图书馆自动化系统将是图书馆的首选产品，对一些资金不足又要实现自动化管理的中小型图书馆来说：若采用 Interlib 自动化系统 Internet 托管平台，用户只需一台或多台能连上 Internet 的普通 PC 机，花费数千元，即可轻松实现图书馆的业务自动化管理。从而节省了服务器、网络设备、软件升级、维护人员的投入，可快速实现图书馆的自动化。而对一些大馆可和软件服务商合作，开发适合于图书馆之间的托管系统，发挥大馆在一定区域内设备、资源、人员优势，为区域内的中小图书馆、社区图书馆、企业资料室、农村书屋提供托管服务。云计算核心技术是在现有互联网存储技术的基础之上为用户提供服务，实现 5 个"无限量"——CPU 处理器无限量、硬盘无限量、传输信道无限量、内存无限量和用户无限量。可以解决目前图书馆增加数字化信息资源，就要相应增加存储系统，而存储系统的增加有时比数字化信息资源的费用还高，而且维护成本较高，使用多年后面临淘汰或报废问题。利用云存储提供了无限大的存储空间，能满足海量信息的增加，为数字图书馆日益增加海量数据提供了解决途径。而图书馆不必考虑 IT 设备更新和维护问题，把更多的经费投入放在核心业务开发和服务上。目前，Amazon 存储每 GB 数据的存储空间租用价格是每个月 0.15 美元，Google 每年 4096 美元的价格提供存储容量高达 16TB 的"云硬盘"空间。也可不在大量花费更新 IT 设备费，而通过支付少量租费来提供快速的信息资源的存取。使数据的更新更快，用户的请求便可在毫秒的时间内获得响应。也为图书馆服务器、数据的安全运行提供了可靠的保障。并利用云计算的超大规模 IT 基础设施的联合体，把各图书馆连接在一起，形成区域或全国的图书馆联合体（可称为云图书馆），使不同地域的信息资源集成在一起，可避免资源重复，又形成资源互补。从而构筑起图书馆之间 IT 基础设施的信息共享空间。使各图书馆获取更加丰富的信息资源,使用户个性化的信息需求获得极大的满足。而各图书馆不必考虑技术和硬件的增加及维护,这将使各图书馆的运行成本大大降低的同时效率却大幅度的提高,从而使图书馆以较低的成本提供更广、更多的高效的服务,并获得较高的社会、经济效益。

第三节　新时代图书馆的服务创新

创新是以新思维、新发明和新描述为特征的一种概念化过程。起源于拉丁语,它原意有三层含义,第一,更新;第二,创造新的东西;第三,改变。创新是人类特有的认识能力和实践能力,是人类主观能动性的高级表现形式,是推动民族进步和社会发展的不竭动力。一个民族要想走在时代前列,就一刻也不能没有理论思维,一刻也不能停止理论创新。创新在经济,商业,技术,社会学以及图书馆学这些领域的研究中有着举足轻重的分量。口语上,经常用"创新"一词表示改革的结果。既然改革被视为经济发展的主要推动力,促进创新的因素也被视为至关重要。

所谓图书馆转型,是指随着图书馆信息基础设施的完善及数字化信息系统的形成,将图书馆从里到外,从硬件到软件,彻底转移到信息轨道上来。具体而言,就是在发展理念、功能定位、资源建设、用户服务、技术应用等方面实现转变。[1] 图书馆为什么要转型?

《人民日报》曾发文指出,当今获取信息的渠道多样,图书馆的传统职能逐渐失去吸引力,而图书馆又或多或少存在人浮于事、功能单一、馆藏陈旧、效率低下等问题,转型和变革势在必行。[2]

一、积极关注并参与科技决策

图书馆可面向国家需求,积极关注、支持战略决策,加强战略情报的搜集,

---

[1]　胡瑛、许军林:《高校图书馆转型发展理论与策略研究》,载《图书馆建设》,2015 年第 1 期,第 51 – 54,58 页。

[2]　杨旭:《图书馆陷入转型之困》,载《人民日报》,2010 年 11 月 4 日,第 12 版。

及时提供研究者的前沿科学信息,同时结合馆中的学科资源特色和优势,以及地域特点,瞄准国家一带一路重大战略需求,重点做好相关学科领域战略需求的研究和分析,做好基础性、前瞻性的信息服务工作。

比如,根据西部发展战略目标,提供为实现发展所需要的信息资源。结合图书馆学科资源优势,积极将信息中心融入其中,提供路线图战略研究情报支撑服务,加强情报人员自身对不同区域发展态势的梳理能力,更好地完成情报工作对科技战略决策的支撑和参考咨询。

贴近学科,积极与科研人员做深入服务,为科研人员或课题形成广泛地收集和筛选资料,开展定题信息服务,参与资料的编译和报道,为项目课题就国内外相关机构的研究成果进行文献计量分析等,是强化、提高图书馆知识服务效率的职能体现。

中国科学院上海生命科学信息中心于建荣先生,曾做过《生物制氢研发态势分析》,把有专家指导帮助与没专家指导帮助的数据搜集及分析结果进行比较,二者相差颇大。如,相关文献检索达 1526 篇,但经专家修订检索策略和筛选文章后,排除"杂"信息,生物制氢相关文献仅 409 篇。

二、加强学科化服务和学科情报研究

随着计算机信息技术的飞速发展,图书馆必须由原本地提供文本服务过渡到提供信息服务,并进一步提升到提供知识服务,图书馆的服务工作需要与时俱进,积极变革,引进新技术、新理念,建立多元化信息模式。[1]

图书馆转型不仅有深刻的时代背景,也有深层次的理论基础,组织发展理论要求组织具有很强的适应能力,以适应来自外界的挑战;社会认同理论要求图书馆进行转型以得到社会和读者的认可;图书馆学理论也证明了图书馆是一个生长着的有机体,要不断吐故纳新。[2]

互联网的信息资源愈来愈丰富,因此,人们要准确、快速查找自己所需的

---

[1] 王洪翀:《也谈公共图书馆信息服务的创新》,载《图书馆学刊》,2015 年第 3 期,第 85-87 页。

[2] 胡瑛、许军林:《高校图书馆转型发展理论与策略研究》,载《图书馆建设》,2015 年第 1 期,第 51-54,58 页。

信息却是越来越困难。如何帮助科研人员及时、准确地获取所需信息,是图书馆的主要任务之一。可针对某课题研究之需要,定制个性化的信息服务。如课题主页多样化设计、数据库便携开发、学科资源有序导航、全文快速传递、查新查重检索等,将相关的资源和服务加以集成,形成虚拟课题图书馆。另外,安排馆员分别负责联系不同学科的单位,并参加相关会议,科学分析信息需求,积极参与组织培训和提供参考咨询的服务链接。

资源建设应注重学校专业设置和读者需求,拓宽重要资源的获取渠道,将教科研应用和服务相结合,引进技术、技能型专业资源,建立多元化信息情报种类,支持支撑专业发展,满足师生读者需求。

三、紧跟信息素养教育新模式

信息素养教育最大变化是由面授教育向在线教育之转变。在线信息素养教育主要为在线课程和在线模块两种途径,即是图书馆可运作的服务功能。

在线课程教育是将学习资源和课程资源的数字化、网络化,它是实体课程教育的重要补充,使得信息素养教育的开展不受时空和学习者数量的限制,图书馆可向读者提供丰富的教学资源,供学习者免费使用。在线模块教育是指通过设计一定的信息素养教育模型,将信息素养的内容分为几个模块,通过特定的情景设置来开展信息素养教育。图书馆可通过检索、引导模块内容使得学习者在体验和实际操作中提升自身的信息素养。

现代图书馆注重虚拟和物理两个空间建设。虚拟移动终端建设与普及为学生带来了更便捷的获取信息渠道,作为信息资源核心,图书馆要让读者及时高效地获取各种资源,实现文献纸质资源与电子资源一站式检索。加大数字资源整合力度,建成远程教学、电子阅览、网络学习相结合的数字资源中心。物理空间设计要充分体现功能丰富、环境优雅和设施完善等特点,加强文化建设,优化大小环境,建设特色化、多元化和人性化学习空间,满足读者不同需求。①

在信息社会中持续发挥好文化传播功能,图书馆必须创新服务理念、服务

---

① 王勃:《高校图书馆服务转型与创新》,载《内蒙古科技与经济》,2010 年第 7 期,第 110－111 页。

内容和服务方式,积极采用新技术、新设备、新手段,不断开创新的发展之路,不断焕发新的希望。随着图书馆事业的新发展,高校图书馆的服务理念也在更新。在实践中涌现出的有开放、免费、个性化、人性化、嵌入式等服务。其中,"泛在化嵌入式服务"是近年来较为流行的一种全新服务理念,是图书馆提高工作效率、提升服务水平的一种有效战略。任何时间、空间都能进行信息服务的"泛在化嵌入式服务",将传统的"以文献为中心"的阵地式服务转变为"以用户为中心"的移动式服务,即用户的信息需求在哪里,图书馆的服务就出现在哪里。其服务理念突破了传统服务对时空、系统的资源限制,将图书馆服务嵌入到用户生活的各个方面,践行了"以人为本、用户至上"的服务理念。

随着经济社会的不断发展和科学技术的进步,图书馆信息传递、资源管理、服务方式等都将以现代信息技术前进而前进。现代信息技术的发展,也要求图书馆员技能有新拓展,图书馆必将随着现代信息技术的发展而越来越方便读者及用户。

机会与挑战同在,墨守成规,就会遭遇边缘化境地。图书馆必须把创新作为事业发展的首要任务,紧紧把握时代脉搏,不断创新服务理念、服务方式和服务内容,为经济建设、政治文明、社会进步、科技创新、文化发展提供应有的知识信息支撑。

图书馆服务转型与创新,是"软实力"以及硬件设施的全面提升,其组织体系更加合理、知识传播方式更加完善、资源服务模式更具特色。通过对文献的调研,我们发现,越来越多的学者关注着图书馆转型的必要性和迫切性,也提出了很多具有建设性的转型策略,为图书馆发展构建了美好的蓝图。当然,还有更多实际问题等待我们去进一步研究探索。

后 记

　　未来的图书馆学情报学,将建立在互联网的基础上,借助互联网还原其本质内涵,使知识进一步聚集化、效能化,并同步得到升华。

　　置身于图书馆,自然要思考、研究图书馆学理论和工作实践。十多年来,我在图书馆快乐地学习着、工作着,始终没有停止对图书馆理论及实际工作的探讨,尤其是针对网络环境下的大学生阅读推广。我以兰州城市学院为例,做了大量文献调研、问卷调查、数据搜集、对比分析等研究工作,提出了一些较为客观的建设性意见,其中部分阅读推广方案,在实际工作开展中,取得了较好的成效。

　　工作实践与理论问题相结合,每每思考和琢磨,常会有一些收获。十年中,我发表图书情报学论文十多篇。其中:《现代技术驱动下图书馆服务转型之探究》,获 2012 年西北五省区图书馆学会第十一次学科研讨二等奖;《大学生阅读现状与高校阅读推广的调查分析》,获 2016 年西北五省区图书馆学会第十三次学科研讨三等奖;《新环境下高校图书馆阅读推广的思考》,获 2016年甘肃省第三届图书馆学情报学学术成果三等奖(甘肃省文化厅甘文厅发【2016】202 号)。也许,在别人看来,这些并不起眼,算不了什么,甚至不值得一提。但是,对我来说,它们是经过多年努力钻研和探究之后形成的一个个知识卡片。因为卡片积累得多了,知识也就有了不断地提升。我想,只要自己不断地努力,一定会积累更多的图书馆学知识。

　　在网络时代,知识载体多元化的趋势日益明显,知识的传播方式和渠道都有了重大改变,表现出前所未有的多样性和复杂性。我越来越感到,自己所做的事和将要做的事,其实质就是在探讨图书馆核心价值及实现策略上做努力。

分析网络环境中高校图书馆所面临的机遇和挑战，领悟应认识和已感受的学科发展趋势，研究服务内涵，促进高校图书馆事业良好有效发展，本专著因此而得名。

感谢兰州城市学院图书馆领导李震岗研究员、王彩研究馆员，他们一如既往的关心和支持，是我工作的前进动力。兰州城市学院刘经华副教授、张彦丽副教授，在此感谢他们给予的热情帮助和指导。

感谢家人、朋友们持之以恒的关爱和鼓励，本书的出版，是 2018 年送给他们的最好礼物！

由于专业水平较低，努力程度还不够，因此，本书中难免会有一些欠缺或不足，恳请专家、同行和广大读者批评指正。

王黎萍

2018 年 5 月